新时代理论研究文丛

中国式现代化之路丛书

洪银兴 ◎ 主编

科技创新支撑中国式现代化

杨忠 等 ＿ 著

江苏人民出版社

图书在版编目(CIP)数据

科技创新支撑中国式现代化/杨忠等著.--南京：
江苏人民出版社,2025.3.--(中国式现代化之路丛书/
洪银兴主编).-- ISBN 978-7-214-30141-3

Ⅰ.F124.3;D61

中国国家版本馆 CIP 数据核字第 2025KX1155 号

中国式现代化之路丛书

洪银兴　主编

书　　　名	科技创新支撑中国式现代化
著　　　者	杨　忠　等
责 任 编 辑	陆诗濛　强　薇
装 帧 设 计	赵春明
责 任 监 制	王　娟
出 版 发 行	江苏人民出版社
地　　　址	南京市湖南路 1 号 A 楼,邮编:210009
照　　　排	江苏凤凰制版有限公司
印　　　刷	江苏凤凰通达印刷有限公司
开　　　本	718 毫米×1000 毫米　1/16
印　　　张	20.25　插页 2
字　　　数	308 千字
版　　　次	2025 年 3 月第 1 版
印　　　次	2025 年 3 月第 1 次印刷
标 准 书 号	ISBN 978-7-214-30141-3
定　　　价	82.00 元

(江苏人民出版社图书凡印装错误可向承印厂调换)

国家自然科学基金重点项目"领军企业创新链的组织架构与协同管理"(批准号：71732002)

国家社会科学基金重大项目"新型举国体制下科技创新要素的优化配置研究"(批准号：23&ZD133)

"中国式现代化之路丛书"总序

　　现代化作为中国人的百年梦想,反映人民对美好生活的向往。新中国成立以来,中华民族的现代化追求形成了从探索"中国的现代化"到践行"中国式现代化"的历史转变。在党的八大上,毛泽东提出"要把一个落后的农业的中国改变成为一个先进的工业化的中国"①。1979年3月,邓小平最早提出中国式的现代化概念。他指出:"中国式的现代化,必须从中国的特点出发。"②他从中国底子薄、人口多、耕地少的特点出发,擘画了从温饱到小康再到基本实现现代化的"三步走"发展战略。在新中国成立以来特别是改革开放以来的长期探索和实践基础上,经过党的十八大以来在理论和实践上的创新突破,习近平新时代中国特色社会主义思想成功推进和拓展了中国式现代化。在全面建成小康社会基础上,开启了中国式现代化的新征程。

　　正如党的二十届三中全会指出的:"当前和今后一个时期是以中国式现代化全面推进强国建设、民族复兴伟业的关键时期。"③实现这个目标需要坚持问题导向,以中国式现代化为中心,推进理论和实践创新。

　　一个国家走向现代化,既要遵循现代化一般规律,更要符合本国实际、具有本国特色。中国式现代化道路不仅是马克思主义经济学说同中国具体实际相结合的道路,也是现代化的一般理论与中国国情相结合的道路。习近平总书记依据中国国情,明确指出:"我们推进的现代化,是中国共产党领导的社会主义现代化,必须坚持以中国式现代化推进中华民族伟大复兴,既不走封闭僵化的老路,也不走改旗易帜的邪路,坚持把国家和民族发展放在自己力量的基点上、把中国

---

① 《毛泽东文集》第七卷,人民出版社1999年版,第117页。
② 《邓小平文选》第二卷,人民出版社1994年版,第164页。
③ 《中共二十届三中全会在京举行》,《人民日报》2024年7月19日。

发展进步的命运牢牢掌握在自己手中。"①根据他的概括,中国式现代化有五个特点:人口规模巨大的现代化,全体人民共同富裕的现代化,物质文明和精神文明相协调的现代化,人与自然和谐共生的现代化,走和平发展道路的现代化。这是中国式现代化的五大特征。

党的十八大以来,我们党在已有基础上不断实现理论和实践上的创新突破,成功推进和拓展了中国式现代化,进一步深化对中国式现代化的内涵和本质的认识,概括形成中国式现代化的中国特色、本质要求和重大原则,初步构建中国式现代化的理论体系。习近平总书记指出,"推进中国式现代化是一个系统工程,需要统筹兼顾、系统谋划、整体推进,正确处理好一系列重大关系","推进中国式现代化是一个探索性事业,还有许多未知领域,需要我们在实践中去大胆探索,通过改革创新来推动事业发展"。②习近平总书记的这些重要讲话精神,就成为我们编著"中国式现代化之路丛书"的指导思想。一方面,我们要全面系统地研究和阐述已经初步构建的中国式现代化的理论体系;另一方面,也要从经济学的视角系统研究探索中国式现代化各个方面的理论和实践问题,涉及中国式现代化的目标、进程和道路,以及推动中国式现代化的动力和制度保证。这些都需要我们对中国发展的实践进行探索,并在过程中充分体现守正与创新。基于这些考虑,本丛书从选题到内容要充分反映中国式现代化的特色。

第一,中国式现代化是以人民为中心的现代化。习近平总书记强调中国式现代化既要创造比资本主义更高的效率,又要更有效地维护社会公平。中国式现代化是人口规模巨大的现代化,是全体人民共同富裕的现代化,是物质文明和精神文明相协调的现代化,是人与自然和谐共生的现代化,是走和平发展道路的现代化。其物质基础是人均国内生产总值达到中等发达国家水平。在物质资源和环境资源供给趋紧的背景下,中国式现代化需要在高质量发展中推进。相应

---

① 习近平:《高举中国特色社会主义伟大旗帜 奋力谱写全面建设社会主义现代化国家崭新篇章》,《人民日报》2022年7月28日。

② 习近平:《推进中国式现代化需要处理好若干重大关系》,《求是》2023年第19期。

的,本丛书系统研究和阐述的现代化道路就是贯彻新发展理念的更高质量、更有效率、更加公平、更可持续、更为安全的现代化之路。

第二,在发展中大国推进的中国式现代化是史无前例的。当代中国的伟大社会变革,不是简单延续我国历史文化的母版,不是简单套用马克思主义经典作家设想的模板,不是其他国家社会主义实践的再版,也不是国外现代化发展的翻版。对中国式现代化的探索和研究正如习近平总书记所要求的,需要树立世界眼光,胸怀"国之大者",把历史、现实、未来贯通起来,把中国和世界连接起来,增强战略思维能力,使我们制定的战略符合实际、行之有效,为中国式现代化提供强大的战略支撑。因此,本丛书对现代化的选题和研究需要有宽广的视野,向纵深逐渐展开,既要有现实的逻辑,也要有历史的分析;既要有中国的立场,也要有国际的比较;既要有理论的高度,也要有实践的深度。

第三,本丛书更多的是从经济学视角研究中国式现代化。经济学家对经济现代化的研究可以分为两种范式。一种范式是以发达国家为对象,研究发达国家所经历的从传统到现代的历史过程。代表性理论有库兹涅茨的现代经济增长理论和罗斯托的经济成长阶段论。另一种范式是以发展中国家为对象,研究其追赶发达国家的发展进程。代表性的理论有刘易斯、舒尔茨的二元结构理论。从这些现代化理论研究中能够发现一些可资借鉴的关于现代化一般规律的经济学理论及推进现代化的发展战略。但是,研究中国式现代化必须从中国的国情出发,尤其重视习近平经济思想对推进中国式现代化的指导作用。

第四,中国式现代化兼具理论意义与实践进程两个层面的原创性。中国式现代化的研究必须坚持问题导向,同中国式现代化的具体实际相结合。因此本丛书的选题和内容以回答中国之问、世界之问、人民之问、时代之问为出发点,在理论联系实际的研究中作出符合中国实际和时代要求的正确回答,形成与时俱进的理论成果,目的是更好指导中国式现代化的实践。

本丛书为南京大学全国中国特色社会主义政治经济学研究中心和长三角经济社会发展研究中心研究成果,得到中共江苏省委宣传部的大力支持,列入江苏省习近平新时代中国特色社会主义思想研究中心的"新时代理论研究文丛"。本丛书不仅是关于中国式现代化的学术著作,也可作为干部群众、青年学生进行理论学习的重要读物。我们期望广大读者喜欢这套丛书,也期望学术界和相关政府部门关注这套丛书。

洪银兴

2024 年 12 月

目　录

导论　中国式现代化需要什么样的科技创新

党的二十大报告提出，要"以中国式现代化全面推进中华民族伟大复兴"。世界各国现代化的共性特征之一就是都将科技创新作为现代化的主要支撑，中国式现代化自然也不例外。同时，中国式现代化有基于自己国情的特色，中国共产党领导的社会主义现代化本质决定了我国科技创新具有特殊的地位和作用，也因此对科技创新提出了新的更高要求。我国已经进入创新型国家行列，但在部分科技领域，我国还处在跟跑阶段，关键领域核心技术受制于人的格局没有从根本上改变，无法适应中国式现代化对科技创新的新要求。围绕这些新要求，我国迫切需要走出一条与中国式现代化相适应的科技创新之路。

2023 年 9 月，习近平总书记在黑龙江考察调研期间，首次提出新质生产力这一重要理论概念，这是对马克思主义生产力理论的继承与创新，为中国式现代化中的科技创新指引了新的前进方向。发展新质生产力的核心要素是科技创新，特别是原创性、颠覆性科技创新；新质生产力的"新"就是要求以科技创新推动产业创新，让科技创新和产业创新互相促进，不断优化生产要素，实现以新技术培育新产业、新模式、新业态和新动能，最终推动生产力的跃升。

一、　全面认识科技创新在中国式现代化中的地位和作用

中国式现代化不仅是科学的理念与理论，而且是现实的实践和进程，这就需要深刻理解科技创新在中国式现代化中的基础地位，充分发挥其对中国式现代化的支撑作用。

（一）　科技创新是推动中国式现代化的第一动力

党的二十大报告强调"创新是第一动力"。世界历史发展经验表明，历次科技革命贯穿于世界各国现代化进程，各国现代化先后次序也与世界主要科学中心、创新高地的转移相伴随，科技创新是推动各国现代化的最重要动力。当前世

界新一轮科技革命和产业变革深入发展，正在重构全球创新版图，重塑全球经济格局。新一代信息技术加速突破应用，生命科学领域孕育新的变革。先进制造、智能制造与绿色制造推进制造业转型，新能源技术引发全球能源体系变革，空间和海洋技术拓展人类生存发展新疆域。多领域高强度的科技创新活动共同构成中国式现代化的推进器，迸发出强大的动力。

（二）科技创新是实现中国式现代化的第一生产力

党的二十大报告强调"科技是第一生产力"，是马克思主义中国化时代化的重要成果。马克思指出，"生产力中也包括科学"，"社会劳动生产力，首先是科学的力量"。高质量发展是中国式现代化的本质要求之一，是全面建设社会主义现代化国家的首要任务。实现高质量发展，就是要发挥科技创新的生产力作用，在现代生产力系统中更好地融入科技创新，撬动生产力发展。科技创新不仅要解决当前问题，还要面向未来，开辟发展新领域新赛道，培育发展新动能，塑造发展新优势，更高效、更绿色、更可持续地利用自然、改造自然。

（三）科技创新是维护中国式现代化的第一安全保障

中国式现代化进程不会一帆风顺，我国全面建设社会主义现代化国家，必须准备经受风高浪急，甚至惊涛骇浪的重大考验，要统筹发展与安全。安全保障不仅要靠制度，还要靠科技创新。只有不断提高科技创新水平，才能确保我国粮食、能源资源、重要产业链与供应链的安全，才能更好完成防灾减灾救灾任务，才能更好处置重大突发公共事件，才能更好提升食品药品安全、生物安全等公共安全治理水平。在开创国防和军队现代化新局面中，科技创新成果还能直接转化为战斗力，提升国防科技工业能力。

二、深刻把握中国式现代化对我国科技创新的新要求

（一）我国科技创新要匹配人口规模巨大，但人均资源和能源短缺的禀赋特征

中国式现代化是人口规模巨大的现代化。我国是世界上第一人口大国，人口规模庞大是基本国情。14亿人要整体迈入现代化社会，其影响远超过早期西

方发达国家,与 20 世纪后期东亚国家的现代化。同时,我国资源和能源总量少,人均水平低也是基本国情。现代化与大规模工业生产、繁荣物质消费紧密相连,按照传统的现代化发展道路和技术路径,资源和能源短缺将严重制约中国式现代化的进程。另外,我国作为后发国家,面对《巴黎协定》设定的全球气候变化的控制目标,走传统的现代化道路必然遭遇碳排放权的限制,要在人均累积碳排放配额远低于西方发达国家的约束下实现中国式现代化。这三方面因素叠加在一起,要求我国科技创新要符合自身禀赋特征,在新能源、资源再生利用、碳减排领域探索全新的技术路径,实施全新的技术方案,保证 14 亿人整体迈向现代化。

（二）　我国科技创新要打破经济社会发展地区差异、城乡差异大的不平衡格局,实现共同富裕的根本目的

中国式现代化是全体人民共同富裕的现代化。经济社会发展地区差异和城乡差异大,这是我国不平衡发展格局的直接体现。中国式现代化要实现经济社会发展水平差异较大的全体人民整体迈进现代化社会,实现共同富裕。这就要求我国科技创新要为处于不同发展阶段的各地区和人群,提供多样化的技术供给,为不同地区、不同人群提供同等的发展机会,实现普惠性、包容式发展。不仅要开辟高端化、智能化、绿色化的产业新赛道,还要为传统产业转型注入新动能。不仅要解决城市发展中的交通、能源等突出问题,还要解决农村发展中的种子、卫生等重要问题。要把发展经济的着力点放在实体经济上,坚持产业链与创新链的双向深度融合。通过科技创新巩固和提升我国在全球价值链中的位置,创造更多高收入就业机会,为实现共同富裕奠定基础。

（三）　我国科技创新要实现物质文明和精神文明相协调的根本要求

中国式现代化是物质文明和精神文明相协调的现代化,是物质富足、精神富有的社会主义现代化。中国式现代化要创造丰富的物质文明,不断满足人民对美好生活的物质上的需要。中国式现代化还要厚植于社会主义先进文化和中华文明土壤中,社会主义精神文明既是中国式现代化的重要条件,又是中国式现代化的重要结果。因此,我国科技创新不仅要服务于创造更加丰富的物质文明,还要服务于推动精神文明建设,提高两者发展的协调程度。重点要将科技创新的最新成果运用到精神文化产品的生产和推广之中,增强精神文化产品的表现力、感染力和传播力。围绕我国文化事业和文化产业发展、增强中华文明传播力和影响力的需要,大力进行科技创新,让科技成为我国精神文明建设的重要助推器。

（四） 我国科技创新要满足人与自然和谐共生的现实需求

中国式现代化是人与自然和谐共生的现代化,节约资源、保护环境、生态优先是我国实现可持续发展的总基调。在极端气候事件频发、生态环境压力增大的背景下,我国科技创新要着力推动全社会生产生活方式发生系统性变革,加快产业结构、能源结构、交通运输结构的调整优化,推进环境污染防治,推动能源清洁低碳高效利用。要加强生态环境、地球系统、动植物、病毒和微生物等领域的基础研究,加快医药和疫苗技术研发,推进气象预测技术进步,推动深海深地的开发利用。

（五） 我国科技创新要支撑和捍卫和平发展与构建人类命运共同体的战略目标

中国式现代化是走和平发展道路的现代化,与通过战争、殖民与掠夺等方式实现现代化的西式老路有本质差异。针对我国综合国力的快速提升和国际影响力的迅速扩大,一些西方国家利用各种手段,尤其是科技封锁与脱钩来遏制和打压我国,企图延缓、阻碍中华民族伟大复兴历史进程。中国式现代化不仅造福于我国人民,还要与各国人民一起迎接包括气候变化、碳排放、生物多样性等人类可持续发展面临的共同挑战,破解人类面临的共同难题。我国科技创新既要为我们的和平发展提供支撑和保障,还要为人类命运共同体建设提供中国方案。

三、 积极推进与中国式现代化相适应的科技创新

习近平总书记关于科技创新的重要论述系统、丰富,具有高度的前瞻性、深刻的思想性和明确的导向性,为我国围绕中国式现代化做好科技创新工作提供了根本遵循。我国要从新时代新征程中国共产党的使命任务高度来落实科技强国的部署,要从建设社会主义现代化国家首要任务的高度来加快落实创新驱动发展战略,要从领导体制、内容导向、推进方式和路径机制四方面协同发力,努力

探索实践一条全新的、与中国式现代化相适应的科技创新道路,充分满足中国式现代化对科技创新的需要。

(一) 完善科技创新的领导体制

中国式现代化是中国共产党领导的社会主义现代化,科技创新领导体制的核心就是坚持和加强党中央对科技工作的统一领导,这是我国走向世界科技强国的根本政治保证。习近平总书记指出"在革命、建设、改革各个历史时期,我们党都高度重视科技事业",要"坚持党对科技事业的全面领导,观大势、谋全局、抓根本,形成高效的组织动员体系和统筹协调的科技资源配置模式"①。

完善科技创新的领导体制,本质是从战略层面谋划科技创新的顶层设计,构建系统完整的科技创新战略布局。按照"两步走"的战略目标,推动我国科技创新在更宽视野、更广领域、更深层次、更高水平上向世界科技强国迈进。

完善科技创新的领导体制,关键在于建立新型举国体制,保障国家战略目标导向的决策部署得到有力执行。要在党中央的统一领导下,利用新型举国体制快速完成关键核心技术攻关,破解我国产业薄弱环节面临的重点科技问题,抢占科技竞争制高点,在若干重要领域形成科技竞争优势,赢得战略主动。要完善国家科技创新组织模式与管理机制,制定战略规划,组织国家重大科技创新任务,履行统筹组织与管理的职能。围绕国家战略任务与目标,实施科技力量布局、人才队伍建设、资金投入等资源一体化配置,发挥科技创新整体系统功效。

完善科技创新的领导体制,重点是深化科技体制改革,加快破除制约科技创新竞争力提升的深层次体制机制障碍,抓住科技评价体系改革这个牛鼻子。推进"破五唯"真落地、真执行,避免实质上还是沿用老方法的假改革。尽快"立新标",建立综合性、多元化、多层次的科技成果和科技人才分类评价体系。加快科技奖励制度改革,优化奖励结构,减少政府奖励数量。

(二) 鲜明科技创新的内容导向

科技创新要紧扣中国式现代化的特色本质,坚持"四个面向"。面向世界科

---

① 习近平:《在中国科学院第二十次院士大会、中国工程院第十五次院士大会、中国科协第十次全国代表大会上的讲话》,《人民日报》2021年5月29日。

技前沿，就是要遵循科学发现自身规律，加强基础研究和应用基础研究，夯实科技创新的根基。既要鼓励自由探索和充分交流，又要通过重大科技问题带动，以问题为导向，在重大应用研究中抽象出理论问题。面向经济主战场，就是要着力解决经济发展和民生改善中的迫切需求，加快以科技创新推动产业迈向中高端，实现产业链与创新链双向深度融合。面向国家重大需求，就是要开展原创性引领性科技攻关，着力攻克"卡脖子"瓶颈制约，加快实现高水平科技自立自强，保障国家安全和战略利益。面向人民生命健康，就是要聚焦人民关心的重大疾病防控、食品药品安全、人口老龄化等重大民生问题，用科技创新为人民生命健康保驾护航。

（三）探索科技创新的推进方式

科技创新必须坚持系统观念，坚持教育、科技、人才工作一体化推进。党的二十大报告指出："教育、科技、人才是全面建设社会主义现代化国家的基础性、战略性支撑。"这是中国共产党全国代表大会报告第一次将教育、科技、人才工作单独成章，对这三者进行一体化部署，体现出中国共产党对这三项工作规律的新认识。教育是根本，是人才培养的主阵地，以人民为中心发展教育，建设覆盖全学段、全区域的高质量教育体系才能实现人才辈出、大师涌现的生动局面，从根本上提升科技创新能力。科技是前沿，科技创新工作既是检验教育质量的标尺，也是检验人才的试金石，还是培育人才的大舞台。人才是核心，是科技创新的最关键要素，坚持创新驱动实质是坚持人才驱动，高质量教育也需要高水平人才的支撑。教育、科技、人才工作的一体化推进要切实落实教育优先发展战略，要通过教育的优先发展和高质量发展，造就大批拔尖创新人才，为科技创新和教育发展提供人才保障，最终实现三者的共同提升。

（四）重塑科技创新的路径机制

一是确立企业的科技创新主体地位。增强企业创新动力，从正向激励和反向倒逼两方面推动企业持续投入创新，使企业真正成为技术创新决策、研发投入、科研组织、成果转化的主体，解决好"由谁来创新""成果如何用"等问题。探索"企业出题、科研机构答题"的新模式，以实施重大科技任务为牵引，加快构建龙头企业牵头、高校院所支撑、各创新主体相互协同的创新联合体。重点建设科技领军企业主导的创新链,连接政产学研用多方面的创新主体,协调各主体的创新资源,开展包括产业共性关键技术研发、科技成果转化在内的多种形式协同创新。进一步优化创新环境,营造有利于科技型中小微企业成长的良好环境。健全科技成果转化机制,鼓励将由财政资金支持形成的科技成果许可给中小企业使用。

二是强化国家战略科技力量。习近平总书记指出,"国家实验室、国家科研机构、高水平研究型大学、科技领军企业都是国家战略科技力量的重要组成部分"[1]。国家战略科技力量承担四项任务,整合优化科技资源配置,加强原创性引领性科技攻关,持之以恒地加强基础研究和建设重大科技创新平台。高水平研究型大学要积极参与国家实验室建设,推动国家重点实验室、国家工程研究中心的创新平台重组优化;主动优化科研布局,加强基础研究,强化多学科交叉融合,瞄准科学前沿和事关国家安全和发展全局的基础核心领域,开展前沿探索和关键核心技术攻关,破解"卡脖子"问题,提升承担和完成国家重大科技任务的能力;以加强基础学科发展和科教融合发展为目标,培养基础学科人才、创新型人才和战略科学家;围绕国家重大区域发展战略,加强与企业、科研院所的协同创新,参与构建产学研用深度融合的技术创新体系。

三是扩大国际科技交流合作。面对纷繁复杂的外部环境,应坚持以全球视野谋划推进科技创新,更加积极融入国际创新网络。积极牵头发起和参与国际大科学计划和大科学工程,开创国际科技交流合作的新局面。不分国籍,更加鼓励把全球科技人才"引进来",为他们提供稳定的环境、充足的资源、便利的生活。更加提高高校、科研院所、企业、社会组织、科技人员等民间主体开展国际科技交流合作的力度,并扩大合作范围。

四是培育科技创新文化。要大力弘扬科学家精神,以及"两弹一星"精神、载人航天精神、探月精神、抗疫精神、新时代北斗精神等中国共产党人精神谱系,引

---

[1] 习近平:《在中国科学院第二十次院士大会、中国工程院第十五次院士大会、中国科协第十次全国代表大会上的讲话》,《人民日报》2021年5月29日。

导广大科研人员争做重大科研成果的创造者、建设科技强国的奉献者、崇高思想品格的践行者、良好社会风尚的引领者。在全社会营造尊重科学、崇尚创新的浓厚社会氛围,把科学普及放在与科技创新同等重要的位置,强化知识产权创造、保护、运用,充分释放蕴藏在人民中的创新智慧和创新力量。

第一篇 | # 现代化与科技创新：
国际视野与中国情境

第一章

西方现代化与科技创新国际经验

      "现代化"一词源自文艺复兴时期,最初指超越中世纪的新时代精神与特征。西方现代化的实践历程和理论研究,从文艺复兴、科学革命、启蒙运动时期开始,经历18世纪以来的三次工业革命和20世纪以来的全球经济社会变迁,其规律、经验和教训具有一定的共通性和普遍性,对当代国家的建设和发展具有重要参考意义。在历时两个多世纪的世界现代化进程中,科技创新扮演了极其重要的角色,也形成了一系列重要的理论研究成果。本章围绕西方现代化与科技创新的国际经验,分三个小节介绍不同阶段西方国家现代化实践取得的成就和现代化研究的重要理论,分析科技创新在西方国家发展中发挥的积极作用,梳理不同时期科技创新的理论研究成果与核心观点,以此总结西方现代化与科技创新的经验教训,为更好地理解中国式现代化进程中的科技强国建设带来启发。

第一节
西方现代化的基本历程与反思

现代化属于一个世界范畴,任何一个国家、民族、社会的现代化都离不开同世界现代化的联系。现代化也属于一个历史范畴,是人类社会文明发展到一定程度的产物。现代化还是一个发展和动态的概念,不同社会环境和学科语境下对现代化有着不同的理解和实践。在当今经济全球化、价值多元化的背景下,对现代化规律和特征的认识,是一个国家发展战略理论基础的重要组成部分。

一、现代化的一般定义

"现代化"这个词广泛运用于不同学科领域,社会学、经济学、政治学的经典论述和当代学界分别提出了关于现代化的不同"标准",对其含义做了不同角度的概括。[①]

在历史学领域,现代化指发达国家所经历的从传统到现代、从不发达到发达的历史过程。具体地说,是指人类社会从传统的农业社会向现代工业社会转变的历史过程。根据此定义,在相当长的时期中人们把现代化等同于工业化过程。而在现代,西方发达国家的经济发展进入了信息化阶段,因此有学者把现代化分为两个阶段:第一阶段是工业化;第二阶段以第一阶段为基础,是以信息化为内容的"第二次现代化"。

在社会学领域,现代化指的是在科技革命推动下社会已经和正在发生的转变过程,不仅涉及经济,还包括政治、社会、文化、心理等方面。例如美国社会学家英格尔斯依据对现代化国家的实证分析,概括出 10 项现代化水平指标:人均国民生产总值(GNP)在 3000 美元以上,农业增加值在 GNP 中占 12%—15%,第三产业在 GNP 中占 45%以上,非农业就业人口在总就业人口中占 70%以上,识字人口占总人口的 30%以上,接受高等教育的人数占适龄青年总人数的 10%以上,城市人口占总人数的 50%以上,平均每个医生服务的人口数在 100 人以

---

① 洪银兴:《中国式现代化论纲》,江苏人民出版社 2023 年版,第 25—27 页。

下，平均人口预期寿命在 70 岁以上，人口自然增长率在 1‰ 以下。这些指标对发展中国家推进现代化有一定的参考价值，但随着经济和社会的发展，这些指标也越来越不能准确全面地反映现代化水平。

在经济学领域，对现代化的研究更关注其发展进程中的产业政策和国家战略。库兹涅茨的现代经济增长理论，刘易斯、舒尔茨的二元结构理论和罗斯托的经济成长阶段论中均对此有相关表述。诺贝尔经济学奖获得者西蒙·库兹涅茨把 19 世纪后半叶以来，发达国家以科学技术作为经济增长主要动力的时代称为"现代经济增长阶段"，并指出在现代经济增长进程中，技术、社会和时代精神变化之间的相互关系特别重要。刘易斯和舒尔茨面对发展中国家提出了不同的现代化方案，前者突出工业化，后者强调改造传统农业。美国经济学家罗斯托的经济成长阶段论则直接使用了"经济现代化"的概念，认为现代经济增长源于新技术在有效基础上的不断扩散，并列举了国家进入经济现代化阶段后的各种表现。

二、 前现代化阶段与思想基础

发生在 11—13 世纪的"十字军东征"动摇了欧洲的宗教统治，促进了航海、探险和商业活动。航海活动中的地理发现推动了科学观念上的更新，促进了新兴学科的诞生。文艺复兴和宗教改革运动的兴起，为近代科技和科技革命的产生和发展创造了必要的社会条件。

发生在 14—16 世纪的欧洲文艺复兴运动是一次资产阶级新文化运动和思想解放运动，是近代科技革命的先导，其中心思想是"人文主义"。文艺复兴运动主张人要从神中解放出来，它提倡人性，批判神性；提倡人权，批判神权；崇尚理性，摈弃神启；鼓吹个性解放，反对宗教桎梏。正如恩格斯所指出的："这是一次人类从来没有经历过的伟大的、进步的变革，是一个需要巨人而且产生了巨人的时代——在思维能力、热情和性格方面，在多才多艺和学识渊博方面的巨人时代。"在这种背景下，天文学家哥白尼创立了日心说，出版了《天体运行论》，揭开了近代第一次科学革命的序幕。从 15 世纪中叶开始，西欧封建社会内部产生了资本主义萌芽。

16—17 世纪在欧洲发生的科学革命是一次科学观念与实践方式的根本性

变革。这场革命不仅改变了人类对自然界的认识,而且对社会、文化和哲学等领域产生了深远的影响。认识论方面,哥白尼、伽利略、开普勒和牛顿等人的发现和理论,不仅揭示了宇宙运行的规律,也表明自然界遵循着可以被理性认知的规律,从而挑战了传统的宗教权威和知识体系。价值观方面,人们开始重视实证研究和实验方法,推崇理性和逻辑推理,新的价值观和方法论逐渐影响了整个社会,促进了启蒙运动的兴起。社会结构方面,科学革命的成果促进了技术的发展和应用,进而推动了工业革命的到来,工业化和城市化的进程改变了许多国家的经济结构和社会面貌,加速了西方社会的现代化进程。文化氛围方面,匠人和科学家之间的界限逐渐模糊,实用技术和制造业得到了尊重和发展,为科技创新提供了良好的土壤。总之,科学革命思想不仅推动了科学技术的发展,也引发了社会结构和文化价值观的重大变革,为后续的社会进步和全球化奠定了基础。

17 至 18 世纪起源于欧洲的启蒙运动是一场深刻的文化和思想变革。运动的代表人物是孟德斯鸠、伏尔泰、狄德罗、卢梭和康德等,他们通过著作传播批判封建专制主义、特权主义以及宗教愚昧的思想,并宣扬天赋人权和三权分立的观念。启蒙运动强调通过理性思考和科学方法来认识世界,推动了现代科学的发展和普及,为工业革命和技术进步提供了理论基础,促进工业化和现代化的发展。启蒙运动倡导自由、民主和平等的思想,对封建专制和绝对君主制进行了批判,为后来的政治革命如美国独立战争和法国大革命奠定了思想基础,促进了更公平的社会制度和更开明的政治体制。启蒙运动主张平等主义,反对社会的阶级和种族歧视,推动了社会的平等与公正,促进了个体价值的认同和人的全面发展。这场运动的影响不仅限于欧洲,其思想理念传播到世界不同地区,影响了全球的现代化进程。

三、 工业化阶段与经典现代化理论

西方国家从 18 世纪工业革命开始到 20 世纪中期进入发达工业社会这段时期的发展历程,是世界现代化实践经验与理论研究的主要起源。这段时期跨越了两次工业革命,推动了西方国家从传统经济转向现代经济、传统社会转向现代社会、传统政治转向现代政治、传统文明转向现代文明转变。在 20 世纪 50—60

年代,以工业化和城市化为特征的第一次现代化出现高潮,发达工业化国家先后完成第一次现代化进程,形成了一批经典现代化理论。

18 世纪后期至 19 世纪末的初期工业化阶段被称为第一次工业革命,以蒸汽机的发明和应用为标志,西方国家开始从传统的农业社会向工业社会转变。珍妮纺纱机的出现和瓦特蒸汽机的改进极大地提高了生产效率,工厂制度开始兴起,远洋贸易的发展、国家政策的支持以及学术研究的推动,共同促进了工业化进程的加速。19 世纪末至 20 世纪初的成熟工业化时期被称为第二次工业革命,电力和内燃机的广泛应用标志着生产力的又一次飞跃,大规模生产和分工的进一步细化使得西方国家的工业产能大幅度提升,形成了成熟的工业社会结构。

这两个阶段的工业化进程为西方国家带来了技术创新、经济转型、社会结构变化和自然环境变化等多方面影响。初期阶段,蒸汽机的发明和应用极大地提高了人类的生产力,使得大规模的工业生产成为可能,纺织机、化学制造等一系列的新技术进一步推动了工业生产的发展。科技的进步直接促进了经济的转型,国家经济结构开始从以农业为主转向以工业为主。此后人们生活方式和社会结构也发生了重大变化,城市化现象日益明显,大量农村人口迁移到城市工作,形成了新的工人阶级,带来社会形态和文化观念的变革。在经济社会发展的同时,工业垃圾和生活垃圾的排放,以及对自然资源的过度开采,集中反映了工业化进程给自然环境带来的负面影响。

20 世纪中期,西方工业化国家普遍进入发达工业社会,工业经济、工业文明也成为国家现代化的代名词。20 世纪 50 年代至 90 年代,西方国家陆续出版了一系列有影响的现代化研究专著,最终形成了经典现代化理论体系。其中,较为著名的有《社会系统》(帕森斯,1951)、《传统社会的消逝:中东现代化》(勒纳,1958)、《发展中地区的政治学》(阿尔蒙德和科尔曼,1960)、《经济成长的阶段》(罗斯托,1960)、《现代化和社会结构》(列维,1966)、《现代化的动力》(布莱克,1966)、《变化社会中的政治秩序》(亨廷顿,1968)和《现代化:抗拒与变迁》(艾森斯塔特,1966)等。①

---

① 何传启:《世界现代化研究的三次浪潮》,《中国科学院院刊》2003 年第 3 期。

　　根据经典现代化理论,现代化有两个基本内涵:一是指发达国家从 16 世纪、特别是工业革命以来发生的深刻变化,二是指发展中国家在不同领域追赶世界先进水平的发展过程。这一理论体系重点阐述了现代化的过程、结果、发展动力和模式。20 世纪 70 年代,亨廷顿教授归纳了现代化过程的九个特征:(1)现代化是革命的过程,从传统社会向现代社会的转变,只能与人类起源的变化和从原始社会向文明社会的转变相比拟;(2)现代化是复杂的过程,它实际上包含着人类思想和行为一切领域的变化;(3)现代化是系统的过程,一个因素的变化将联系并影响到其他各种因素的变化;(4)现代化是全球的过程,现代化起源于欧洲,但现在已经成为全世界的现象;(5)现代化是长期的过程,现代化所涉及的整个变化,需要时间才能完成;(6)现代化是有阶段的过程,一切社会的现代化过程,有可能区别出不同水平或阶段;(7)现代化是趋同的过程,传统社会有很多不同的类型,现代社会却基本是相似的;(8)现代化是不可逆的过程,虽然在现代化过程中某些方面可能出现暂时的挫折和偶然的倒退,但在整体上现代化是一个长期的趋向;(9)现代化是进步的过程,在转变时期,现代化的代价和痛苦是巨大的;从长远看,现代化增加了人类在文化和物质方面的幸福。[①] 经典现代化理论也关注现代化的传统性和现代性。学者们把已经完成现代化过程的国家的现代工业社会特点称为现代性,这种现代性在不同领域有不同表现,如政治民主化、经济工业化、社会城市化、宗教世俗化、观念理性化、现代主义、普及初等教育等。

　　美国学者英格尔哈特教授归纳了经典现代化理论中关于发展动力的三种观点:其一是"经济发展决定论",受马克思"经济基础决定上层建筑"思想的影响,主张经济发展决定社会政治和文化的变化,认为工业化是现代化的推动力;其二是"文化发展决定论",受韦伯"新教伦理和理性化"思想,认为是文化影响了经济和政治生活,民主化是现代化的推动力;其三是综合决定论,认为现代化是政治、经济和文化相互作用的结果。经典现代化的发展模式具有多样性和路径依赖

---

① [美]亨廷顿等:《现代化——理论与历史经验的再探讨》,张景明译,上海译文出版社 1993 年版,第 309—330 页。

性,受历史文化和地理条件等影响。[1] 美国学者布莱克教授通过回顾世界 175 个国家和地区的现代化历史,将现代化过程分成七种模式,并探讨了现代化的各种驱动因素,包括技术创新、经济发展、社会变革等,以及这些因素如何推动社会向现代化方向发展。[2]

经典现代化理论对理解西方工业化和现代化进程有重要启发意义,但其不可避免地也存在历史局限性,如现代化概念的时间不确定、内涵的宽泛和对部分国家和社会阶层的偏见,以及对环境问题、自然资源破坏、贫富差距问题、工作技能老化、家庭和伦理问题的忽视等。更重要的是,一些发展中国家采用经典现代化理论并未取得预期效果,引发了人们对经典现代化理论实用性的质疑。

四、 后工业社会与后现代化理论

20 世纪 70 年代,随着工业化国家第一次现代化的完成,发达工业国家开始进入以非工业化(工业转移＋工业升级)、非城市化(或逆城市化,城市扩散＋信息化)、知识化和全球化为特征的后工业化时代,先后完成从第一次现代化向第二次现代化的历史性转变。科技革命和信息革命开始改变人们的观念和行为,工业经济衰落,知识经济崛起引发世界现代化方向的重大变化。学者对经济、政治、社会、文化等各方面的探讨和反思形成了一批后现代化理论。

这一时期,西方后工业化国家高技术产业在全球范围内达到了领先水平,科技发展处于世界前列,科技应用推动了新产业的兴起,如信息技术、生物技术等,这些高科技产业成为推动经济发展的新引擎。以此为契机,后工业化国家在国际经济分工中专注于高附加值的产品和服务,而将低附加值的制造业转移到其他国家,占据了产业链高端位置。随着国民收入的提高,人们对教育、健康、娱乐等服务的需求日益增长,以商品生产为主导的经济转向了服务型经济,较完善的社会保障、以中产阶层为主的社会结构也为消费和服务提供了稳定的市场需求,共同推动服务行业快速发展,成为推动国民经济增长的主要力量。高技术、信息化、知识化、全球化和创新等新事物日益影响社会经济和人们生活,城市居民纷

---

[1] ［美］罗纳德·英格尔哈特:《现代化与后现代化》,严挺译,社会科学文献出版社 2013 年版,第 1—46 页。
[2] ［美］西里尔·布莱克:《现代化的动力》,段小光译,四川人民出版社 1988 年版,第 47—69 页。

纷向郊区和乡镇迁移。工业部门纷纷向发展中国家转移或者向服务业和知识产业转移,工业化国家经济结构和劳动力结构发展方向发生转折,经济的非工业化和社会的非城市化现象日益显著。同时,社会发展更加依赖理论知识和专业技能的推动,教育和技术创新在社会发展中起到核心作用,知识工作者和科技精英凭借各自专长获得权力和影响力,在社会中处于更加重要的地位。

在后工业化阶段,发达工业国家的经济发展已经转入非工业化轨道,城市人口向郊区和乡镇迁移,从城市化转入逆城市化轨道,个人的精神需求超越了工业文明阶段的文化供给。这些变化让人们逐渐认识到,工业经济并非世界经济发展的顶点,工业社会不是人类社会发展的终点,工业文明也不是人类文明的顶峰。20世纪七八十年代,以"后"冠名的各种学术思潮在西方国家广泛传播,后现代化理论是对这些思潮的一种概括,是关于后工业社会、后现代主义和后现代化研究的一个思想集合。

后现代化理论认为从农业社会向工业社会的转变是现代化,核心目标是经济增长;从工业社会向后工业社会的转变是后现代化,在专业化、世俗化和个性化方面对现代化予以继承,但核心目标从经济增长转变为个人幸福的最大化。在经济发展之外,政治、社会、家庭、宗教观念同时发生深刻变化。1973年美国学者丹尼尔·贝尔教授推出《后工业社会的来临》一书,认为人类社会的发展包括前工业社会、工业社会、后工业社会三个阶段,20世纪70年代的美国已进入后工业社会的第一阶段,在今后30年至50年间将看到"后工业社会"的出现。他从五个方面刻画后工业社会:(1)经济方面:从产品生产经济转变为服务性经济;(2)职业分布:专业和技术人员阶级处于主导地位;(3)中轴原理:理论知识处于中心地位,它是社会革新与制定政策的源泉;(4)未来的方向:控制技术发展,对技术进行评估;(5)制定决策:创造新的"智能技术"。[1] 1979年出版的法国学者利奥塔教授的《后现代状态》一书引发了后现代主义热潮。[2] 如果说后工业社会描绘了后现代化理论的经济社会图景,那么后现代主义则反映了在文化领域

---

[1] [美]丹尼尔·贝尔:《后工业社会的来临》,高铦等译,新华出版社1997年版,第14页。
[2] [法]弗朗索瓦·利奥塔:《后现代状态》,车槿山译,生活·读书·新知三联书店1997年版。

后现代化与经典现代化的巨大差异,其思维方式强调否定性、反正统性、不确定性、非连续性和多元性。著名学者哈贝马斯的著作指出,后现代性是对主体性、总体性、同一性、本源性、语言深层结构性所进行的全面颠覆,代之以非中心、非主体、非整体、非本质、非本源。① 与经典现代化理论相似的是,后现代化理论既有其启发性,也受到广泛批评,例如"后现代"是一个"时间不自洽"的模糊概念,以及它没有包含知识经济、网络社会等新发展和将来的新变化等。

五、 20 世纪 80 年代以来的现代化研究新思想

20 世纪末至今,世界进入信息化和智能化时期,随着互联网的普及和信息技术的快速发展,世界现代化进程进入新的阶段,工业化与后工业化发展进程不同的国家同时面临着科技进步的新考验和社会发展的新挑战,多元发展的现代化理论随之产生并持续发展。这一时期,随着数字经济的兴起,数字化技术、商品与服务全方位地渗透到产业经济各领域,传统产业的数字化转型和数字技术的产业化全面推动了产业结构的进一步优化和升级。智能制造的发展得益于人工智能算法在生产过程中的应用,以及机器设备自学习和自适应能力的提升,能解放劳动力并大幅优化了生产效率。大数据的分析和应用,帮助企业能够发现潜在的业务机会、改进生产过程并提高产品质量。电子商务和电子政务的快速发展,进一步推动企业经营方式和政府行政体系变革。

20 世纪 80 年代至 90 年代,现代化研究产生了一批新思想,其中比较有影响的包括两位德国学者胡伯教授提出的生态现代化理论和贝克教授提出的自反性现代化理论。

生态现代化理论产生于 20 世纪 80 年代,是在当时西欧发达工业社会的现代化与生态环境之间的矛盾不断走向激化,以及人们试图解决这一矛盾的进程中应运而生的。作为该理论主要创始人之一的胡伯认为,生态现代化是一种利用人类智慧去协调经济发展和生态进步的理论。生态现代化的基本观点有:(1) 要把现代科学技术理解为生态改革的核心机制,同时强调在生态改革中经

---

① ［德］哈贝马斯:《现代性的哲学话语》,曹卫东译,译林出版社 2011 年版,第 113 页。

济和市场动力的重要性;(2)作为一种资源和风险的管理模式,要超越各种冲突和利益,建立新的环境议程,解决经济增长和相应的环境管理之间的常规矛盾;(3)不仅把环境挑战看成危机,也看作是机会,把减少污染看成加强经济竞争力的工具;(4)代表一种前瞻的、预防的环境政策,要采用预防原理,涉及生产和消费模式的长期结构变化;(5)要采用工业生态学原理和可持续发展战略,建立可持续发展的生态社会。[1] 西方生态现代化理论是当代西方社会处理现代化进程中环境挑战的主流理论,包含了许多解决工业社会生态危机的方案和要素,但也由于没有对产生生态危机的资本主义制度根源进行批判而不可避免地具有局限性,这使得该理论在价值观念、适用范围和问题解决方案上存在矛盾,有待新的理论实现超越。[2]

第二次世界大战后,伴随着全球化进程的加快,在世界范围内出现了形形色色的反对西方文明、抗议全球一体化的民族主义、种族主义和宗教激进主义运动,西方现代化的根本前提和核心理念也面临来自多方面的挑战。1986年,德国学者贝克在《风险社会》德文版中提出了后来产生广泛影响的两个概念:风险社会和自反性现代化。他认为,我们的现代世界处于转变之中,即从工业社会向风险社会的转变;在《风险社会》一书中描绘了现代社会的一个发展阶段,在这个阶段,社会的、政治的、经济的和个人的风险日益趋向于逃脱工业社会建立的风险预防和监督机制;从工业社会向风险社会的转变就是自反性现代化。[3] 作为自反性现代化理论的主要代表人物,贝克的观点包括:(1)世界现代化包括两个阶段,即普通现代化(正统现代化)和自反性现代化;(2)普通现代化的目标是建立现代工业社会,工业社会是普通现代化的结果,自反性现代化是消解现代工业社会,风险社会是自反性现代化的结果;(3)在新时期,一种现代化消除另一种现代化就是自反性现代化,它是现代化的现代化;(4)从一个社会时代向另一个社会时代的转变,能够通过没有预先设计的、非政治的和各种论坛的促进来实

① Huber J. , "Towards industrial ecology: sustainable development as a concept of ecological modernization", *Journal of environmental policy and planning* , 2000, 2(4): 269—285.
② 周鑫:《西方生态现代化理论的反思与超越》,《唯实》2011年第3期。
③ [德]乌尔里希·贝克:《风险社会》,何博闻译,译林出版社2004年版,第36页。

现；(5)工业社会的现代性是普通现代性，风险社会的现代性是自反现代性，普通现代性是第一现代性，自反现代性是第二现代性。① 自反性现代化理论试图克服现代主义和后现代主义之间的争论，对风险社会的特征及应对方式有深刻的思考，具有一定的积极意义；同时这一理论仍不完善，对风险的论述有近乎夸张的倾向和陷入无奈的忧虑，对其对不同阶级、种族、国家的不同影响没有充分的探讨。

六、 西方现代化的经验与反思

西方现代化理论概括了现代化的一般特征，包括工业化是现代化的前提和核心，科技进步是现代化发展的根本动力，经济发展和社会结构变迁是现代化推进的动因，以及现代化观的内涵是不断扩展和深化的。这些理论总结了人类进入工业社会以来西方国家现代化的一般过程，一定程度上反映了人类共同的精神财富。但是由于缺乏科学的历史观，西方现代化理论无法深刻地理解现代化运动与人类历史命运的关系，不能正确把握现代化的历史本质是人类走向彻底解放的历史过程。西方现代化理论的局限性、片面性集中表现在从西方国家的价值观与利益立场出发，把西方国家现代化的具体道路与模式作为全人类现代化的唯一道路与模式，把西方文化的价值观强加给广大发展中国家；把发展中国家凡是与之不同的制度、文化等一律斥为必须彻底抛弃的传统，把现代化与各国、各民族的传统完全对立了起来。从一定意义上说，已有的现代化理论属于过去时，而发展中国家的现代化理论则属于现在时和将来时，需要结合发展中国家的实际进行创造和建构。

二战以前，世界范围内的现代化只有一种模式，那就是欧美的资本主义模式。但20世纪冷战结束后，沿着西方模式前行的国家，其现代化进程却并不成功。随之出现的战后两大阵营，在世界范围内形成了资本主义现代化模式和社会主义现代化模式，西方模式一统天下的格局逐渐被打破。20世纪70年代崛起的东亚国家和地区，特别是"四小龙"，独创了一种新的现代化发展途径，这种新型模式一般被称为"东亚模式"或"亚洲模式"。人们逐渐认识到，一个国家现

---

① ［德］乌尔里希·贝克、安东尼·吉登斯、斯科特·拉什：《自反性现代化：现代社会秩序中的政治、传统和美学》，赵文书译，商务印书馆2001年版，第6—31、143页。

代化模式和道路的选择主要是由一定时空背景下各国国情决定的,世界现代化的模式和道路不止一种,应该具有多样性。

20世纪前半叶及以前被卷入世界现代化进程的国家被称为"先发现代化国家",20世纪后半叶及以后被卷入世界现代化进程的国家被称为"后发现代化国家"。先行现代化国家在推进工业化时,世界上有很大一部分地区还处于传统农业社会,是其附属国或殖民地,先行国家可以无所顾忌、无障碍地通过掠夺国外资源来支持其粗放的工业化发展方式。而现在,发展中国家作为后起的国家,已经没有先行国家当时的资源环境,不仅物质资源供给严重不足,环境资源供给也受到更多约束。因此其现代化的必要环节——工业化不能走先行国家的老路,必须走低消耗、低排放的新型工业化道路。当然,在发展中国家启动现代化时,先行现代化国家与之并存,发展中国家可以选择和利用的世界知识和技术的存量丰富,给发展中国家现代化提供了后发优势,有可能产生更高的经济增长率,其现代化所需的时间也不需要像先行现代化国家那么长。对我国而言,先行国家的现代化经验,尤其是以工业化为基础,以科技创新为驱动,以高标准的市场经济体制为保障,以及重视生态环境和社会发展同步现代化,对我国走好中国式现代化新道路都具有重要启示意义。①

第二节
西方现代化中科技创新的重要作用

西方现代化进程中,创新作为重要推动力量表现为各种形式,包括文化创新、制度创新、管理创新、市场创新、科技创新等。其中,科技创新既是各阶段的初始动力,也是影响各国现代化进程和质量的核心因素,发挥着推动经济增长、促进社会发展、助力文化传播、奠定国家地位的重要作用。

一、科技创新推动经济增长

科技创新对经济发展有着深远的影响,是现代经济增长的关键动力之一,它

---

① 洪银兴:《中国式现代化论纲》,江苏人民出版社2023年版,第35—37页。

促进了生产力的提升和经济结构的优化升级。在现代社会,科技的快速进步为经济发展提供了新的可能性和方向,推动经济持续、健康、快速增长。

科技创新对经济增长的推动作用主要体现在提高生产效率、促进产业升级和创造新的经济增长点等方面。科技创新引领技术革新,通过不断的技术突破,能够引入新的生产工艺,提高劳动生产率,降低生产成本,从而提高整体经济的生产效率,促进经济增长。新技术的广泛应用,如人工智能、大数据、云计算等,极大地提升了各行业的生产力和效率,为经济增长提供了源源不断的动力。科技创新还能推动产业结构的优化和升级。随着新技术、新产业的不断涌现,传统产业得以改造升级,部分传统产业逐渐被高技术、高附加值的产业所替代,新兴产业得以快速发展,形成新的经济增长点,经济结构向更高层次、更加合理化的方向发展,进而促进经济增长的质量和效益提升。信息技术的快速发展使得数据处理和传输速度大幅提升,催生了通过推动新技术突破和应用的知识密集型高科技产业,通过创新技术实现低碳、低排放、低能源消耗的绿色产业,以及通过技术改造实现传统产业转型升级为新兴产业。科技创新往往还带来全新的产品和服务,这些新产品可以创造新的市场需求,进一步拉动经济增长。这些新兴产业和新增长点,不仅为经济增长注入了新的活力,还为社会创造了大量的就业机会,带来产业的现代化和自主可控的现代产业体系。

科技创新对经济增长的推动作用还在于优化资源配置和转变经济增长模式。科技创新通过提升信息的透明度和传递效率,优化资源的配置效率。大数据、物联网等技术的应用,使得资源的分配更加精准、高效,减少了资源的浪费和错配,提高了资源的整体利用效率。同时,科技创新有助于更有效地利用各类资源,包括能源、原材料和人力资源,实现资源的可持续利用,减少经济发展对资源消耗的依赖和对环境的破坏,推动经济增长向创新驱动、绿色低碳的方向转变,实现经济增长的可持续性和健康性。

二、 科技创新促进社会发展

科技创新促进社会发展的直接作用,主要表现在改善人民生活质量和生活环境。首先,科技创新成果在社会福利和公共服务领域的直接应用,可以显著改善人民的生活质量。如医疗技术的进步使得许多难以治愈的疾病得到了有效治疗,提高了人们的健康水平;基因编辑技术的发展为遗传病的治疗带来了新的希望;人工智能在医疗影像诊断、疾病预测等方面的应用,也极大地提高了医疗服务的效率和准确性等。又如智能手机的出现,让人们可以随时随地获取信息,进行交流、购物、支付等;电子商务、在线学习、远程工作等新兴模式,也使得人们的生活更加灵活多样;智能交通系统的应用则使得城市交通更加顺畅,减少了拥堵和交通事故的发生等。其次,科技创新在资源开发和环境保护方面的应用,部分解决了资源不足与环境污染问题。如可再生能源技术、环保技术等发展减少了对传统能源的依赖,降低了环境污染。

在发挥直接作用的同时,科技创新通过推动经济增长,间接起到了增加就业机会、缓解社会矛盾的作用。科技创新推动了生产力的巨大提升,经济增长和产业变革增加了就业机会和财富创造渠道,为年轻人和创业者提供了更多实现自己梦想的机会,一定程度上缓解了因经济衰退和失业等问题而引发的社会矛盾。

三、 科技创新助力文化传播

随着科技的飞速发展,科技创新在促进文化传播方面的作用日益显著。通过数字媒体普及化、跨文化传播提速、互动体验增强、内容创新多样化、教育普及与提升、社交媒体助推、文化遗产数字化保护以及文化产业发展助力等多种途径,科技创新可以更加有效地推动文化传播,促进不同文化之间的交流和理解,推动人类文明的进步和发展。

首先,科技创新拓展了文化传播的平台。数字媒体技术的普及使得文化传播不再局限于传统的报纸、电视、广播等媒体,网络、移动设备等新兴媒体为文化传播提供了更广阔的平台和更为丰富的互动体验。其次,科技创新使得跨文化传播变得更加便捷。通过翻译软件等工具和微博、抖音等平台,人们可以从各类国际文化交流活动和社交媒体中轻松地获取、分享和传播不同国家和地区的文化信息;在线教育、远程教育等新型教育模式,以及智能教学系统、个性化学习平台等技术使得更多人有机会接受优质的文化教育。最后,科技创新为文化内容创新提供了无限可能。通过新技术手段,传统文化得以重塑,文化遗产的数字化保存和传播得以实现;文化内容的多样化也推动了文化产业实现更加高效的生产和运营;新技术还带来新商业模式,如虚拟现实旅游、在线演出等,也推动了文化产业的转型升级和创新发展。

四、 科技创新提升国家地位

纵观西方国家现代化历程,实现现代化的国家都是创新型国家。科技创新水平对一个国家的地位具有决定性的影响,不仅体现在国家经济、社会、文化方面的发展水平上,还表现在直接决定一国的国防实力和国际话语权上。在全球化的大背景下,拥有先进科技的国家才能在国际竞争中占据优势地位。

首先,科技创新能够显著提高国家的经济实力。科技创新不仅能够提高生产力,提升本国产品的质量和附加值,还能够塑造具有国际竞争力的品牌形象,推动国家在全球经济格局中的地位提升。例如,高铁、互联网等技术的创新,为我国在国际市场上赢得了更大的话语权,同时也为我国带来了更多的经济利益。科技创新还能推动产业升级,提高产业的整体竞争力。

其次,科技创新能够提升国家的社会发展水平。通过科技创新,国家可以提高医疗水平、改善教育条件、提高人民生活水平,从而增强国家的软实力。例如,日本在医疗技术和教育体系方面的创新,使其在国际社会中拥有了更大的影响力。

再次,科技创新能够保障和增强国家国防实力。科技创新可以提高军事装备的先进性和战斗力,从而保护国家的安全和利益。美国一直凭借其军事科技领域的领先地位,在国际军事竞争中占据重要地位。科技创新带来的自主知识产权和先进技术,使一个国家能不再依赖他国技术,增强了该国国防的自主可控能力。

最后,科技创新伴随的科学思想能够提高一个国家的文化软实力和国际话语权。科学文化作为一套价值体系、行为准则和社会规范,其影响范围远超科学和科技工作者本身。世界科技发展的历程表明,一个国家和民族要屹立于世界科学之林,需要科技本身的探索与突破,同样也需要科学文化的发展。英国成为近代科学强国,皇家学会成为现代科学组织的典范,培根等思想家的实验哲学及其关于知识价值的新理念居功甚伟;法国科学强国地位的确立,与笛卡尔理性主义文化密切相关;德国在 19 世纪后来居上成为科学中心,洪堡等思想家倡导的科学文化精神及其在大学体制改革中的具体实践是重要基础;美国在 20 世纪中叶崛起成为世界科技强国,主要依赖于科学文化的引领和对科学发展规律的探索。可以说科技强国的形成伴随着科学文化变革和制度创新,制度创新源于科学文化理念的创新和引领,反过来又促进了科学发展和科技进步,这就是科学精神和科学文化的价值体现。对我国而言,只有在发展科技的同时深入理解和发展科学文化,并在科学文化引领下开展符合国家实际的制度创新,才能从根本上摆脱跟踪模仿的发展轨迹,成为真正开辟科学发展新道路的世界科技强国。

需要注意的是,尽管科技创新带来了显著的经济效益和社会效益,但科技发展也会带来诸多挑战。首先,科技创新并不能从根本上解决资本主义制度带来的根本矛盾,社会经济财富总量、生活水平总体提高的同时,贫富差距和社会阶层不平等的问题并不能从根本上得到解决。其次,科技发展也可能带来环境污染问题。例如工业化进程中大量污染物被排放到自然环境中,对地球的生态系统造成了严重的影响。再次,科技创新可能引发新的社会问题和矛盾,如技术更新换代速度过快带来人才短缺、就业结构失衡、知识产权保护不力、网络成瘾、数据安全和隐私泄露等问题,这也是世界各国面临的共同挑战。这就需要各国在发展科技的同时,通过推动科技创新与经济社会发展、环境保护的深度融合,加强社会福利制度建设,推动社会公平和正义,注重可持续性和人文关怀等方面的努力,来促进社会的和谐发展。

第三节
西方科技创新理论的研究脉络

18 世纪的工业革命是人类经济和社会发展历程中的一次重要事件。在工业革命时期,蒸汽机、纺纱机、铁路等一系列革命性的发明,推动了生产力的大幅提升和工业化进程的加速发展。这些科技创新成果不仅改变了人们的生产方式和生活方式,也为西方科技创新理论的产生和发展提供了丰富的实践基础和理论资源。西方科技创新理论的发展历程大体上可分为奠基期(1912 年至 1949 年)、兴起期(1950 年至 1989 年)、黄金期(1990 年至 1999 年)和拓展期(2000 年至今)四个阶段,如图 1-1 所示。在长达 110 余年的理论研究历程中,先后涌现出了 Schumpeter 创新理论、技术外部性、创新扩散、流程创新与产品创新、吸收能力和动态能力、架构创新与模块创新、内生技术变革、知识管理、开放式创新、突破性创新、商业模式创新、服务创新、包容式创新、绿色创新等理论分支,这些理论对科技创新的不同方面进行了深入解释,以下是对西方科技创新理论研究脉络的梳理。

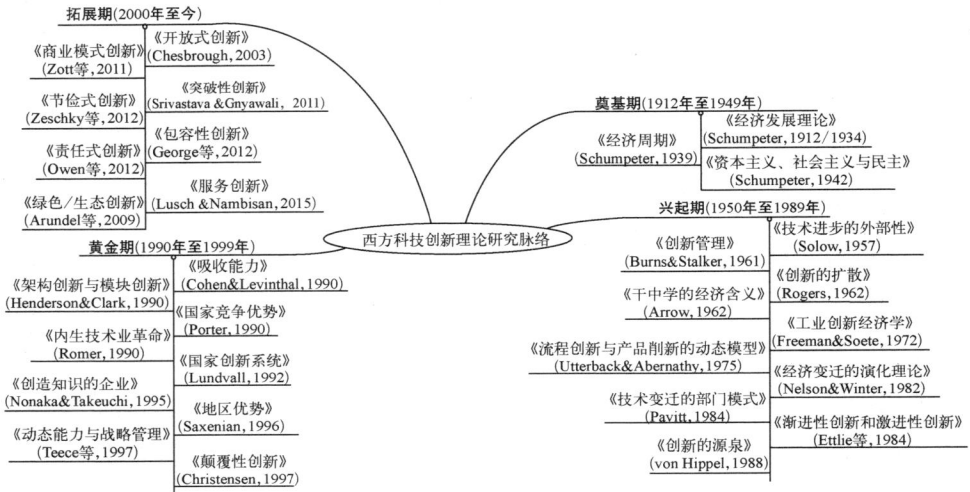

图 1-1　西方科技创新理论研究脉络

一、奠基期（1912 年至 1949 年）

古典经济学派是经济学史上的一个重要流派,他们对经济增长提出了理论解释。古典经济学派的代表性人物包括亚当·斯密（Adam Smith）和大卫·李嘉图（David Ricardo）。亚当·斯密是古典经济学派的奠基人之一,他在其著作《国富论》中提出了"分工"和"自由市场"的理论[①],这些观点成了现代经济学的基础。他认为,分工和专业化可以提高生产效率,从而促进经济增长。他同时还强调市场机制的重要性,认为自由市场能够通过竞争、供需关系等机制来调节资源配置,从而实现最优的经济增长。古典经济学派侧重于从资源配置角度解释经济增长。与古典经济学派的理论不同,20 世纪著名的奥地利经济学家和社会

---

① 尹伯成:《亚当·斯密经济思想在中国的价值——纪念〈国富论〉发表 240 周年》,《江海学刊》2016 年第 6 期。

学家熊彼特关注的不是资源配置的效率问题,而是经济增长的动态和非平衡特性。他强调了创新对经济增长的重要性,解释经济周期现象及其成因,并深入探讨不同经济制度下市场经济、政治制度和社会发展之间的关系。熊彼特的《经济发展理论》《经济周期》《资本主义、社会主义与民主》三本著作共同构成他庞大的经济学理论体系。

熊彼特在其经典著作《经济发展理论》一书中系统地定义了创新的概念,认为创新是指把一种从来没有过的关于"生产要素的新组合"引入生产体系。[1] 其创新理论的核心观点主要包括以下几个方面:(1)创新驱动的经济发展。创新是经济发展的主要动力。熊彼特强调了创新对经济增长、产业结构变迁和社会进步的重要性,将创新视为经济演进的推动力量。(2)企业家精神的重要性。熊彼特将企业家精神视为创新的源泉,认为企业家的创造性活动推动了经济的不断发展和变革。他强调了企业家对创新和经济发展的关键作用。(3)创新的破坏性作用。熊彼特强调创新的破坏性作用,即创新不仅会带来新的机会,也会对传统产业和企业造成冲击。他认为创新会引发市场的动荡和结构的重构,推动经济的动态变化。(4)创新的五种类型。熊彼特将创新分为五种类型,包括新产品的推出、新生产方法的采用、开拓新市场、开发新供应来源以及采用新的组织形式。他认为这些不同类型的创新对经济结构和发展产生了重大影响。

熊彼特在《经济周期》一书中强调了经济周期的存在和原因,以及政府在调节经济周期中的作用[2],为人们对经济波动的理解提供了重要的理论基础。他在《资本主义、社会主义与民主》一书中,提出了一系列关于资本主义、社会主义和民主之间关系的重要观点。[3] 他强调了市场经济的动态性和创新能力。他认为,市场经济能够通过竞争和创新推动经济的发展,提高生产效率,创造更多的财富,从而为社会的进步和发展提供动力。

熊彼特的理论为人们理解经济与社会发展提供了丰富的思想资源,尤其是其创新理论,奠定了西方科技创新理论研究的基础,对于理论界和实践界都产生

① 　[美]约瑟夫·熊彼特:《经济发展理论》,何畏、易家详等译,商务印书馆 2020 年版,第 66—109 页。
② 　张延、姜腾凯:《哈耶克与熊彼特——两派奥地利学派经济周期理论介绍、对比与评价》,《经济学家》2018 年第 7 期。
③ 　[美]约瑟夫·熊彼特:《资本主义、社会主义与民主》,上海译文出版社 2020 年版。

了深远的影响。首先,他的理论提出了创新在经济发展中的关键作用,引起了理论研究者对创新活动的关注和研究。其次,他的理论为解释技术进步对经济的影响提供了一种新的解释框架,超越了传统的生产函数理论。最后,他的理论也为政府制定促进创新的政策提供了重要的理论指导,为社会的发展和进步提供了新的思路和途径。

二、 兴起期(1950 年至1989 年)

作为创新研究的起点,熊彼特的创新理论在提出后的几十年中并未得到充分重视。直到第二次世界大战后,军事和民用领域的政策制定者开始对研发和创新产生了浓厚兴趣。这一时期创新的跨学科研究越来越受到欢迎,来自各学科的理论、概念、研究方法、研究视角和研究范式的交流与融合,使得创新研究逐渐在相关学科中涌现和兴起。Solow 和 Arrow 从经济学的角度对创新进行了研究。Solow 提出了"技术进步外部性"理论观点,他认为技术进步不仅可以提高生产者的生产率,还会对整个经济产生积极的外部影响,促进经济的长期增长。[1] Arrow 提出了"干中学"模型并认为,即使没有新增资本,经验积累和技术进步都是可能存在的,而且"干中学"会使得产品增长水平高于要素投入水平,从而表现为规模报酬递增。[2] Rogers 从社会学角度对创新扩散的规律进行了研究,于 1962 年出版了经典著作《创新的扩散》。Rogers 在这本著作中解释了新观念、新产品或新技术是如何在社会中传播和被接受的,研究了人们是如何接受和采纳新事物的,以及这种采纳过程是如何在社会中扩散的。[3] Burns 和 Stalker 从管理学角度出发,研究了组织与其所处的技术和市场创新环境的关系,他们提出了现在广为人知的"机械式"和"有机式"组织分类标准。[4]

与此同时,英国学者 Freeman 开始探索与创新和研发相关的议题,这为他后来在经济合作与发展组织(OECD),以及《弗拉斯卡蒂手册》(*Frascati Manual*)中对

---

① Solow R. M. , Technical change and the aggregate production function, *The review of economics and statistics*,1957,39(3):312-320.

② Arrow K. J. , The economic implications of learning by doing, *The review of economic studies*,1962,29(3):155-173.

③ [美]E. M. 罗杰斯:《创新的扩散》,唐兴通等译,电子工业出版社 2016 年版,第 103—315 页。

④ Burns T. & Stalker G. M. , *The management of innovation*, Oxford University Press,1994, p.1-15.

国际研发活动进行统计和比较研究奠定了理论基础。1966 年,第一个创新研究中心——科学政策研究所(Science Policy Research Unit,简称 SPRU)成立,Freeman 则担任了该所的首任所长。1971 年,他创办了研究创新的第一本专业期刊——*Research Policy*。[①] SPRU 在 1970—1989 年间引领了创新研究的发展,其中一项突出工作是 Freeman 的《工业创新经济学》。[②] 通过系统的论证,Freeman 将科学与产业创新相结合,进一步审视了创新过程。此后,Freeman 在其著作中首次明确提出了国家创新系统(National System of Innovation)的概念,并强调了网络和组织的重要作用。[③] SPRU 的另一位代表性研究者是Pavitt。他在《技术变迁的部门模式》一文中将创新按部门类型划分为以供应商为主、生产密集型和以科学为基础的三种模式。[④] 而 Ettlie 等从组织风险的角度提出了渐进性创新(Incremental Innovation)和激进性创新(Radical Innovation)的分类标准[⑤],渐进性创新对现有产品进行相对较小的改变,开发现有设计的潜力,并经常加强现有公司的主导地位。相比之下,突破性创新则是基于一套不同的工程技术和科学原理研发新产品,往往会开辟全新的市场和潜在的应用。

在同一时期,美国的创新研究也以惊人的速度迈向新的高度。Utterback和 Abernathy 提出"A-U 模型"[⑥],这一模型结合了产品创新和流程创新,从技术生命周期的角度阐释了主导设计在行业竞争中的至关重要性。Nelson 在其著作《经济变迁的演化理论》中,则基于产业演变提出了演化经济学[⑦],这一理论响应了熊彼特超越新古典经济学范式的呼吁。演化经济学从行业规则的选择角度解释了经济的变迁和运行,认为在某些情况下,某些行业规则能够提供更为持久的竞争优势。此外,Von Hippel[⑧] 首次强调了用户在创新中的关键作用,并进一

① 陈劲、吕文晶:《创新研究:学科演变与中国贡献》,《技术经济》2018 年第 5 期。

② Freeman C. & Soete L., *The economics of industrial innovation*, Cambridge: The MIT Press,1997, p. 1 - 27.

③ Freeman C., Technology policy and economic performance, *R&D Management*,1987,19(3):278 - 279.

④ Pavitt K., Sectoral patterns of technical change: towards a taxonomy and a theory, *Research policy*, 1984, 13(6): 343 - 373.

⑤ Ettlie J. E., Bridges W. P. & O'keefe R. D., Organization strategy and structural differences for radical versus incremental innovation, *Management science*, 1984, 30(6): 682 - 695.

⑥ Utterback J. M. & Abernathy W. J., A dynamic model of process and product innovation, *Omega*, 1975, 3(6): 639 - 656.

⑦ Nelson R. R. & Winter S. G., *An evolutionary theory of economic change*, Belknap Press, 1982, p.48 - 54.

⑧ von Hippel E., *The sources of innovation*, Gabler, 2007.

步拓展了 Pavitt 的思想,深入阐述了在创新过程中用户与生产者之间的劳动分工。用户参与创新的概念是一种革命性的转变,它不仅仅将创新看作是企业内部的活动,而是将其扩展到了更广泛的社会范围,用户的需求和反馈在产品和服务的开发中扮演着至关重要的角色。

三、 黄金期(1990 年至 1999 年)

20 世纪 90 年代是创新研究的黄金时期,这一时期出现了诸多在创新研究领域具有深刻影响的理论观点,吸收能力、动态能力、架构创新与模块创新、内生技术变革、知识管理、颠覆性创新、国家竞争优势等理论概念均是在这一时期被提出的。时至今日,这一时期的研究者们提出的经典理论思想仍在影响现在的创新研究工作。

Cohen 和 Levinthal 于 1989 年首次引入了吸收能力的概念[1]。随后,他们在 1990 年将其从个人层面扩展到组织层面,并将其定义为企业评估、吸收,以及商业化利用新的外部知识的能力。[2] 这一概念对管理学产生了深远的影响,并开辟了"能力"主题研究的新领域。Zahra 和 George 在 2002 年对吸收能力进行了进一步完善,将其细分为获取、吸收、转化和利用四个维度,区分了潜在的吸收能力和现实的吸收能力两种类型。[3] 除了吸收能力,"能力"主题研究领域的另一个重要概念是动态能力。Teece 等人在 1997 年提出了动态能力的经典定义,即企业整合、构建和重新配置内外部能力,以在快速技术变革的情境下保持竞争优势。[4] Eisenhardt 和 Martin 在 Teece 之后提出了流程观的动态能力[5],与 Teece

---

① Cohen W. M. & Levinthal D. A., Innovation and learning: the two faces of R & D, *The economic journal*, 1989, 99 (397): 569 - 596.

② Cohen W. M. & Levinthal D. A., Absorptive capacity: A new perspective on learning and innovation, *Administrative science quarterly*, 1990, 35(1): 128 - 152.

③ Zahra S. A. & George G., Absorptive capacity: A review, reconceptualization, and extension, *Academy of management review*, 2002, 27(2): 185 - 203.

④ Teece D. J., Pisano G., Shuen A., Dynamic capabilities and strategic management, *Strategic management journal*, 1997, 18(7): 509 - 533.

⑤ Eisenhardt K. M. & Martin J. A., Dynamic capabilities: what are they?, *Strategic management journal*, 2000, 21(10 - 11): 1105 - 1121.

的综合能力观存在理论上的差异。最近,Peteraf 等提出了"组织动力传动系统"①,将两种不同的动态能力观点融合在一起。② 在企业管理实践中,日本学者 Nonaka 在知识管理领域的研究工作颇具影响力,他与 Takeuchi 合著《创造知识的企业》③,提出对隐性知识和显性知识进行了区分,并认为日本企业之所以能够获得奇迹般的成功,正是隐性知识在其中发挥关键作用,但隐性知识只能通过经验、间接隐喻和类比的方式进行学习和交流。

同一时期,Henderson 和 Clark 认为将创新分为渐进性或激进性的传统分类是不完整的,并且可能具有误导性,他们从知识和组织学习的角度提出了架构创新(Architectural Innovation)与模块创新(Modular Innovation)的创新分类标准④。架构创新是指不改变构成组件,而改变其构成方式的产品或技术创新过程,模块创新则仅改变模块性能,而不改变组件间的构成方式。Christensen 则从商业模式与企业竞争角度提出了颠覆性创新的概念,颠覆性创新是指新入企业以技术为依托,通过低端市场战略或开拓新市场的模式,完成对在位企业的部分(或完全)替代的竞争性博弈过程。⑤

与企业层面的研究不同,Porter 提出了国家竞争优势理论,解释了国家在全球经济中的竞争力来源,以及如何创造和维持这种竞争优势。⑥ 他认为持续的创新、技术进步和提高生产效率是维持国家竞争优势的关键,同时还强调了政府在制定政策和提供支持方面的作用。Lundvall 在研究国家创新系统时将创新看作一个互动的过程,强调跨部门的相互作用。⑦ Saxenian 的研究也从"系统"的

① Peteraf M., Di Stefano G., Verona G., The elephant in the room of dynamic capabilities: Bringing two diverging conversations together, *Strategic management journal*, 2013, 34(12): 1389 - 1410.

② 吴晓波、付亚男:《创新管理国际研究热点及其演化: 基于可视化分析》,《外国经济与管理》2019 年第 12 期。

③ Nonaka I. & Takeuchi H., *The Knowledge-creating Company: How Japanese Companies Create the Dynamics of Innovation*, Oxford University Press, 1995.

④ Henderson R. M. & Clark K. B., Architectural innovation: The reconfiguration of existing product technologies and the failure of established firms, *Administrative science quarterly*, 1990: 9 - 30.

⑤ Christensen C. M., *The innovator's dilemma: when new technologies cause great firms to fail*, Harvard Business Review Press, 2013, p61.

⑥ Porter M. E., *Competitive advantage of nations: creating and sustaining superior performance*, The Free Press, 1985, p33 - 118.

⑦ Lundvall B. A., *National systems of innovation: towards a theory of innovation and interactive learning*, Pinter: London press, 1992, p3.

视角出发,强调了互动学习在区域创新系统中的重要作用,指出在区域创新系统和创新集群中,创新是一个互动的过程。[1] 上述研究工作反映了20世纪90年代主流创新研究开始倾向于宏观层面的研究。在宏观层面的研究中,Romer的《内生技术变革》也是一篇代表性的文献。这篇论文提出了一个新的经济增长模型,深入论证了技术和人力资本在生产和经济增长中的至关重要作用,同时也强调了新知识的不可或缺性。[2] Romer还详细阐述了技术的两个特征以及它们对技术创新的影响。一方面,技术的非竞争性促进了技术的扩散,使其能够更广泛地传播和应用;另一方面,技术的部分排他性确保了所有参与者都能够分享到技术创新所带来的利益,从而激励各方积极参与创新活动。这些观点为理解技术创新与经济增长之间的关系提供了重要的理论框架,并为探索未来的经济发展路径提供了有益的启示。

四、拓展期(2000年至今)

进入21世纪,创新研究的一个主要趋势是强调各行动者的协同作用,即强调创新应转变为一个更开放而非封闭的系统,并重视个体在创新中的贡献。[3] 在此方面,Chesbrough提出的开放式创新(Open Innovation)[4]、Zeschky等提出的节俭式创新(Frugal Innovation)[5]和Srivastava和Gnyawali提出的突破性创新(Breakthrough Innovation)[6]是具有代表性的研究成果。开放式创新理论框架下,企业不再被视为封闭的实体,而是被看作是一个与外部环境紧密联系、开放的系统。这个系统可以通过与其他企业、研究机构、大学、创业公司等各种组织和个体进行合作来获取新的想法、技术和资源。开放式创新强调的是企业与外部合作伙伴,如其他企业、研究机构、大学等,进行知识和资源的共享与合

---

① Saxenian A. L., *Regional advantage*, Harvard University Press, 1996, p1.

② Romer P. M., Endogenous technological change, *Journal of political Economy*, 1990, 98(5, Part 2): S71–S102.

③ 陈劲、吕文晶:《创新研究:学科演变与中国贡献》,《技术经济》2018年第5期。

④ Chesbrough H. W., *Open Innovation: The New Imperative for Creating and Profiting from Technology*, Harvard Business Press, 2003, p113.

⑤ Zeschky M., Widenmayer B., Gassmann O., Frugal Innovation in Emerging Markets, *Research-Technology Management*, 2011, 54(4): 38–45.

⑥ Srivastava M. K. & Gnyawali D. R., When Do Relational Resources Matter? Leveraging Portfolio Technological Resources for Breakthrough Innovation, *Academy of Management Journal*, 2011, 54(4): 797–810.

作。与开放式创新强调内外部创新资源的协同利用不同,Zeschky 等提出节俭式创新则更强调灵活性、包容性以及在有限资源限制下的节俭解决方案,节俭式创新倡导满足资源有限消费者的需求,其内在的思想是"用更少资源达成更多"。突破性创新主要从技术角度阐释创新的突破性及其对某一领域技术演化轨迹的影响。从技术新颖性角度看,突破性技术强调新技术与现有主导技术之间的根本性差异;从创新影响力角度看,突破性创新强调新技术对本领域技术轨迹演化的影响,这种影响多基于创新产出本身的技术优越性或成本优越性。[①]

除了上述具有代表性的创新研究外,在这一时期还有两项有潜力的研究工作值得关注,即商业模式创新和服务创新。商业模式创新这一概念最早起源于战略管理学与工业经济学[②],研究热点从最初的商业模式与技术创新的关系、商业模式创新的概念内涵与机制,逐渐演化为可持续性商业模式创新、商业模式创新的服务化与数字化趋势。商业模式创新是企业基于新商业模式,试图以新价值主张为利益相关者创造、传递及获取价值的组织变革过程,是企业探索创造与获取价值的新方法、新逻辑。[③] 不同于商业模式创新将商业模式作为企业创新的单元,服务创新则是将企业服务作为创新的单元。Lusch 和 Nambisan 认为,服务创新是服务主导逻辑下企业开展的各种形式的创新,服务主导逻辑下企业所有的产品创新都是服务创新,产品只是企业提供服务的一种机制、媒介或载体。[④]

随着地球资源的不断减少,创新政策开始聚焦于环境和社会的可持续性。在这样的背景下,创新研究领域涌现出了包容性创新、责任式创新、绿色创新等新兴概念。George 等[⑤]对包容性创新的概念给出了权威的界定,将包容性创新定义为对弱势群体有利的创新,既是一个过程,也是一个绩效结果。同时还指出,包容性创新的发展和商业化过程可能产生不平等现象,在创造价值和捕获价

① 曲冠楠、陈凯华、陈劲:《颠覆性技术创新:理论源起、整合框架与发展前瞻》,《科研管理》2023 年第 9 期。
② Zott C., Amit R., Massa L., The business model: recent developments and future research, *Journal of management*, 2011, 37(4): 1019 - 1042.
③ 陈劲、杨洋、于君博:《商业模式创新研究综述与展望》,《软科学》2022 年第 4 期。
④ Lusch R. F. & Nambisan S., Service innovation, *MIS quarterly*, 2015, 39(1): 155 - 176.
⑤ George G., McGahan A. M., Prabhu J., Innovation for inclusive growth: Towards a theoretical framework and a research agenda, *Journal of management studies*, 2012, 49(4): 661 - 683.

值的过程中也可能出现不平等现象。与包容性创新呼吁给予社会弱势群体更多的关注不同,责任式创新更多关注创新是否有益于经济社会的可持续发展。由于创新始终围绕并嵌于经济转型和社会发展过程中,创新也被质疑是否天生就好,如一些本身颇有前途的创新由于没有适当考虑社会、道德和环境方面的影响而遭遇失败。[1] 在经历巨大社会挑战以及公众对政府、企业、科学和创新的信任下降之后,欧盟提出"责任式创新"概念,旨在恢复公众对科学和创新的信心[2],以通过集体管理科学和创新来实现包容性、可持续的未来。[3] 随着学术界和政商界对创新责任议题的反思,以及试图将责任纳入创新政策的研究与实践中,有关责任式创新的研究文献大量涌现,逐渐成为当下创新管理理论研究及实践的一个重要议题。

同责任式创新的内涵具有一致性,绿色创新同样强调创新要有助于经济社会的可持续发展。绿色/生态创新(Eco-innovation)这一定义首次出现是在1996年。[4] 其后,欧盟意识到绿色/生态创新对于区域竞争力的重要性,2007年在"竞争力与创新框架研究项目"中的"企业与创新"子项目设立生态创新专题(Measuring Eco-innovation,简称MEI)。MEI项目对生态创新概念进行了阐释:生态创新能在整个活动周期内有效降低环境风险、各类污染和资源消耗,包括来自企业、协会、政府等组织机构的新产品、生产技术、服务、管理/经营方式的所有生产、采用或开发行为。此后,绿色/生态创新被视为"创造新颖且价格有竞争力的商品、流程、系统、服务和程序,旨在满足人类需求,为每个人提供更好的生活质量,在整个生命周期内,单位产出的自然资源使用量最小,有毒物质的释放量最小"。[5] 2008年中国环境与发展国际合作委员会环境创新课题组在《机制

---

[1] Ribeiro B. E., Smith R. D. J., Millar K., A mobilising concept? Unpacking academic representations of responsible research and innovation, *Science and engineering ethics*, 2017, 23: 81 - 103.

[2] Owen R., Macnaghten P., Stilgoe J., Responsible research and innovation: From science in society to science for society, with society, *Science and public policy*, 2012, 39(6): 751 - 760.

[3] Stilgoe J., Owen R. & Macnaghten P., *Developing a framework for responsible innovation*, Routledge Press, 2020: 347 - 359.

[4] Peter J., The sustainability cycle: a new tool for product development and design, *The Journal of Sustainable Product Design*, 1997: 52 - 57.

[5] Arundel A., Kemp R.. Measuring Eco-innovation, 2009.

创新与和谐发展》报告中提出了"绿色创新（Green Innovation）"概念。[①] 这不仅首次设计了全国层面的绿色创新计划，更重点布局了公共环境投资和环境激励政策，以促进全国范围的绿色创新。

---

① 中国环境与发展国际合作委员会：《中国环境与发展国际合作委员会年度政策报告（2011）》，中国环境科学出版社 2012 年版。

第二章

我国科技创新发展历程

科技创新关乎国家和民族的前途命运。包括科学技术在内的生产力现代化是最能动、最积极的内生因素,是驱动现代化进程的根本动力,它决定着生产关系的现代化。[①] 从科技史观看,现代化是在科技革命影响下,社会已经发生和正在发生的转变过程。[②] 新中国成立以来,我国始终高度重视科技创新的发展,将科技创新置于国家发展战略的关键位置。从新中国成立到改革开放,再到中国特色社会主义新时代,我国科技创新整体上可划分为三大阶段。在中国共产党的领导下,我国的科技创新不断发展、逐步完善。从"向科学进军"到"科学技术是第一生产力",从"科教兴国战略"到"创新驱动发展战略",我国科技创新实现了从自主创新到自立自强、从跟跑模仿到领跑开拓、从重点领域突破到系统能力提升等多个方面的变化。当前,我国已成为具有重要国际影响力的科技创新大国,并正朝着世界科技强国的宏伟目标阔步前进。同时近年来,随着国内外环境的重大变化,科技创新在国家发展中的作用日益凸显。站在新的历史起点,系统提炼我国科技创新的时代背景和演进脉络,全面呈现我国科技创新的发展历程和阶段特征,对中国式现代化建设具有重要意义。

---

① 韩保江、李志斌:《中国式现代化:特征、挑战与路径》,《管理世界》2022 年第 38 期。
② [美]西里尔·E.布莱克:《日本和俄国的现代化》,周师铭等译,商务印书馆 1984 年版。

第一节
新中国成立初期的科技创新

新中国成立后,我国科技创新进入了崭新的历史阶段。这一时期的科技创新经历了初步奠基期(1949年至1956年)与曲折探索期(1957年至1978年)。在初步奠基期,我国通过团结、改造、培养科技人才,接受苏联科技援助,实施高度集中的中央计划型科技体制,在极为困难的条件下解决了国家经济和国防建设中迫切需要解决的一批科技问题,为工业化建设奠定基础。在曲折探索期,我国科技事业遭受了严重破坏,呈现出停滞状态,但在国防领域取得了若干关键性成就。虽然经历了许多挫折,但这一阶段的科技发展和积累为改革开放后的科技飞跃奠定了基础。

一、 初步奠基期（1949年至1955年）

1949年新中国成立伊始,我国面临国际国内环境的双重压力。一方面,国际局势动荡不安,以美国为首的西方国家对我国实行了军事包围、经济封锁和政治遏制的政策。另一方面,国内建设百废待兴,新中国成立前的科技教育体系受到严重毁坏。为稳定国内局势,并逐步实现向社会主义社会的过渡,我国确立了过渡时期"一化三改"的总方针,并决定采取优先发展重工业的总战略。随着政治经济环境的逐步稳定,新中国的科技创新发展开始步入正轨。但是由于起步晚、条件差,我国科技基础相当薄弱,不仅表现在科技发展的速度上,而且表现在技术人才的匮乏上。当时从事科学技术方面的研究者总计不足5万人,难以满足经济建设和国防建设的需要。[1] 因此,我国通过各种渠道争取在国外工作的科学家回国,为新中国的科技事业贡献力量。这一时期,归国的海外学者达到3000多人,其中许多人日后都成了各个科技领域的领军人物,如钱学森、华罗庚、朱光亚等。在他们的带领下,我国迅速建立起了一批科研机构和科技队伍,全国科研人员在极为困难的条件下自力更生、艰苦奋斗,为我国科技事业的发展建立了不朽功勋。

这一时期,我国确立了科技创新联系国家建设的总体方针,借助苏联技术的

① 李哲:《从"大胆吸收"到"创新驱动"——中国科技政策的演化》,科学技术文献出版社2017年版,第28页。

支持和帮扶,力求改变"一穷二白"的局面,以保护国家安全、维护政权稳定为核心目标。为实现这一目标,我国颁布了一系列政策。1949 年 9 月,《共同纲领》颁布实行,规定了开国之初的科学工作总方针,指出我国的科学研究要与实际需要密切配合,服务于国家的工业、农业、国防建设和人民的生活。共同纲领中关于科技创新的规定为后续科技创新的发展指明了方向。1950 年 8 月,中央人民政府颁布并实施《保障发明权与专利暂行条例》,该条例旨在激励科研人员的积极性,为科技创新政策的发展打造人才队伍。1951 年 3 月,《关于加强科学院对工业农业卫生教育国防部门的联系的指示》中再次强调:科研的发展目的是联系实际,为国家建设打基础。这一时期的科技创新发展遵循国家驱动发展模式,即政府统一决定科学的发展方向、规模和最终目的,以确保科技发展能够服务于国家经济建设。这种由政府主导的模式更利于发挥集中力量办大事的优势,能够最大限度调配资源,开展科技创新活动。但是,这一时期科技界对于"创新"的理解还不够完善,仅仅意识到自然科学对于过渡时期经济建设的服务作用,尚未真正理解从科学到创新的复杂性。

该时期我国科技创新的另一个突出特征是全面引进学习苏联先进科技。新中国成立后,我国首先着手改组研究机构,建立中国科学院。在科技体制建立与改革上,我国积极向苏联学习,初步建立了以科学院为中心、以政府各部门和高校科研机构为辅助的科技创新体制。在这一制度保障之下,我国的科研机构如同雨后春笋般快速增长,为后续科技人才的培养、科研工作的发展提供了条件。在第一个五年计划时期,得益于苏联的技术援助,我国工业化建设热潮如同春风野火般遍及全国。为迎头赶上世界科技创新水平,我国派遣大量专家前往苏联考察学习,前后共 5000 多名留学生赴苏学习先进科技,为工业化发展提供了充足的人才后备军。同时,我国邀请苏联专家实地指导我国的科技工作,许多重大骨干项目都由苏联帮助设计和建设。这一时期,我国先后分三批从苏联引进156 个全面、系统的项目和当时最先进、第一流的设备,大幅提升了我国工业化建设水平。[1] 然而,全面照搬苏联模式并不契合我国国情,这一时期对于苏联制

---

[1] 李哲:《从"大胆吸收"到"创新驱动"——中国科技政策的演化》,科学技术文献出版社 2017 年版,第 39 页。

度和技术的过度依赖也导致我国对自主创新能力培养的忽略,为后续科技发展遇挫埋下了隐患。

总的来说,这一时期的科技创新以国防建设和重工业发展为导向,取得了一批研究成果,缩短了与发达国家科技水平的差距,极大地满足了新生人民政权巩固和国民经济恢复发展的紧迫任务需要。由于此时新中国的主要精力还是集中于巩固政权和进行社会主义改造等方面,所以科技事业发展相对缓慢,但国民经济不断恢复、国家财政持续积累、经济社会制度的逐步确立,均为下一阶段的科技发展提供了基础条件。例如,高度集中、统支统收的财政管理体制使得中央政府财力大幅度提高,为1956年之后科研规划和系列政策的实施提供了重要物质基础。[1]

二、 曲折探索期（1956年至1977年）

经过新中国成立初期的努力,我国科技事业逐渐步入正轨,科研机构和科技人员初具规模,科技水平稳步提升。但总体说来,科技人才还是十分缺乏,科学技术水平仍然较低,即便是苏联援建的项目大多只是20世纪二三十年代的水平。[2] 1956年至1977年,我国不断探索建设社会主义的道路,逐渐确立了社会主义制度。这一时期,我国科技创新发展的总体特点是曲折性,经历了探索、挫折、反思,成功与失败相交错,呈现出曲折前进和螺旋上升的态势。[3]

1956年至1966年,我国正处于十年全面探索建设社会主义的时期,科技创新发展产生新需要。一方面,1956年"一五计划"的超前完成、三大改造的顺利进行为社会主义制度的确立奠定基础。战后的经济恢复、工业化建设工作均顺利开展。为进一步发展社会主义经济,中共中央和国务院日益重视科技文化事业,对科技创新提出更高要求。另一方面,世界科技革命初见端倪,原子能、电子计算机等新兴技术蓬勃发展,我国产生追赶世界先进科学水平的紧迫感。然而,该时期的国际环境依旧十分紧张,西方国家对我国的孤立打压遏制十分不利于

① 李哲:《从"大胆吸收"到"创新驱动"——中国科技政策的演化》,科学技术文献出版社2017年版,第31页。
② 程磊:《新中国70年科技创新发展:从技术模仿到自主创新》,《宏观质量研究》2019年第7期。
③ 陈劲、杨硕:《新中国科技创新政策演变脉络、实践经验及未来导向》,《科学观察》2024年第2期。

我国科技创新的发展。在此背景下,我国科技发展进入新阶段。一方面,我国日益重视科技发展规划的建设,另一方面,我国也开始逐步探索"自力更生"的发展道路。

1956年1月,中共中央召开首次全国知识分子问题会议,充分肯定了知识分子在国家建设中不可忽视的独特地位和作用,在大会上周恩来提出了"向科学进军"的口号。1956年4月,国务院成立科学技术规划委员会,制定了《1956—1967年科学技术发展远景规划》。这是我国第一个长期、全面、系统的科技发展规划,确立了新中国科技事业发展的基本框架,成为我国科技发展史上第一个里程碑。这项规划拟定了多项当时发展急需的重大科技任务,指明了未来科技创新发展的中心任务和重点问题,为我国科技事业的发展提供了行动纲领。这一时期,一些重要的科技成果开始涌现。1958年,我国第一台电子管计算机试制成功。随后,半导体三极管、二极管相继研制成功。1959年,李四光等人提出"陆相生油"理论,打破了西方的"中国贫油"说。1960年,王淦昌等人发现反西格玛负超子。

然而,1963年中苏关系开始恶化,苏联单方面撕毁中苏协定,我国一些重大科研项目一度被迫中断。党和国家领导人开始反思"全盘引进苏联先进科技"的弊端,深入思考"引进外援"与"自主研发"的关系,意识到本国科技创新不能一味依靠外援,也不能仅满足现状,而是要主动出击,对科技创新的态度转变为以"自力更生"为主,以"引进外援"为辅,着力探索自力更生的科技创新道路。1963年《1963—1972年科学技术发展规划》颁布实施,提出"自力更生、迎头赶上"的口号,动员和组织全国的科学技术力量,纠正过分依赖苏联技术支持的错误,力求自力更生地解决我国社会主义建设中的关键性科学技术问题。

不仅受国际关系的影响,这一时期的科技创新还受到国内局势的影响。比如1957年反右斗争扩大化和1958年"大跃进",在一定程度上造成了我国科技创新探索的暂时性偏离,出现了以"科技大跃进"为代表的科技工作浮夸化问题。由于在科技创新事业中插入群众活动、科研工作者和知识分子受到错误的批驳,"左"倾思潮不断侵蚀科技文化思想,使得我国的科技创新事业遭受打击。主要领导人及时意识到问题的严重性,在1961年中共八届九中全会中正式提出"调整、巩固、充实、提高"方针,并颁布《关于自然科学研究机构当前工作的十四条意见(草案)》等政策性文件,对科技创新事业中的浮夸、偏离问题进行了修正。

1964年之后,为了应对不断变换的国内和国际形势,三线建设开始实施,我国动员社会各种资源和力量,投入上千亿元以支持国防科技建设,对后续科技创新影响深远。1964年10月,我国第一颗原子弹成功爆炸,中国成为世界少有的掌握核技术的科技大国。1965年,我国成功实现人工合成牛胰岛素。1966年10月,我国导弹核武器研发收获成功。1967年我国第一颗人造卫星"东方红1号"发射成功。1969年9月,我国成功试爆了第一颗氢弹,大幅提升了我国综合国力。1970年,我国第一艘鱼雷攻击型核潜艇下水。1974年8月1日,第一艘核潜艇"长征一号"正式列入海军战斗序列,至此,我国成为世界上第五个拥有核潜艇的国家。此外,在重大工程、资源调查和杂交水稻种植等方面,我国亦取得了许多辉煌成果。

20世纪70年代中后期,中共中央、国务院颁布一系列政策性文件对这一时期科技创新方面的经验和教训进行了总结和反思。1975年8月,《关于科技工作的几个问题》和《科学院工作汇报提纲》批判了科学研究中"左倾"急功近利的思想。1977年7月,《关于引进新技术和进口成套设备规划的请示报告》指出要改变国内"闭门造车"的科技创新环境,引进学习国外先进技术。随着1978年改革开放序幕的拉开,我国的科技创新领域也随之迈入了新阶段,下一部分将集中介绍改革开放之后的科技创新情况。

第二节
改革开放后的科技创新

中共十一届三中全会开启了改革开放、以经济建设为中心的新篇章,我国科学发展迎来了春天。在全球化、信息化、网络化加速推进,和平与发展成为时代主题的背景下,中共中央作出"科学技术是第一生产力"的重要判断,确立"经济建设必须依靠科学技术,科学技术必须面向经济建设"的指导方针,指引我国科技事业奋起直追、全面提升。伴随着经济体制转型和科技体制改革的有序推进,我国科技创新呈现出对外开放、技术引进与自主创新相互交织的画卷。在积极融入第四次全球化科技浪潮，参与全球产业分工合作的过程中，我国通过学习外来先进技术与自主创新相结合，实现科技创新的跨越式发展与经济的快速增长。这一阶段我国科技创新事业的演变历程大致可分为恢复重建期（1978 年至 1991 年）与模仿整合期（1992 年至 2011 年）。[①]

一、恢复重建期（1978 年至1991 年）

1978 年，中共中央召开全国科学技术大会，邓小平发表了重要讲话，提出"科学技术是生产力"的重要论断。大会审议通过了《1978—1985 年全国科学技术发展规划纲要（草案）》，提出了"全面安排，突出重点"的发展方针，并确定了 8 个重点发展领域及 108 个重点研究项目。同年 10 月，中共中央正式转发了该文件，我国从此迎来"科学的春天"。[②] 1985 年，中共中央发布《关于科学技术体制改革的决定》，全面启动了科技体制改革，从科技投入、产业技术、科研人员等多个方面，引导科技工作面向经济建设主战场，加快了科技体制改革与经济体制改革融合发展的步伐，我国科技工作重心从国防安全导向转向服务经济建设导向。

这一时期，加大财政投入对科技活动的支持始终是科技政策的重点之一。为了加强对科研经费的宏观管理，科学有效地配置财政资源，国务院于 1986 年制定了《国务院关于科学技术拨款管理的暂行规定》。其中第二条规定，从"七五"计划开始，由财政部会同国家计委，按照科技经费拨款的增长高于财政经常性收入增长速度的原则，安排中央财政支出的科技三项费用和科研事业费的预算拨款额度。对列入国家计划的重大科技项目的经费支持方式，开始采取招标制和合同制。对于国务院各部门的科研事业费，自 1986 年起由财政部全部拨交国家科委统一管理。国务院各部门科研事业费的年度计划，由各部门报国家科委审核后下达，抄送财政部备案。[③]

此外，我国逐步恢复和重建了一大批科研机构，大批知识分子重返教学与科

---

① 程磊：《新中国 70 年科技创新发展：从技术模仿到自主创新》，《宏观质量研究》2019 年第 7 期。
② 本书研究编写组：《中国科技创新政策体系报告》，科学出版社 2018 年版，第 7 页。
③ 李哲：《从"大胆吸收"到"创新驱动"——中国科技政策的演化》，科学技术文献出版社 2017 年版，第 62 页。

研的岗位。随着"尊重知识和人才"成为社会共识,为了激发科技人员的积极性,政府连续出台了一系列奖励政策,如 1978 年颁布的《中华人民共和国发明奖励条例》、1979 年颁布的《中华人民共和国自然科学奖励条例》、1982 年颁布的《合理化建议和技术改进奖励条例》、1984 年颁布的《中华人民共和国科学技术进步奖励条例》等。这一系列政策的出台,为我国科技创新和大规模经济建设的开展提供了制度保障。

除了内部的工作重心调整和资源保障措施,这一时期我国还开始加大对外来技术引进的创新策略。其中,软技术引进成为我国技术引进的主要方式。[①] 1983 年至 1985 年间,我国重点引进 3000 项针对现有企业进行技术改造的先进技术。同时,明确对 12 个重大项目重点进行消化、吸收。

在此基础上,我国科技创新事业取得了阶段性发展,一批科技创新成果涌现出来。1980 年,全国涌现出重大科研成果 2600 多项,其中已经应用于生产的达到 50%。杂交水稻、鲁棉一号等优良品种的大面积推广,在粮棉增产中起了显著的作用。[②] 试验通信卫星的研制、发射和定点成功,表明我国航天技术、电子技术和材料科学有了新的突破,对于实现通信、广播和电视转播的现代化具有重大意义。1983 年,我国第一台每秒钟运算一亿次以上的巨型计算机"银河 1 号"问世;1984 年,北京正负电子对撞机开始动工修建,对我国带电粒子物理研究和同步辐射应用作出了重大贡献;1985 年,秦山核电站正式开工建设;"863 计划""丰收计划""火炬计划""攀登计划""973 计划"等渐次启动,极大促进了我国基础学科的发展,为今后国家创新体系的建设打下了重要基础。

但总体来看,这一时期我国科研与试验发展经费支出和国外技术引进合同(支出)额都还比较低,技术引进基本停留在引进设备的操作、掌控等使用层次,说明我国科技事业还处于"文革"后的恢复重建期[③],科技创新活动离世界先进水平还有一定的距离。此外,我国科研机构效率低下、科技与经济脱节等诸多问

---

① 李云鹤、李湛:《改革开放 30 年中国科技创新的演变与启示》,《中国科技论坛》2009 年第 1 期。
② 《1981 年政府工作报告:当前的经济形势和今后经济建设的方针》,中国政府网,https://www.gov.cn/test/2006 - 02/16/content_200802.htm,2006 年 2 月 16 日。
③ 程磊:《新中国 70 年科技创新发展:从技术模仿到自主创新》,《宏观质量研究》2019 年第 7 期。

题还没有能够妥善解决,有待进一步的改革探索。

二、 模仿整合期（1992 年至 2011 年）

1992 年,邓小平先后赴武昌、深圳、珠海、上海等地视察,沿途发表了重要的南方谈话,开启了社会主义市场经济下我国科技创新的新阶段。这一时期可划分为引进模仿与整合自创两个阶段,前者主要围绕着深化改革、发展高科技及实现高新技术的产业化,后者则着重整合国内外技术资源,强调在紧跟世界先进科技水平的同时,坚定不移开拓自主创新的道路。

为了适应经济快速发展的需要,我国政府"摸着石头过河",遵循"走出去、引进来"的技术创新策略,并出台了很多产业扶持的相关政策。1992 年,我国正式提出了"以市场换技术"的战略,1994 年出台《90 年代国家产业政策纲要》,明确指出为了获取关键技术和设备,允许有条件地开放部分国内市场。开放国外市场,引进外商直接投资,目的在于引导外资企业进行技术转移,通过消化吸收这些先进技术,以形成我国独立自主的研发能力,进而提高整体技术创新水平。因此,在这一时期外国直接投资成了我国技术引进的主要方式,取得了一系列成果,却也面临着一些问题。从实践角度看,有些市场的让渡并没有换来相应的技术,或者说不是一流的技术。有学者认为,大规模的引进非但没有加深我们对于核心技术的掌握,反而形成了对欧美发达国家的依赖,削弱了我们自身的创新能力。[1] 同时,大跨国公司的进入对当地市场造成了冲击,外资企业的垄断对本土企业造成了挤出效应,大大削弱了技术引进带来的正向效应。在此背景下,我国于 1997 年启动了《国家重点基础研究发展规划》,即 973 计划,旨在加强原始性创新,提升自主解决问题的能力。这标志着我国的科技发展战略由以引进为主向自主创新的方向进行转移。

这一时期,除了对外的技术引进策略,对内的体制改革也在继续推进,一项工作重点是构建社会化、多元化的科研组织体系,突出企业的创新主体地位,解决科技创新与经济发展脱节的问题。1996 年,我国开始实施企业技术创新计划,推进技术开发类科研机构向企业转化。1998 年,国务院批准中国科学院开

---

[1] 李云鹤、李湛:《改革开放 30 年中国科技创新的演变与启示》,《中国科技论坛》2009 年第 1 期。

展知识创新工程试点,提高其科研事业经费和科学研究经费,推动中国科学院系统调整,由此拉开了建设国家创新体系的序幕,后续具体措施包括 242 个国务院直属技术开发类科研院所企业化转制、设立科技型中小企业创新基金等。

在构建社会化多元化的科研组织体系的基础上,国家还进一步强化了教育和人才工作,以便为科技创新提供坚实的人力资源基础。1994 年,国务院在制定"九五"计划及 2010 长远规划时便提出了科技兴国的思想。经过酝酿与商讨后,1995 年,党中央颁布了《关于加速科学技术进步的决定》,把科教兴国战略和人才强国战略确定为基本国策。① 这就意味着,国家开始把科技和教育摆在经济社会发展的重要位置,把经济建设转移到依靠科技进步和提升劳动者素质的轨道上。为了实现该目标,1995 年"211 工程"正式启动,1999 年"985 工程"启动建设。此外,中国科学院还在 1994 年便率先开展了面向海外高层次人才的"百人计划",以吸引大批海外的优秀人才回国建设,有效解决了当时的人才断层问题。

在教育和人才的支撑下,我国在基础研究和应用领域都取得了一系列重大成果。在基础研究方面,1997 年中国科学院向党中央递交了《迎接知识经济时代,建设国家创新体系》战略报告,建议立即开始建设国家创新体系,并主动请缨开始国家知识创新工程的试点。此后高等学校的专利申请量和授权量大幅增加,重大科技成果不断涌现,许多领域达到或接近世界先进水平。在航空航天领域,我国成功发射了"神舟一号"至"神舟九号"系列飞船。此外,水稻基因组精细图完成、10 兆瓦高温气冷核反应堆实验工程建成、超大规模并行处理计算机研制成功、铁基超导材料、龙芯系列芯片等一系列研究成果的产生,标志着我国在相关领域跨入世界先进行列。我国的科技创新对经济社会的推动作用也在不断加强,尤其是在信息技术和互联网领域,涌现出联想、搜狐等一批具有影响力的互联网企业。腾讯、阿里等也纷纷开始成立,形成了当时的创业热潮。

这一时期,中国和世界的关系也在发生改变。2001 年,我国加入世贸组织,标志着我国开始全面融入全球产业分工体系,促进了国外资本和技术引进。此时,我国需要再次审视科学和技术发展道路的选择问题:到底是"自主"还是"引

---

① 白春礼:《改革开放四十年　中国科技创新的发展之路》,《中国科技奖励》2018 年第 12 期。

进"。2005年,中共中央政治局在讨论国家中长期科技发展规划时明确提出,今后十五年我国科技工作的指导方针是"自主创新、重点跨越、支撑发展、引领未来",明确选择了自主创新的发展道路。

然而,自主创新的发展道路是充满荆棘的。模仿整合时期的一系列措施推动我国科技创新取得了长足的进步,但多年来依循模仿和跟随的科技发展模式,也导致我国自主创新能力的整体落后,以及精益生产和先进制造能力的系统性缺位。我国本土生产的关键零配件与核心原材料的技术创新水平严重滞后于发达国家,所提供的关键零配件与核心原材料,难以生产出符合国外消费者需求的高标准、高质量产品。[①] 而且随着经济的持续发展,基础研究薄弱、创新链瓶颈制约、产业基础能力薄弱、产品附加值偏低等一系列结构性问题也愈加凸显。为了解决这些结构性问题,2012年以后我国迈入了新时代的科技创新阶段。

第三节
新时代的科技创新

近年来,世界多极化、经济全球化、文化多样化、社会信息化等一系列新趋势逐渐明晰,世界经济在深度调整中曲折复苏,新一轮科技革命和产业革命蓄势待发。而我国已经跨越改革开放初期,主要依靠比较优势和资源禀赋的发展阶段,走向主要依靠科技创新支撑国民经济的高质量发展的新阶段。党的十八大以来,以习近平同志为核心的党中央高度重视科技创新,把科技创新摆在国家发展全局的核心位置,坚持走中国特色自主创新道路,全面实施创新驱动发展战略,推进国家科技治理体系和治理能力现代化,形成了较为完善的国家创新体系,在多个创新领域实现了重大突破。我国迈入创新型国家行列,开启了建设世界科技强国的新征程。

一、 扬帆启航期(2012年至2017年)

经过40多年的改革开放,我国已经成为世界经济大国,工业化发展取得了

[①] 张杰、郑文平:《全球价值链下中国本土企业的创新效应》,《经济研究》2017年第3期。

巨大进步,制造业在全球形成了前所未有的影响。随着经济发展进入新常态,原有粗放型的经济增长模式无法持续,并产生了一系列矛盾和问题,这就要求我们进一步解放思想,破除束缚创新驱动发展的观念和体制障碍,充分发挥科技创新对经济社会发展的引领支撑作用。党的十八大以来,我国全面贯彻新发展理念,以习近平同志为核心的党中央始终坚持将科技创新置于发展全局的核心位置,绘就了我国依靠创新驱动发展、建设世界科技强国的宏图大略,实现了我国科技事业的跨越式发展。

2012年,党的十八大明确提出实施创新驱动发展战略,对科技创新提出了新的更高要求。围绕深入实施创新驱动发展战略和建设世界科技强国,党中央作出了一系列重大战略部署。在加强国家战略科技力量建设方面,习近平总书记于2013年提出了"四个率先"的要求,即"率先实施科学技术跨越发展,率先建成国家创新人才高地,率先建成国家高水平科技智库,率先建设世界一流科研机构"①。在重点区域科技创新布局方面,要求加快将北京、上海、粤港澳大湾区打造成具有全球影响力的科研中心,形成引领发展的原始创新策源地和国家创新高地,加快培育和发展一批高端产业,有力辐射带动京津冀、长三角、珠三角等区域的创新发展。同时,也将加快建设合肥、成都、南京、西安等一批区域创新中心。在组织重大科技攻关任务方面,党的十八届五中全会明确提出,以2030年为节点,选择一批体现国家战略意图的重大科技项目,集中力量、协同攻关,为攀登战略制高点、提升我国综合竞争力、保障国家安全提供支撑。在深化科技体制改革方面,我国出台了如科技项目管理改革、科技成果转化三权分置改革等一系列改革举措,并于2018年又出台了一批新举措,包括加强基础学科研究,深化项目评估、人才评估、机构评估等。

随着这些改革举措的逐步落地,我国总体科技实力得到了巨大提升。截至2017年12月,全社会科研与试验发展经费支出17606.1亿元,占GDP比重为

---

① 白春礼:《牢记历史责任 实现"四个率先"——深入贯彻习近平同志考察中国科学院重要讲话精神》,《人民日报》2013年8月16日。

2.13％,企业占比超过 77.6％①;我国成为全球高质量论文第二大贡献国,8 个领域 SCI 论文被引用率排名世界第 2 位;我国有效发明专利保有量 135.6 万件,位居世界第 3 位②;我国国家创新指数排名上升至世界第 22 位③;科技进步贡献率增至 57.5％④。根据 2017 年在日内瓦发布的《2017 年全球创新指数报告》,我国全球创新指数排名第 22 位,是前 25 名中唯一的中等收入经济体。⑤

  在一系列重点领域,我国的科技创新都取得了历史性成就。在空间探测方面,"玉兔号"月球车与"嫦娥三号"月球探测器,"天宫二号"空间实验室和"神舟十一号"载人飞船交会对接,"北斗"卫星导航系统,空间冷原子钟空间科学实验,"墨子号"量子科学实验卫星、"悟空号"暗物质粒子探测卫星、"慧眼号"硬 X 射线调制望远镜等,标志着我国空间探索已进入世界领先行列。"一眼望穿 137 亿光年"的中国天眼(FAST)是世界上最大的单口径巨型射电望远镜,可在未来 10 到 20 年保持国际一流设备的地位。在深海探测方面,"蛟龙"号遨游 7000 米海底,对于我国开发利用深海资源有着重要的意义。此外,国产航空母舰、"华龙一号"核电机组等也取得了突破性进展。这一阶段,我国科技创新能力提升速度前所未有,科学技术作为第一生产力作用发挥最为彰显,科技创新在实体经济发展中的贡献份额不断提高。

二、 攻坚突破期(2018 年至 2022 年)

  2018 年以后,我国科技创新面临的内外部环境发生了重大改变。在外部环境方面,美国发动贸易战,全面强化对华高科技遏制和技术出口封锁,使得我国难以获取先进科技资源,关键核心技术面临"卡脖子"局面,导致部分核心技术缺失的产业和领域面临着诸多不确定性,也让科技竞争成为国际竞争的焦点问题。在内部环境方面,随着中国特色社会主义进入了新时代,要求加快建设创新型国

---

① 国家统计局、科学技术部、财政部:《2017 年全国科技经费投入统计公报》,中国政府网,https://www.gov.cn/xinwen/2018 - 10/09/content_5328824.htm, 2018 年 10 月 9 日。
② 国家知识产权局:《国家知识产权局公布 2017 年主要工作统计数据》,中国政府网,https://www.gov.cn/xinwen/2018 - 01/19/content_5258337.htm, 2018 年 1 月 19 日。
③ 数据来源: 中国知识产权网《2017 年全球创新指数》报告。
④ 《2017 年我国科技进步贡献率达 57.5％》,《光明日报》2018 年 1 月 9 日。
⑤ 《十八大以来我国科技创新领域取得的成就》,《人民论坛》2017 年第 28 期。

家,瞄准世界科技前沿,强化基础研究,实现前瞻性基础研究、引领性原创成果重大突破。

党的二十大报告提出"完善科技创新体系。坚持创新在我国现代化建设全局中的核心地位",为科技工作指明了发展方向。第一,实施科教兴国战略与人才强国战略,加强教育建设,促进教育、科技、人才三位一体发展。第二,完善科技创新体系,坚持创新在我国现代化建设全局中的核心地位。第三,加快实施创新驱动发展战略。要坚持面向世界科技前沿、面向经济主战场、面向国家重大需求、面向人民生命健康,加快实现高水平科技自立自强。这一阶段,在党中央坚强领导下,我国科技事业发生历史性、整体性、格局性重大变化,成功进入创新型国家行列。[1] 基础研究和原始创新不断加强,一些关键核心技术实现突破,战略性新兴产业发展壮大,载人航天、探月探火、深海深地探测、超级计算机、卫星导航、量子信息、核电技术、大飞机制造、生物医药等取得重大成果。在载人航天方面,我国有了自己的空间站。2021 年中国空间站天和核心舱发射成功,标志着我国空间站建造进入全面实施阶段。2022 年底,梦天实验舱发射入轨,并与在轨运行的天和核心舱、问天实验舱组合体交会对接,标志着中国空间站建成,完成了中国载人航天工程"三步走"发展战略的最后一步。在探月探火方面,"嫦娥四号"探测器自主着陆月球背面,"玉兔二号"巡视器驶抵月球表面,"天问一号"探测器成功发射,刷新了人类对于月球和火星的认知。在深海深地探测方面,我国已拥有"蛟龙"号、"深海勇士"号、"奋斗者"号三台深海载人潜水器,还有"海斗""潜龙""海燕""海翼"和"海龙"号等系列无人潜水器,已经初步建立深海潜水器谱系,并不断实现了深海装备技术发展的新突破和重大新跨越。我国自主研发的万米钻机"地壳一号"以完钻井深 7018 米的成绩创下了亚洲国家大陆科学钻井的新纪录,标志着中国成为继俄罗斯和德国之后世界上第三个拥有实施万米大陆钻探计划专用装备和相关技术的国家。在卫星导航方面,北斗三号全球卫星导航系统星座于 2020 年全面完成部署。在量子信息方面,"墨子号"于

---

[1] 习近平:《高举中国特色社会主义伟大旗帜 为全面建设社会主义现代化国家而团结奋斗——在中国共产党第二十次全国代表大会上的报告》,《人民日报》2022 年 10 月 26 日。

2020 年在国际上首次实现了千公里级基于纠缠的量子密钥分发,我国首个可操纵的超导量子计算机体系"祖冲之号"于 2021 年问世。在核电技术方面,全球第一台"华龙一号"核电机组——福清核电 5 号机组投入商业运行,"华龙一号"示范工程第二机组——福清核电 6 号机组正式具备商运条件。至此,我国自主三代核电"华龙一号"示范工程全面建成投运。此外,在大飞机制造和生物医药方面,我国同样取得了显著的创新成就。

三、 加速迈进期(2023 年以来)

站在新的历史起点上,我国向世界科技强国宏伟目标大步迈进。2023 年,习近平总书记在地方考察时首次提出"新质生产力"。[①] 2024 年政府工作报告首次将"大力推进现代化产业体系建设,加快发展新质生产力"列为首项任务,指明了新发展阶段解放和发展生产力、赋能中国式现代化的根本途径。

科技创新能够催生新产业、新模式、新动能,是发展新质生产力的核心要素。随着我国高水平科技自立自强扎实推进,前沿领域发展快速,科技实力不断提升,取得一系列突破性进展与标志性成果。2023 年,全社会研发经费投入从 2012 年的 1.03 万亿元增长到 3.3 万亿元,以新产业、新业态、新商业模式为核心内容的"三新"经济增加值占 GDP 的比重为 17.73%;[②]中国空间站进入应用与发展阶段;我国科学家首次在实验中实现了模式匹配量子密钥分发;255 个光子的量子计算原型机"九章三号"刷新世界纪录……2024 年,我国全球创新指数排名从 2012 年的第三十四位上升到第十一位,基础前沿领域不断取得突破,国家战略科技力量加快布局,部分重点行业领域科技领军企业不断壮大,北京、上海、粤港澳大湾区和南京跻身全球科技创新集群前 10 位。[③]

纵观新中国成立以来我国走过的壮阔历程,从"向科学进军"到提出"科学技术是第一生产力",从实施科教兴国战略到建设创新型国家,从全面实施创新驱

---

① 《习近平在黑龙江考察时强调:牢牢把握在国家发展大局中的战略定位 奋力开创黑龙江高质量发展新局面》,《人民日报》2023 年 9 月 9 日。

② 阴和俊:《让科技创新为新质生产力发展注入强大动能》,《求是》2024 年第 7 期。

③ 阴和俊:《强化科技创新对高质量发展的根本支撑(高质量发展调研行)》,《人民日报》2024 年 11 月 15 日。

动发展战略到开启科技强国建设新征程①,我国不断探索科技发展的正确方向,将自身创新转型的发展路径与迈向世界科技强国的道路相互交织、相互促进,走出了具有中国特色的自主创新道路。科技创新对促进经济社会发展、提高国家综合实力、满足人民日益增长的美好生活需要的支撑作用不断增强。

党的二十届三中全会审议通过《中共中央关于进一步全面深化改革、推进中国式现代化的决定》,提出构建支持全面创新体制机制,对深化科技体制改革作出重要部署,我国科技创新迎来前所未有的重大历史机遇,必须坚定不移地贯彻新发展理念,坚持科技是第一生产力、人才是第一资源、创新是第一动力,深入实施科教兴国战略、人才强国战略、创新驱动发展战略,加强基础科学研究,塑造科技创新的核心优势、坚持推进体制机制改革,激发创新主体活力、坚持完善科技创新的治理体系,提升我国创新体系的整体效能,为创新型国家和世界科技强国建设提供持久动力,为中国式现代化建设提供战略支撑。

---

① 国家统计局:《创新驱动发展成效显著 科技强国建设有力推进——新中国75年经济社会发展成就系列报告之十二》,中国政府网,https://www.gov.cn/lianbo/bumen/202409/content_6975154.htm,2024年9月18日。

第三章

中国式现代化下科技创新的本质特征、基本逻辑与未来发展重点

中国式现代化下的科技创新,其本质特征在于坚持中国共产党的领导,坚持以人民为中心的发展思想指引,推动科技事业的高质量发展。这一创新过程体现了中国特色科技创新理论体系的引领和体制机制创新的保障作用。其基本逻辑在于以科技创新为关键核心,以科技进步为主要内容,以科技成果转化为重要手段,以科技人才为战略支撑,以国家战略科技力量为牵引动力,以企业为主体的技术创新体系为重要依托,从而实现科技与经济社会的深度融合和协调发展。在未来的发展中,中国式现代化下的科技创新将更加注重引领性创新和科技成果转化应用,致力于提高重要行业产业链供应链的安全性、稳定性和竞争力,提升社会生产力和综合国力,以满足人民日益增长的美好生活需要。总的来说,中国式现代化下的科技创新是中国式现代化的重要组成部分,也是实现中华民族伟大复兴中国梦的关键一环。未来,中国将继续坚持创新驱动发展战略和科技强国建设,不断推动科技创新和经济社会发展深度融合,为建设社会主义现代化强国作出新的更大贡献。

第一节
中国式现代化下科技创新的本质特征

中国式现代化下科技创新的本质特征在于坚持党的领导。2018年5月28日在中国科学院第十九次院士大会、中国工程院第十四次院士大会上，习近平总书记指出："中国共产党领导是中国特色科技创新事业不断前进的根本政治保证。"①中国共产党对科技创新的领导不仅确保了科技发展的正确方向，还通过马克思主义科学理论深邃的思想内涵为创新提供了理论支持。在战略规划方面，中国共产党为科技创新绘制了宏伟蓝图，明确了发展目标与路径。同时，中国共产党通过高效的组织模式，整合各方资源，形成推动科技创新的强大合力。在体制机制上，中国共产党不断优化创新环境，为科技人才提供广阔舞台。简言之，中国式现代化下科技创新的本质特征，就是坚定不移地坚持中国共产党对科技创新事业的全面领导，通过思想内涵、战略规划、组织模式和体制机制四个方面相互联系、相互促进、共同构成了中国共产党领导科技创新的完整体现。

一、 中国共产党领导科技创新的思想内涵

中国共产党的领导是中国式现代化的根本保证，其对我国科技创新起到重要的思想指导作用。习近平总书记在学习贯彻党的二十大精神研讨班开班式上指出："中国式现代化是我们党领导全国各族人民在长期探索和实践中历经千辛万苦、付出巨大代价取得的重大成果"，"党的领导直接关系中国式现代化的根本方向、前途命运、最终成败"。②

中国共产党始终坚持为中国人民谋幸福、为中华民族谋复兴的初心使命，将实现国家富强、民族振兴、人民幸福作为奋斗目标，这也为中国式现代化下的科技创新指明了方向。科技创新不是孤立进行的，而是与经济社会发展紧密相连，

---

① 《习近平在中国科学院第十九次院士大会、中国工程院第十四次院士大会上的讲话》，《人民日报》2018年5月29日。

② 《习近平在学习贯彻党的二十大精神研讨班上发表重要讲话强调 正确理解和大力推进中国式现代化》，新华网，https://www.news.cn/2023-02/07/c_1129345744.htm，2023年2月7日。

中国共产党的领导能够确保科技创新紧密结合国家重大战略需求,服务于经济社会发展全局。无论是推动产业升级、提升国际竞争力,还是解决社会民生问题,科技创新都在中国共产党的领导下发挥着重要的现实作用。

中国共产党作为拥有马克思主义科学理论指导的政党,坚持以人民为中心的发展思想,勇于自我革命,不断推进理论创新和实践创新。这种创新精神正是推动科技创新的强大动力。习近平总书记强调,创新是引领发展的第一动力,人才是支撑发展的第一资源。激发人才创新活力是我国科技事业的战略主动力,人才是科技创新中最为活跃、最为积极的因素,综合国力竞争归根到底是人才竞争。人才是实现民族振兴的战略资源,在百年奋斗历程中,中国共产党始终重视培养人才、团结人才、引领人才、成就人才。

人才以用为本,要因类施策,重点用好科学家、科技人员和企业家,放手使用人才,通过各种途径方式为他们发挥作用创造条件,为人才发挥作用、施展才华提供更加广阔的天地。面向全面建设社会主义现代化国家的宏伟目标,加快实现高水平科技自立自强,解决重点领域关键核心技术"卡脖子"问题,推动经济社会高质量发展,我国各项事业发展都对科技人才队伍提出了更高更紧迫的需求。这要求必须坚持人才引领发展的战略地位,加快建设一支规模宏大、结构合理、素质优良的高水平科技人才队伍,夯实创新发展的人才基础。

同时,科学技术是世界性的、时代性的,发展科学技术必须具有全球视野。中国共产党的领导强调要积极主动整合和利用好全球创新资源,从我国现实需求、发展需求出发,有选择、有重点地参加国际大科学装置和科研基地及其中心建设和利用。抓住新一轮科技革命和产业变革的重大机遇,就是要在新赛场建设之初就加入其中,甚至主导一些赛场建设,从而使我国成为新的竞赛规则的重要制定者、新的竞赛场地的重要主导者,这一切的实现都离不开中国共产党的领导。

二、 中国共产党领导科技创新的战略规划

中共中央始终站在全局和战略的高度,把握科技发展的脉搏,为科技创新制定科学的发展规划和战略部署。从"科教兴国"战略到"创新驱动发展战略",再

到"科技强国"战略,中国共产党的领导不断推动科技创新走向深入,确保科技事业始终沿着正确的方向前进。

第一,坚持科技创新在我国现代化建设全局中的核心位置,将科技创新放在国家发展中的核心地位。当前,面对新一轮科技革命和产业变革带来的机遇和挑战,许多国家不约而同把创新驱动作为国家发展的核心战略。我国是世界第二大经济体,已进入创新型国家行列,但在基础研究与原始创新、关键核心技术、产业链创新链融合等方面与世界先进水平仍有差距。[①] 我国经济社会发展和民生改善比过去任何时候都更加需要科学技术解决方案。同时,完善中共中央对科技工作统一领导的体制,健全新型举国体制,强化国家战略科技力量,优化配置创新资源,优化国家科研机构、高水平研究型大学、科技领军企业定位和布局,形成国家实验室体系等战略举措,都是为了提升科技创新在中国式现代化中的核心地位。

第二,始终坚持大力培育创新文化,为科技创新发展提供内生动力。培育创新文化的一个重要内容就是弘扬科学家精神,涵养优良学风,营造创新氛围。科学成就离不开精神支撑,科学家精神是科技工作者在长期科学实践中积累的宝贵精神财富。当今世界各国竞争很大程度已经变成科技的竞争,我国的发展迫切需要在科技上自立自强,解决国家发展中的科学技术"卡脖子"问题。中共中央提出大力弘扬科学家精神,要求广大科技工作者要肩负起历史赋予的科技创新重任,这对我国科技事业的健康发展有着十分重大的意义。科学家精神是中国共产党人精神谱系的重要组成部分,深刻领会科学家精神的科学内涵,在全社会大力弘扬科学家精神,既能为广大科技工作者创造能干事、干成事、成大事的良好环境,也能引领爱科学、学科学、用科学的社会风尚,为实现中华民族伟大复兴的中国梦凝聚磅礴力量。

第三,扩大国际科技交流合作,加强国际化科研环境建设。纵观全球科技发展大势,科学研究范式正在发生深刻变革,协同创新、合作创新、开放创新已成为不可阻挡的新潮流。习近平总书记强调:"要统筹发展和安全,以全球视野谋划

---

① 孙福全:《坚持创新在我国现代化建设全局中的核心地位(新论)》,《人民日报》2022年12月9日。

和推动创新,积极融入全球创新网络,聚焦气候变化、人类健康等问题,加强同各国科研人员的联合研发。"①中国共产党始终致力于推动高质量发展,促进全球发展繁荣,始终致力于维护国际公平正义,促进世界和平稳定,始终致力于推动文明交流互鉴,促进人类文明进步。在中国共产党的领导下,我国始终把自身命运同各国人民的命运紧紧联系在一起,努力以中国式现代化新成就为世界发展提供新机遇,为人类对现代化道路的探索提供新助力,为人类社会现代化理论和实践创新作出新贡献。

三、 中国共产党领导科技创新的组织模式

在中国特色社会主义制度下,中国共产党领导科技创新的组织模式独具特色,它不仅体现了社会主义制度的优越性,也为科技创新提供了强有力的组织保障。这一组织模式的核心在于建立科技委员会、发挥新型举国体制的优势,以及微观层面上基层中共党组织的战斗堡垒作用。

首先,中共中央高度重视科技创新工作,组建中央科技委员会,加强对科技工作的集中统一领导。2023年3月,中共中央、国务院印发了《党和国家机构改革方案》,组建中央科技委员会作为中共中央决策议事协调机构,主要职责是加强党中央对科技工作的宏观指导和战略规划,统筹推进国家创新体系建设和科技体制改革,研究审议国家科技发展重大战略、重大规划、重大政策,统筹解决科技领域战略性、方向性、全局性重大问题②。中央科技委员会的成立,将此前分散负责科技创新的多个议事协调机构整合起来,实现了科技领导工作的统一部署和协同推进,确保了步调一致和高效执行,为科技创新工作提供了强有力的组织保障。通过加强对科技工作的顶层设计和战略谋划,中共中央能够更加精准地把握科技发展趋势,制定出符合国情、符合时代要求的科技创新政策。一方面,中央科技委员会能够协调各方力量,形成推动科技创新的强大合力;另一方面地方则应根据实际情况灵活调整,科技管理职责需适当集中,但市、县科技机

---

① 习近平:《在中国科学院第二十次院士大会、中国工程院第十五次院士大会、中国科协第十次全国代表大会上的讲话》,《人民日报》2021年5月29日。
② 《中共中央 国务院印发〈党和国家机构改革方案〉》,中国政府网,https://www.gov.cn/gongbao/content/2023/content_5748649.htm,2023年3月16日。

构应保持稳定并加强。①

其次,中共中央构建新型举国体制,为科技创新提供了强大的制度保障和战略指引。2022年9月,中央全面深化改革委员会第二十七次会议审议通过《关于健全社会主义市场经济条件下关键核心技术攻关新型举国体制的意见》。新型举国体制作为一种特殊的资源配置和组织方式,其核心在于围绕国家重大需求,由政府主导,并协同市场和社会各方力量共同参与。它强调科技创新与国家发展战略的紧密结合,通过政府的统筹规划,确保科技创新的资源投入,优化科技创新政策环境,降低创新成本,激发创新活力。同时,新型举国体制也强调国家重大需求的导向性,注重用好我国超大规模市场优势,聚集优质资源,形成需求牵引供给、供给创造需求的更高水平动态平衡。同时,新型举国体制还促进了产学研用一体化的深度融合,鼓励高校、科研机构、企业等多元创新主体携手合作,形成紧密衔接的创新链条,共同推动科技成果的转化和应用。这种组织模式能引导科技创新更好地满足国家发展和市场需求,推动内需潜力有效转化为科技创新动力,有效避免了科技创新的盲目性和低效性。

最后,基层中共党组织发挥战斗堡垒作用,引领科技工作者,尤其是中共党员科技工作者投入科技创新工作,为加快推进中国式现代化建设提供了坚实的微观组织支撑。一方面,基层中共党组织通过加强思想政治引领,引导科技工作者树立正确的世界观、人生观和价值观,坚守初心使命,将个人发展融入国家发展大局。另一方面,基层中共党组织通过组织动员和服务保障等措施,为科技工作者提供了良好的工作环境和创新氛围,激发了他们的创新热情和创造活力。在这一过程中,中国共产党积极引导广大科技工作者始终胸怀"国之大者",提高政治站位。同时,弘扬科学家精神,鼓励科技工作者勇于探索、敢于创新,积极服务国家重大需求,为实现科技强国目标贡献智慧和力量。

四、 中国共产党领导科技创新的体制机制

在中国共产党的领导下,我国科技创新的体制机制不断完善,展现出鲜明的

---

① 习近平:《在二十届中央机构编制委员会第一次会议上的讲话》,《求是》2023年第24期。

中国特色和显著优势。党的二十大报告明确提出,要完善党中央对科技工作统一领导的体制,健全新型举国体制,强化国家战略科技力量。这一战略部署明确了科技创新工作的方向,要求坚持中国共产党的领导核心地位,确保中国共产党的路线方针政策在科技创新工作中得到全面贯彻落实;同时形成国家层面的科技创新战略规划和政策体系,为科技创新提供坚实的制度保障。

第一,建设以企业为主体的科技创新体系是科技创新工作的基础。党的二十大报告使用了"强化企业科技创新主体"的全新表达,特别强调要"加强企业主导的产学研深度融合"。我国创新生态系统演进呈现"从高校和科研院所主导科技创新活动"到"企业创新主体地位逐步提升"的规律性特征,2023 年中国企业研发经费支出的全国占比高于 76%,企业发明专利申请量的全国占比高于 65%,企业取得重大科技成果的全国占比高于 50%。[①] 在新时代的征程中,我国正积极构建以企业为主体、市场为导向、产学研深度融合的科技创新体系,鼓励和支持企业融通创新,加强产学研合作,形成推动科技创新的强大合力,以提升企业竞争力,并提升国家创新体系的整体效能。

第二,深化科技体制改革是释放科技创新活力的关键。从十八届二中全会到二十届三中全会,中共中央对科技体制改革和创新驱动发展作出了全面部署,出台了一系列重大改革举措。为更好地贯彻落实中共中央的改革决策,形成系统、全面、可持续的改革部署和工作格局,打通科技创新与经济社会发展通道,最大限度地激发科技第一生产力、创新第一动力的巨大潜能,2015 年中共中央办公厅、国务院办公厅印发了《深化科技体制改革实施方案》,并发出通知,要求各地区各部门结合实际认真贯彻执行。中国共产党的领导是确保改革方向正确、释放科技创新活力的关键。中国共产党积极发挥在科技体制改革中的领导核心作用,确保市场在资源配置中发挥决定性作用,推动科技成果的转化和应用,进一步促进科技与经济社会发展的深度融合。此外,加强了对教育、科技、人才等领域的战略统筹和目标统筹,旨在打破深层次体制机制障碍,形成支持全面创新的基础制度。通过这些举措,中国共产党领导下的科技体制改革将不断释放科

---

① 陈元志、陈劲:《中国式现代化关键在科技现代化》,《大众日报》2023 年 8 月 1 日。

技创新活力,为我国的经济社会发展提供强有力的科技支撑。

第三,加快创新链、产业链、资金链、人才链的"四链融合"是科技创新工作的重要方向。中国共产党持续加强原始创新,不断推进创新链的优化升级;加强产业链上下游合作和协同,提升我国经济的自主可控能力和竞争力;加强资金链对科技创新的支持和引导,推动我国经济社会的高质量发展;加强人才队伍建设和管理体制创新,为我国科技创新提供强有力的人才保障和支持。通过"四链融合",将形成更加完整的科技创新生态体系,为我国长远发展提供强大科技支撑。

第二节
中国式现代化下科技创新发展的基本逻辑

党的二十大报告强调:"必须坚持科技是第一生产力、人才是第一资源、创新是第一动力,深入实施科教兴国战略、人才强国战略、创新驱动发展战略,开辟发展新领域新赛道,不断塑造发展新动能新优势。"[①]坚持科技创新支撑中国特色社会主义事业从站起来,到富起来,再到强起来,不断发展。新时代以来,习近平总书记提出了关于科技创新的一系列论述,形成了涵盖科技创新本质、价值、功能、政策、战略等方面的连贯体系。深入学习和理解习近平总书记关于科技创新的重要论述,可以从中发掘出中国式现代化下科技创新发展的基本逻辑,包括理论逻辑、历史逻辑、实践逻辑、价值逻辑和现实逻辑,掌握这些基本逻辑有助于更好地认识中国式现代化下科技创新的规律,指引我国科技创新事业高质量发展。

一、理论逻辑:马克思主义中国化时代化

习近平总书记关于科技创新的重要论述是在中国共产党带领全国各族人民进行的革命、改革和建设事业中形成的,是中国共产党对生产力和生产关系深刻认识基础上的理论提升,是对中华民族数千年兴衰发展规律的深刻洞察。习近平总书记在党史学习教育动员大会上指出:"我们党的历史,就是一部不断推进

---

① 习近平:《高举中国特色社会主义伟大旗帜 为全面建设社会主义现代化国家而团结奋斗——在中国共产党第二十次全国代表大会上的报告》,《人民日报》2022 年 10 月 26 日。

马克思主义中国化的历史，就是一部不断推进理论创新、进行理论创造的历史。"①

中国式现代化下科技创新发展的理论逻辑在于对"科学技术是第一生产力"这一马克思主义重要论断的自觉应用。中国式现代化是社会生产力高度发展、物质财富极大丰富的现代化，物质文明是中国式现代化的重要标志。作为现代生产力发展和经济增长的第一要素，科学技术正渗透到现代生产力系统的各类要素中，渗透到社会生产的各个环节中，从整体上主导和引领生产力的发展。从理论逻辑看，现代化必须是遵循经济规律的科学发展，必须是遵循自然规律的可持续发展，必须是遵循社会规律的包容性发展。科技是第一生产力、第一竞争力，创新是第一动力，只有不断解放和发展生产力，才能持续推动经济社会高质量发展、促进和实现人的全面发展。

从理论逻辑来看，科技现代化是中国式现代化的关键，强调的是科技创新成为引领高质量发展的第一动力，体现了科技创新同国家强盛和民族复兴的统一。一方面，加快建设现代化产业体系、推进高质量发展，首要任务是需要以强大的科技支撑来推动质量变革、效率变革和动力变革，加快突破制约关键核心技术"卡脖子"问题，提高粮食、能源资源和重要产业链、供应链安全韧性水平。同时，建设以国内大循环为主体、国内国际双循环相互促进的新发展格局，也需要通过科技创新来提升供给侧质量，激发需求侧活力，开辟新赛道新领域，创造发展新优势新动能。另一方面，发展全过程人民民主、丰富人民精神世界、实现全体人民共同富裕、促进人与自然和谐共生，要通过科技创新来提供高质量的创新成果和创新产品，满足人民对美好生活的向往。从辩证唯物主义的观点来看，科技现代化为推动国家现代化进程提供加速度，而中国式现代化为科技现代化和高水平科技自立自强提供了新使命新任务，创造了更广阔的发展空间和市场。

二、 历史逻辑：与中国式现代化探索相伴相随

科技创新发展的历史逻辑在于，科技现代化与中国式现代化的探索相伴相

---

① 《习近平在党史学习教育动员大会上强调 学党史悟思想办实事开新局 以优异成绩迎接建党一百周年》，《人民日报》2021年2月21日。

随,科技现代化是几代中国人不懈追求的目标,是中华民族实现从站起来、富起来到强起来伟大飞跃的关键支撑。

科技现代化的第一阶段的探索是新中国成立后近 30 年,为进行社会主义建设,我国认识到"不搞科学技术,生产力无法提高",提出了"向科技进军"的口号,以科学技术为支撑建立独立和比较完整的工业体系和国民经济体系。1964 年12 月,根据毛泽东的提议,周恩来在政府工作报告中正式提出"四个现代化"的战略目标,即"把我国建设成为一个具有现代农业、现代工业、现代国防和现代科学技术的社会主义强国";1975 年 1 月,重提实现"四个现代化"的宏伟目标。这一阶段为我国现代化建设奠定了良好的基础。

第二阶段则是 1978 年改革开放以后,随着相关体制机制改革加速推进,迎来了"科学的春天",《1978—1985 年全国科学技术发展规划纲要》《中共中央关于科学技术体制改革的决定》《中华人民共和国促进科技成果转化法》《国家中长期科学和技术发展规划纲要(2006—2020 年)》等重要科技政策相继出台并逐步落实。在中国特色社会主义改革建设进程中,中国共产党又提出了"科学技术是第一生产力""创新是一个民族进步的灵魂,是一个国家兴旺发达的不竭动力""坚持自主创新,建设创新型国家"等论断,推动我国科技创新事业不断发展。这一时期国家创新体系快速建立和完善,取得了"两弹一星"、航空航天、杂交水稻、高速铁路等一系列重大科技突破,建成了一系列事关国计民生的重大工程,极大地促进了国家经济发展和国际竞争力。

进入新时代以来,中国共产党面对百年未有之大变局,从人类命运共同体的角度,积极应对中国特色社会主义建设面临的国内外挑战,在对历史发展趋势和科技创新发展格局的科学判断基础上,形成了具有时代特色、厚植传统根基、开放自主并重的科技创新指导思想。党的十八大以来,以习近平同志为核心的党中央更加重视科技现代化的先导性作用,把创新作为引领发展的第一动力,强调"谁在创新上先行一步,谁就能拥有引领发展的主动权",深入实施创新驱动发展战略,坚定不移走中国特色自主创新道路,加快建设创新型国家和科技强国,以前所未有的力度推进我国创新型国家建设取得历史性突破。2016 年,中共中央、国务院印发的《国家创新驱动发展战略纲要》提出,到 2020 年进入创新型国家行列、2030 年跻身创新型国家前列、到 2050 年建成世界科技创新强国"三步走"目标。创新驱动发展战略的深入实施和创新引领发展思想的贯彻落实,为中国进一步朝着"跻身创新型国家前列"和"建成世界科技创新强国"的中长期战略目标前进打下坚实的基础。

当前,科技现代化在中国式现代化全局的战略性地位和价值更加彰显。随着国际形势和科技发展趋势产生前所未有的新变化,推进中国式现代化新征程和新使命面临的外部不稳定性、不确定性明显增加。经济全球化遭遇逆流,特别是产业链、供应链上存在的一些短板充分显现,我国在建设世界科技强国之路上还面临诸如国家创新体系效能不高、原始性创新不足、关键核心技术受制于人、科技发展独立性自主性安全性亟待提升、重要产业链供应链安全韧性不足等多重挑战。习近平总书记强调,"在激烈的国际竞争中,我们要开辟发展新领域新赛道、塑造发展新动能新优势,从根本上说,还是要依靠科技创新","我们能不能如期全面建成社会主义现代化强国,关键看科技自立自强"①。党的二十大将"建成科技强国"作为我国 2035 年发展的总体目标之一,这就意味着将 2016 年《国家创新驱动发展战略纲要》中提出的"到 2050 年建成世界科技创新强国"的预期目标大幅提前,凸显了科技现代化在全面建设社会主义现代化国家中的全局性、基础性、先导性和战略性地位。

习近平总书记关于科技创新的重要论述是对科技创新发展规律的深刻洞察。科技创新活动具有历史性,中华文明曾拥有数千年的科技创新优势地位。在第四次工业革命的数字创新驱动下,随着全球科技创新中心转移进入新的历史阶段,中国共产党带领中国科技创新也进入焕发活力的历史时期,更加接近我国重回世界科技创新中心的历史目标。新时代新征程,需要全社会增强科技创新的使命感和紧迫感,更好地坚持科技是第一生产力、人才是第一资源、创新是第一动力,发挥新型举国体制优势,从科技创新的主体、人才、平台、要素、制度、生态和理论等方面多管齐下,全面提升国家创新体系效能,加快推进科技现代化,为中国式现代化提供澎湃动能。

① 习近平:《开创我国高质量发展新局面》,《求是》2024 年第 12 期。

三、 实践逻辑：坚持问题导向实现高水平科技自立自强

中国式科技现代化的实践逻辑在于，高水平科技自立自强是在新形势下走好中国式现代化新道路的必然选择。新时代以来，世界百年未有之大变局加速演进，世界之变、时代之变、历史之变更加明显，新一轮科技革命和产业变革突飞猛进，科学研究范式正在发生深刻变革。党的二十大报告强调："坚持面向世界科技前沿、面向经济主战场、面向国家重大需求、面向人民生命健康，加快实现高水平科技自立自强。"[①]只有以科技实力的持续提升为奋斗基点，以高水平科技自立自强为奋斗目标，才能从根本上支撑和引领中国式现代化进程；只有不断推进科技创新，不断解放和发展社会生产力，不断提高劳动生产率，才能实现经济社会持续健康发展，避免陷入"中等收入陷阱"。

坚持问题导向，是习近平新时代中国特色社会主义思想所蕴含的重要世界观和方法论。面向世界科技前沿是对科技创新专业领域的要求，在国际竞争中解决"卡脖子"问题和战略科技的创新，关系着我国在国际竞争中能否维护国家尊严问题。面向经济主战场是对科技效用的要求，在世界进入"知识经济""数字经济"之后，科技创新与经济发展深度结合，我国必须通过科技创新解决深层次结构性问题，实现经济高质量发展。坚持面向世界科技前沿、面向经济主战场、面向国家重大需求、面向人民生命健康，高水平科技自立自强离不开科技创新，要把握对科技创新历史趋势，在探讨世界科技创新发展趋势中占领先机。

四、 价值逻辑：以人民为中心的价值遵循和方向指引

马克思主义是关于人的全面发展的理论，"切实推动人的全面发展"是中国特色社会主义人民性的本质要求。科技创新活动都发生在具体的国家和地区，受到不同政治、经济、文化等因素的影响，具有内在的价值属性。以人民为中心是马克思主义科技伦理和传统以人为本思想在科技创新活动中的创造性转化，是科技创新活动的根本价值遵循和方向指引。

---

① 习近平：《高举中国特色社会主义伟大旗帜　为全面建设社会主义现代化国家而团结奋斗——在中国共产党第二十次全国代表大会上的报告》，《人民日报》2022 年 10 月 26 日。

科技创新是不断发展生产力，实现国富民强的战略需要。党的二十大报告提出："为民造福是立党为公、执政为民的本质要求"，科技创新有助于提高党的领导能力和执政能力，满足人民生活水平不断提高的奋斗目标。习近平总书记提出，"要坚持把增进人民福祉、促进人的全面发展、朝着共同富裕方向稳步前进作为经济发展的出发点和落脚点"①，我国科技创新要不断提高经济物质水平，提供丰富而多样的精神财富，为实现人的全面发展提供充分的保障。

以人民为中心要求科技创新不能为特定的群体服务，更不能只为资本服务。科技创新需要通过以人民为中心的价值验证，符合人民利益的根本方向。AI技术、大数据、基因编辑技术等新兴技术不断发展，在科技伦理和国家安全等方面带来了大量冲击，同时资本、技术、经济、社会等因素叠加影响了意识形态安全，带来了科技创新领域的诸多风险。习近平总书记强调："要前瞻研判科技发展带来的规则冲突、社会风险、伦理挑战，完善相关法律法规、伦理审查规则及监管框架。"②在以人民为中心的价值指引下，党和国家加大了对新兴科技的治理，完善了相关的法律法规和相关标准，有力地保护了人民的利益和尊严，维护了国家技术主权和总体安全。

五、 现实逻辑：关键核心技术亟待突破

当前，我国已转向高质量发展阶段，需求结构和生产函数发生了重大变化，经济结构转换的复杂性上升，由经济下行压力、老龄化社会加速到来引发的各种经济问题、民生问题、稳定问题日益凸显。加快构建新发展格局，实现质量变革、效率变革、动力变革，都需要更多依靠创新驱动，不断强化科技源头供给，以科技创新引领全面创新。

我国科技创新已经有了坚实基础，但基础研究薄弱、关键核心技术仍受制于人的局面没有得到根本性改变。我国原始创新能力还不强，关键核心技术有待进一步突破，创新体系整体效能还不高，科技创新资源优化配置还不够，创新链和产业链融合发展机制尚需加强，科技创新力量布局和科技人才队伍结构有待

① 习近平：《立足我国国情和我国发展实践 发展当代中国马克思主义政治经济学》，《人民日报》2015年11月25日。
② 习近平：《在中国科学院第二十次院士大会、中国工程院第十五次院士大会、中国科协第十次全国代表大会上的讲话》，《人民日报》2021年5月29日。

优化,科研生态和作风学风需要持续加强。

我国当前正处于突破关键核心技术"卡脖子"问题、构建国家战略科技力量的关键阶段。关键核心技术突破的主要创新主体包括政府、企业、高校和科研院所三个方面,其中政府是对关键核心技术创新的战略引领主体,企业是关键核心技术创新的战略执行主体,高校和科研院所是关键核心技术创新的知识策源主体。各主体需要积极发挥自身优势与作用,既要政府具备组织领导和顶层设计能力,又要强化高校、科研机构和实验室的创新支撑能力,还要有效保障企业在关键核心技术创新过程中的战略执行能力,充分调动各类创新主体积极参与到关键核心技术创新体系建设和国家战略科技力量的建设中。[1]

我国迫切需要有一批创新主体能够肩负起国家战略科技力量的使命与担当,加快打造原始创新策源地,加快突破关键核心技术,努力抢占科技创新制高点;面向国家战略需求,提升研发能力和创新水平,形成一批战略性产品,秉承人才强、科技强、产业强、经济强、国家强的路径,围绕战略性产业部署创新链。

此外,我国未来的智能化、绿色化发展,包括"双碳"目标的提出,也对关键核心技术突破提出了重大需求。实现"双碳"目标是一场广泛而深刻的经济社会系统性变革,要把实现"双碳"目标纳入生态文明建设整体布局。我国力争 2030 年前实现碳达峰,2060 年前实现碳中和[2],是中共中央经过深思熟虑作出的重大战略决策,事关中华民族的永续发展和构建人类命运共同体。"双碳"目标与国家发展战略目标具有一致性,是实现国家远景目标的有效支撑,涉及科技、工业、经济、生态环境、文化、国家治理体系等多个方面。为了实现"双碳"目标,一要解决资源环境约束的问题,实现从依赖资源到依靠技术的发展模式转型;二要解决推动高质量发展的问题,实现从价值链中低端到高价值产品的产业结构转型;三要实现建设成为生态文明的最终目标,实现以科技创新为支撑从工业文明形态到生态文明形态的最终转型。[3] 这些方面都迫切需要在关键核心技术方面实现突破。

---

① 由雷、尹志欣、朱姝:《关键核心技术的异质性研究——基于创新主体、创新动力与创新模式的视角》,《科学管理研究》2024 年第 42 期。

② 《中央经济工作会议在北京举行》,《人民日报》2020 年 12 月 19 日。

③ 刘惠:《新时代习近平生态文明思想理论内涵与实践进路探讨——评〈生态文明建设的理论构建与实践探索〉》,《中国教育学刊》2024 年第 5 期。

第三节
中国式现代化下科技创新的未来发展重点

2020 年 9 月 11 日,习近平总书记在京主持召开科学家座谈会并发表重要讲话:"希望广大科学家和科技工作者肩负起历史责任,坚持面向世界科技前沿、面向经济主战场、面向国家重大需求、面向人民生命健康,不断向科学技术广度和深度进军。"①这"四个面向"不仅指明了我国科技创新的发展重点,也构筑了科技创新的宏伟蓝图。依据习近平总书记在中共中央政治局第十一次集体学习时的讲话以及《"十四五"规划和 2035 年远景目标纲要》等指导性文件,中国式现代化下科技创新的未来发展应聚焦于加强基础研究和原始创新、提高科技成果转化效率、打造高水平人才队伍、深化体制改革、培育新兴科技产业、加快发展方式绿色转型等重点。

一、 加强基础研究和原始创新,筑牢科技强国之基

在当今世界,科技竞争日益激烈,科技创新成为推动国家发展的重要引擎。而基础研究和原始创新则是科技创新的基石,是引领科技发展的根本动力。为了加速实现科技的高水平自立自强,并为培育和发展新质生产力注入强大动力,我国必须注重基础研究和原始创新。

加强基础研究对于提升国家科技创新能力至关重要。作为科技创新的源泉,基础研究深入探索自然规律,为技术革新提供理论基础和科学依据。通过强化这一领域的工作,能够持续推动科学认知的边界向外扩展,揭示新的科学现象和规律,从而为科技创新提供持续的动力和创新思路。同时,原始创新也是推动科技发展的关键因素。它通过探索未知领域,发现新的科学原理和技术方法,引领科技的前进方向。与常规的技术改进相比,原创性、颠覆性技术创新具有更高的技术含量和更大的市场潜力,能够迅速占领市场制高点,引领产业发展方向,

---

① 《习近平:面向世界科技前沿面向经济主战场 面向国家重大需求面向人民生命健康 不断向科学技术广度和深度进军》,《人民日报》2020 年 9 月 12 日。

为国家带来巨大的经济效益和社会效益。[①]

为了培育新质生产力,必须聚焦于具有原创性和颠覆性的技术突破。需要紧跟全球科技革命和产业变革的新趋势,从国家紧迫需求出发,合理调配资源加速突破关键共性技术和前沿引领技术,推动现代工程技术和颠覆性技术的创新。特别是在人工智能、数据信息、生物技术、深海空天、未来能源等前沿科技领域,我国要催生一批具有全球影响力的重大研究成果,引领世界科技潮流。[②] 同时,我国还应着力攻克关键核心技术"卡脖子"难题。这些领域往往涉及国家安全和经济发展的命脉,是制约我国科技发展的瓶颈所在。

为了加强基础研究和原始创新,我国要建立新的科研组织模式,优化资源配置。要强化国家战略科技力量,完善国家实验室运行管理机制,加快重组全国重点实验室。通过发挥国家科研机构、高水平研究型大学、科技领军企业的优势,集成各方面创新资源,开展"大兵团"作战,加快产出一批重大原创性成果,为加快实现高水平科技自立自强提供强劲动能。这不仅需要人才、资金、科研等创新要素数量的增加以及高校与科研院所、企业、政府等的协同实践,更需要创新生态系统的改善和优化。[③] 要加大对基础研究的投入力度,提高基础研究经费占全社会研发投入的比重;优化基础研究经费的使用结构,确保资金能够用于支持真正有价值的研究项目;要完善科研评价体系和激励机制,鼓励科研人员勇于探索未知领域,敢于挑战科学难题。此外,还要加强科研团队建设,培养一批具有国际视野和创新能力的高端人才。

总之,加强基础研究和原始创新是筑牢科技强国之基的关键所在。要深入认识基础研究和原始创新在科技创新体系中的核心地位,采取有力措施推动其深入发展。只有这样,才能不断提升国家科技创新能力,为实现中华民族伟大复兴的中国梦提供坚实支撑。

二、 提高科技成果转化效率,推动科技与产业深度融合

2024 年 1 月 31 日,习近平总书记在中共中央政治局第十一次集体学习时

---

① 阴和俊:《让科技创新为新质生产力发展注入强大动能》,《求是》2024 年第 7 期。
② 盛朝迅:《高水平科技自立自强的内涵特征、评价指标与实现路径》,《改革》2024 年第 1 期。
③ 张媛媛:《关键核心技术自主可控如何实现》,《人民论坛》2020 年第 16 期。

强调:"要及时将科技创新成果应用到具体产业和产业链上,改造提升传统产业,培育壮大新兴产业,布局建设未来产业,完善现代化产业体系。"[①]这一指导思想明确了科技成果转化的重要性。当前,我国在科技成果转化方面存在一些瓶颈,如转化效率低,转化周期长等问题,这些问题严重制约了我国经济高质量发展。因此,提高科技成果转化效率不仅是科技创新的内在要求,更是推动产业升级、实现经济高质量发展的关键所在。

提高科技成果转化效率,加强产业链与创新链的对接,是实现科技与产业深度融合的关键。产业链是经济发展的基础,而创新链则是推动产业链升级和转型的动力。只有以市场需求为导向,以产业链为纽带,将创新资源有效配置到产业链的关键环节和重点领域,推动科技创新与产业发展的深度融合,才能为经济高质量发展提供强大的科技支撑。

首先,需要明确企业的科技创新主体地位。强化科技领军企业在创新过程中的引领作用,让他们既提出问题,又负责解答和评估。这意味着企业在基础研究、技术创新、成果转化到产业化的整个链条中起到核心作用。鼓励企业加速数字化和智能化转型,从而培育出一批在国际上有竞争力的科技领先企业。其次,加强产业链上下游企业之间的合作与协同。通过引导创新资源向产业链上下游延伸,推动形成产业创新生态系统。构建开放共享的创新平台、推动产学研用紧密结合等方式,可以促进科技创新成果的快速转化和应用,提升企业的竞争力,推动整个产业链的升级和转型。此外,要完善企业创新服务体系,形成政府、产业界、学术界、金融机构等各方共同构建相互支撑的创新生态系统,确保创新链、产业链、资金链、人才链的有效衔接,促进科技成果的顺利转化和应用。[②] 要开放国家级科研平台、科技报告及科研数据资源,使企业能够便捷获取前沿科技成果与数据,从而加速技术创新进程。同时,深化创新创业机构改革,建立专业的技术转移机构和技术经理人队伍,提升科技成果市场化转化的效率。最后,在金融支持方面,完善科技金融产品体系,降低科技型中小企业融资难度,并开展科技成果转化贷款风险补偿

---

① 《习近平在中共中央政治局第十一次集体学习时强调: 加快发展新质生产力 扎实推进高质量发展》,《人民日报》2024 年 2 月 2 日。

② 孔静、傅元海:《科技自立自强与制造业全球价值链高端: 嵌入机制与路径》,《经济学家》2023 年第 8 期。

试点工作,鼓励金融机构支持科技创新,为科技成果转化提供有力资金保障。[1]

总之,中国式现代化下的科技创新未来发展重点是不断提高科技成果转化效率,推动科技与产业的深度融合。通过明确企业主体地位、加强合作与协同与完善创新服务体系等措施,可以为经济高质量发展提供强大的科技支撑。

三、 打造高水平人才队伍,为科技创新提供智力支撑

科技创新的本质是知识的创造和应用,而人才则是知识的载体和创新的源泉。高水平人才队伍不仅是科技创新的重要推动者,更是国家竞争力的核心资源。在科技创新的过程中,高水平人才以其深厚的专业知识、敏锐的科研洞察力和卓越的创新能力,发挥着不可替代的作用。他们能够引领科技发展,解决关键技术难题,推动科技成果的转化应用,从而加速科技进步和产业升级。因此,我国要推动创新型、复合型、数字化人才培养,打造一支高水平的人才队伍,为发展新质生产力夯实人才基础。

为了打造高水平人才队伍,需要多元化的人才策略。首先是培养本土人才。教育是培养人才的基础,应该加强高等教育和职业教育改革,加强基础学科教育,激发学生的创新精神和实践能力。同时,加强与企业的合作,通过产学研结合,提高人才培养的针对性和实用性。另外,还需建立健全的科研人才培养机制,开展知识更新工程与技能提升行动,并构建涵盖基础研究人才成长的全方位资助体系,以增强基础研究人才队伍的整体素质和能力,发掘和培养具备战略科学家潜质的复合型人才。[2] 其次是引进海外人才。随着全球化进程的加速,国际人才竞争日益激烈。通过引进海外高层次人才,可以借鉴国际先进经验和技术,为我国科技创新注入新的活力。可以设立专项基金,为海外优秀人才提供科研经费、税收优惠等支持。同时,建立国际化的科研平台,为海外人才提供良好的工作条件和生活环境。

优化人才结构也是打造高水平人才队伍的关键。需要根据科技创新的需

① 《中华人民共和国国民经济和社会发展第十四个五年规划和 2035 年远景目标纲要》,人民出版社 2021 年版,第15—16 页。
② 《国家自然科学基金"十四五"发展规划》,国家自然科学基金委员会,https://www.nsfc.gov.cn/publish/portal0/tab1392/,2022 年 11 月 15 日 。

求,调整人才结构,使之更加合理和高效。建立合理的人才梯队,形成以高层次人才为引领、中青年人才为主体的人才队伍。一方面,要加大对基础研究人才的投入,为基础研究提供稳定的人才保障;另一方面,也要注重应用研究和产业化人才的培养,推动科技创新成果的应用和转化。

此外,为了充分激发科研人员的创新活力,还需要完善人才评价和激励机制。需要建立一个以创新能力、工作质量、实际效果和社会贡献为评价标准的科技人才体系,同时,构建一个能够充分体现知识和技术价值的收益分配机制。[①] 在人才选用方面,要精心选拔并充分利用领军人才和拔尖人才,赋予他们更大自主权,为科研人员提供宽松的工作环境,减少行政干预,让他们能够更专注于科研创新。同时,实行以增加知识价值为导向的分配政策,完善科研人员职务发明成果的权益分享机制,确保科研荣誉体系的公平性和合理性,从而更好地激励科研人员追求科研卓越和创新。

四、 深化科技体制改革,释放科技创新活力

科技体制作为科技创新的基石,对于提升科技创新效率和促进科技成果转化具有至关重要的作用。然而,当前我国的科技体制仍面临一些体制机制障碍,制约了科技创新的深入发展。具体表现为:创新资源整合能力不足,创新力量布局有待优化,导致科技创新效率和成果未达预期;科技人才队伍结构不尽合理,人才评价体系需进一步完善;高等院校和科研院所的考核评价机制与产业发展需求脱节,科技成果转移转化机制不健全,致使许多优质成果难以转化为实际生产力,造成了资源的严重浪费。

为此,必须进一步深化科技体制改革,提升创新体系效能,加强资源整合,优化力量布局,以适应和引领科技发展的需求。为应对科技创新领域的现有挑战,需从顶层设计着手,明确界定科技创新的战略目标和重点任务。这要求我们要深入分析国内外科技发展趋势,紧密结合我国经济社会发展的实际需求,贯彻落实党的二十大作出的战略部署,积极响应二十届三中全会关于进一步全面深化改革、推进中国式现代化的指导方针,构建支持全面创新体制机制。

---

① 《中华人民共和国国民经济和社会发展第十四个五年规划和 2035 年远景目标纲要》,人民出版社 2021 年版。

锚定战略目标抓好重点任务。当前,全球科技创新进入密集活跃期,国际科技竞争复杂激烈,全球产业链供应链深度调整。在此背景下,我们必须锚定战略目标,坚持"四个面向",聚焦科技创新中的重点难点问题,通过深化改革进一步激发科技创新潜能,不断增强我国科技竞争力,以科技现代化支撑和引领中国式现代化。[①]

加强有组织的基础研究,优化创新资源配置。基础研究是整个科学体系的源头,只有加强基础研究,才能保持自主创新能力。在此基础上,还应加强国家实验室等创新平台的建设和管理。这些平台是科技创新的重要载体,需要加大对这些平台的投入力度,改善其硬件设施和软件环境,吸引和培养更多高水平的科研人才;同时建立健全创新平台的运行机制和管理制度,确保其能够高效、有序地运转,为科技创新提供有力支撑。

强化企业科技创新主体地位,培育壮大科技领军企业机制。企业作为社会经济活动的基本单元,是我国科技创新事业的重要策源地,能够有力推动科技创新转化为现实生产力。通过强化企业科技创新主体地位,可以加快构建以企业为主体的科技创新体系,发挥企业在全链条创新中的作用。在此过程中,领军企业或龙头企业具备足够的技术积淀与保障条件,对提升国家创新体系整体效能具有带动作用。强化企业科技创新主体地位,要注重发挥领军企业在产业链中的引领作用,建立高效协同的产业链和具有较强竞争力的产业集群。

改革科技管理体制,激发科技创新活力。简化科技项目的审批流程,减少不必要的行政干预,可以提高科研项目的管理效率,让科研人员能够更专注于科研工作本身。此外,建立科学合理的科技评价和奖励机制,激发科研人员的创新积极性,包括对优秀科研成果进行表彰和奖励、对杰出科研人才进行培养和引进等措施,促进科研成果的产出和转化。

完善中央财政对科技资金的分配和使用机制,健全相关的管理和执行体系。比如,扩大科研项目经费的"包干制"范围,让科研人员在技术选择、资金使用和资源配置上拥有更多的自主权和灵活性,激发科研人员创新活力。同时,各级政

---

① 杨忠:《深化科技体制改革提升创新效能》,《经济日报》2024 年 11 月 15 日。

府要优化财政科技投入的结构,将更多的资源倾斜到关键领域和核心技术的研发上,确保每一分投入都能发挥最大的效益,推动科技创新的深入发展。

五、 培育新兴科技产业, 布局建设未来产业

随着科技的日新月异,新兴科技产业不仅代表着未来的发展前景,更是推动经济社会持续健康发展的强大动力。2024 年 1 月,《工业和信息化部等七部门关于推动未来产业创新发展的实施意见》提出了 1—3 年内未来产业的目标规划:到 2025 年,我国未来产业将全面发展,部分领域达到国际先进水平,产业规模稳步提升,初步形成未来产业发展模式;到 2027 年,未来产业综合实力将显著增强,部分领域实现全球领先。关键核心技术将取得重大突破,新技术广泛应用,产业规模化发展,形成协同联动的发展格局,成为未来产业的重要发源地。[①]

第一,加强前瞻性的谋划和部署。这包括把握全球科技创新和产业发展趋势,重点推进未来制造、未来信息、未来材料、未来能源、未来空间和未来健康等六大方向的产业发展。加强前沿技术和颠覆性技术的趋势研判至关重要,需要密切关注集成电路、人工智能、量子科技、生物技术、先进能源等领域的最新突破和趋势,深入分析这些技术变革对产业发展的影响,研判可能形成新质生产力的关键技术及技术群。[②] 需要更精准地识别和培育高潜能的未来产业,并发挥新型举国体制的优势,引导地方根据产业基础和资源禀赋,合理规划和培育未来产业。同时,通过持续的技术预测和动态监测,加强多元布局和并行推进,确保在全球科技竞争中保持领先地位。

第二,加快实施引领未来的重大科技项目。需要围绕新质生产力发展的重大需求,精心策划并部署一批重大科技项目。这些科技项目不仅要有前瞻性,还要具有引领性,能够带动整个产业链的创新与发展。通过发挥新型举国体制优势,推动建立适应新质生产力发展的新型科研组织模式和资源配置方式,意味着需要打破传统的科研模式和资源配置方式,建立更加灵活、高效、开放的创新体

---

① 《工业和信息化部等七部门关于推动未来产业创新发展的实施意见》,中国政府网,https://www.gov.cn/zhengce/zhengceku/202401/content_6929021.htm,2024 年 1 月 18 日。

② 赵永新:《加强科技创新 培育发展新质生产力的新动能——访科技部党组书记、部长阴和俊》,《人民日报》2024 年 3 月 1 日。

系,激发科研人员的创新潜能。同时,建设未来产业孵化器和先导区也可以为创新创业者提供优质的创业环境和资源支持。在这里,创业者可以得到专业的指导和帮助,实现技术突破和商业模式创新,形成具有标志性的产品,打造领军企业,以抢占未来产业发展的制高点。

第三,通过不断开拓新型应用场景,为未来产业的发展注入新的活力,以产品规模化迭代应用促进未来产业技术成熟。通过信息技术与制造业的深度融合,促进产业链的现代化改造。例如在元宇宙领域可以构建虚拟与现实相融合的应用场景,不仅能够为人们提供沉浸式娱乐、社交的新平台,还可以应用于教育培训、医疗健康、商业贸易等多个领域;建设智慧城市、智慧社区等项目可以为居民提供更加便捷、高效的信息服务,这些智慧信息服务的普及不仅提升了人们的生活品质,也为相关产业的发展提供了新的机遇。另外,还可以借助重大活动和重大工程,实现技术产品的跨界融合应用,如载人航天和深海探索。同时,这些应用场景也可以作为展示和验证新技术新产品的平台,加速技术的推广和应用。

六、 加快发展方式绿色转型,实现可持续发展

在当前全球环境问题日益严峻的背景下,加快发展方式绿色转型,实现可持续发展,已成为科技创新的重要方向。2023 年 7 月 17 日,习近平总书记在全国生态环境保护大会上提出:"要加快产业绿色转型升级。推进产业数字化智能化同绿色化的深度融合,加快建设以实体经济为支撑的现代化产业体系,大力发展战略性新兴产业、高技术产业、绿色环保产业、现代服务业。"[1]加快发展方式绿色转型,是推动高质量发展的必然选择。2024 年 1 月 31 日,习近平总书记在中共中央政治局第十一次集体学习时也再次强调:"绿色发展是高质量发展的底色,新质生产力本身就是绿色生产力。"[2]在这一理念的指引下,我们必须坚定不移地走生态优先、绿色发展之路。

科技创新作为推动绿色转型的重要动力,要加快绿色科技创新和先进绿色

---

① 习近平:《以美丽中国建设全面推进人与自然和谐共生的现代化》,《求是》2024 年第 1 期。

② 张新宁:《不断厚植高质量发展的底色 新质生产力本身就是绿色生产力》,《人民日报》2024 年 4 月 11 日。

技术的推广应用,推动产业结构优化升级,形成绿色低碳循环发展的经济体系。一方面,通过研发和应用新技术、新工艺、新材料,降低能耗、减少排放,提高资源利用效率。另一方面,推动传统产业向数字化、智能化方向转型,实现与绿色化的深度融合。这种深度融合不仅能够提升产业的绿色含量,还能够提高生产效率,促进经济发展与环境保护的良性循环。

战略性新兴产业、高技术产业、绿色环保产业和现代服务业是绿色转型的重点领域。这些产业具有绿色低碳、高效益、高附加值的特点,是推动绿色转型的重要力量。科技创新要大力发展战略性新兴产业,培育新的经济增长点;同时,加强高技术产业的研发和应用,推动技术创新和产业升级;此外,还要积极发展绿色环保产业和现代服务业,为绿色转型提供有力支撑。要推进绿色低碳科技自立自强,把应对气候变化、新污染物治理等作为国家基础研究和科技创新重点领域,狠抓关键核心技术攻关。通过实施生态环境科技创新重大行动,建设生态环境领域大科学装置,培养高水平生态环境科技人才队伍,支持科技成果转化和产业化推广等措施,提升我国在绿色低碳领域的科技创新能力。

此外,建立现代化生态环境监测体系、健全天空地海一体化监测网络也是科技创新的重要任务。通过深化人工智能等数字技术的应用,构建美丽中国数字化治理体系,实现生态环境的精准监测和有效治理。这不仅能够提升环境治理的效率和水平,还能够为政策制定提供科学依据,推动绿色转型的深入发展。

总之,要坚持以人民为中心的发展思想,牢固树立和践行绿水青山就是金山银山的理念,通过科技创新推动产业绿色转型升级,构建绿色低碳的生产方式和消费模式,实现可持续发展。

第二篇 | 科技创新支撑中国式现代
化的理论分析与实现路径

第四章

构建和完善新型举国体制

在科技现代化过程中,构建和完善新型举国体制至关重要。首先,新型举国体制是实施创新驱动发展战略的必然要求。为了在核心技术上实现对发达国家的赶超,必须将重要领域的科技创新摆在更加突出的地位。通过建立健全关键核心技术攻关机制,可以调动全国资源,依靠各部门、各地方、各部队的"大协作",形成强大的创新合力,加快科技成果转化和应用,通过突破前沿技术,提升我国的国际地位和影响力。其次,构建和完善新型举国体制也是维护国家安全和国家利益的必然选择。在一些核心技术和关键领域里,我国必须掌握主动权,防止被外部势力卡脖子。通过建立健全的关键核心技术攻关机制,可以增强国家的综合实力和国际话语权,为维护国家安全和国家利益提供有力保障。

第一节
新型举国体制的时代内涵与特点

集中力量办大事是我国社会主义制度的显著优势,奠定了我国国防安全与经济发展的坚实基础。习近平总书记指出:"我国社会主义制度能够集中力量办大事是我们成就事业的重要法宝。我国很多重大科技成果都是依靠这个法宝搞出来的,千万不能丢了!"[①]我国举国体制的运用贯穿从古至今多个历史阶段。举国体制的探索与产生、确立与发展、坚持与完善都深深地刻上了时代背景。事实上,举国体制也不是我国所独有的模式,日本、美国等国家在特殊时期,政府的战略引领和政策支持同样存在。因此梳理举国体制的历史逻辑和全球模式可以为深刻认识新型举国体制提供清晰的历史脉络。

一、 举国体制的历史逻辑

举国体制的概念虽然在近代才被正式提出,但其历史逻辑最早可以追溯到农业社会。中央集权下的古代举国体制对经济发展和社会管理等起到了至关重要的作用。比如对内,农耕器具、水利工程、交通货运、医药卫生等成为古代举国体制发挥作用的重点领域;对外,举国体制是抵御外部军事威胁的根本保障,如以举国之力修筑的万里长城,以及军队的征集训练及粮草武器的供应等,都需要发挥举国体制,在全国范围内进行统一的组织和调配。[②] 由此可见,举国体制的运用对于社会的繁荣发展和国家安全都具有重要的意义。

从社会主义建设初期开始,举国体制在我国科技创新发展过程中一直扮演着重要的角色。1949 年新中国成立后,面对新中国成立初期"一穷二白"的发展局面,即使是计划经济体制和高度集中的科技领导体制也无法完全满足当时产业和科技发展的迫切要求。比如"两弹一星"等工程,不只是科技问题,更是系统

---

① 《习近平在中国科学院第十七次院士大会、中国工程院第十二次院士大会开幕会上发表重要讲话》,《人民日报》2014 年 6 月 10 日。
② 陈劲、阳镇、朱子钦:《新型举国体制的理论逻辑、落地模式与应用场景》,《改革》2021 第 5 期。

工程问题,需要工业部门配合进行大量的开发、建设、制造等工作。因此,我国必须举全国之力进行经济建设与技术追赶,实现政府、军队、工业部门、科研团队的有效配合。[①] 全国人民在党的带领下,集中人力、物力和财力,进行科技攻关、兴建大型工业项目,并最终取得了"两弹一星"、核潜艇等科技攻关重大成就。在举国体制优势的充分发挥下,我国改变了贫穷落后的面貌,初步建立了独立的、比较完整的工业体系。

改革开放以来,我国经济呈现利益多元化格局,形成了数量众多的市场主体,更多的微观动力被激活。原来的以国家单一公有制体系动员方式为特征的举国体制作用不再突出,但其在科技自主创新领域仍发挥着重要作用。特别是国防和高科技领域,最前沿的技术和装备是无法从市场买到的,只能依靠自主创新。这一时期,我国在载人航天、探月工程、深海探测等领域取得的重大成就同样离不开举国体制的应用。

当前时代背景下,世界经济政治局势日益复杂,西方推行去全球化、去风险化。同时我国社会主义市场经济体制不断完善成熟,国企、民企等更多微观活力被完全激活,不注重市场条件下企业的创新作用和微观效率的传统举国体制已经不适应时代需求。在外部环境变化和内部发展要求的条件下,新型举国体制应运而生。

新型举国体制是传统举国体制的发展与延伸,传统举国体制的历史缘起对构建新型举国体制有着重要的启示。要发挥政府整合各方面资源的优势,但应该注重优化资源配置,提高资源利用效率,实现资源优势最大化。要加强整体性规划和系统性推进,促进各部门、各地区间更加紧密地协同配合,但需注意避免重复建设和资源浪费。要强调全民共识和合力,形成更广泛的社会共识和合力,推动国家发展的长远目标和战略实施。

二、 举国体制的国外经验借鉴

举国体制并不是我国所独有的。举国体制虽然具有"计划性",但其既可以在计划经济中存在,也可以与市场经济兼容。虽然西方国家一直倡导自由市场

---

① 武力:《中国"举国体制"的形成与演变》,《经济导刊》2023 年第 7 期。

经济模式,但在面临特殊时期或重大任务的情况下,政府的战略引领和政策支持同样存在。比如日本的第五代计算机研制重大项目,美国的"阿波罗计划""曼哈顿计划",德国的高科技战略计划等重大科技创新项目,也都体现出举国体制的"计划性"。

从科技创新角度而言,举国体制在各国的实践模式各不相同。日本倾向于政府主导的"官产学研协同模式"。在该创新模式中,各创新主体定位明确。比如大学聚焦基础研究、研究所侧重实验研究、企业更多进行开发研究。其中,创新主体力量是民间企业,日本约80%的研发机构、60%以上的研发经费和50%以上的研发人员聚集在日本的民间企业。在实践中,日本的官产学研模式多以建立大型项目制度为主,比如20世纪下半叶的超大规模集成电路、电动汽车、第五代计算机等大型项目。此模式的优势是在技术平稳发展期,追赶的效率很高,而缺陷是灵活性较差,特别是到了技术转轨期。[①]

美国偏向"大科学工程项目模式"。在二战之前,美国科学界仍然奉行自由主义原则,大学、企业等在各自的实验室中开展自主研究。二战爆发后,涉及国家安全和战略领域的科技创新活动开始逐渐进入国家决策核心。其中最具代表性的当数"阿波罗计划",该计划持续了11年,总投资达255亿美元,参与计划的企业达到2万多家,大学超200所,科研机构超80家,参与的总人数在30万以上。在"阿波罗计划"的机制设计中,行政管理部门的核心地位相对弱化,更多是以项目管理为依托,在管理方式上也兼顾了集中管理和扁平化管理的优势。[②]美国科技创新举国体制的另一个重要特征是在和平年代取消了对科学的严控,恢复自由探索的科学竞争精神和自由主义科学文化,从政策层面支持自由探索。

苏联采用"国家主导下的动员模式"。二战爆发后,苏联向全社会发起"战时动员令",协调党政机关、国防军工、科学界等,建立起全国统一的"政—军—工—科—教"五位一体的科研管理体制。在该体制下,国家最高领导者可采用集权方式,颁布"动员令"。二战结束后,苏联的国家动员模式一直在延续,基于此,弹道

---

① 雷小苗:《社会主义市场经济条件下科技创新的新型举国体制研究》,《经济学家》2021年第12期。

② 曾宪奎:《我国构建关键核心技术攻关新型举国体制研究》,《湖北社会科学》2020第3期。

导弹、空间载人技术、原子能技术、人造卫星等领域取得了重大突破。然而,这种模式的固化效应和在民用领域的低效率问题也同时存在。

基于以上各国的科技创新模式,可以总结出为我国新型举国体制所借鉴的经验。(1)注重机制设计的灵活性。建立灵活的政策和制度机制,能够及时调整和适应不同阶段和领域的科技创新需求,提高应对复杂变化的能力。(2)在保证科技创新大方向的情况下不能忽视自由探索的作用,为创新提供良好的环境和空间,让科技工作者和企业家能够自由探索新的技术路径和商业模式,激发创新活力。

三、 新型举国体制的时代意涵

当前科技创新的竞争格局和挑战日益复杂。首先,科技创新的壁垒不断提升,需要更加有效的体制来推动跨领域、跨行业的创新合作。其次,资源分散,各种科技创新要素和人才分布零散且广泛,需要有机制来整合和协调,以提高资源利用效率。此外,协同效率低下也是一个问题,现有体制下的各个部门和机构之间合作不够紧密,导致协同创新效果难以最大化发挥。新型举国体制要建立更加灵活高效的机制和平台,促进各方面资源的整合和共享,加速科技创新的推进。同时,还要强调协同合作和跨界交流,可以打破部门和机构之间的壁垒,提高创新的协同效率和成果转化速度。

党的二十大报告指出,"完善党中央对科技工作统一领导的体制,健全新型举国体制"。新型举国体制是面向国家重大需求,通过政府力量和市场力量协同发力,凝聚和集成国家战略科技力量、社会资源共同攻克重大科技难题的组织模式和运行机制,其特征是充分发挥我国制度优势,并综合运用行政的和市场的各种手段,尊重科学规律、经济规律、市场规律①。

新型举国体制是在原有举国体制基础上的继承与创新。新中国成立初期的举国体制与当时基础薄弱、人才短缺的情况相适应,更多依赖政府行政动员和集中计划调配能力。改革开放后,我国以经济建设为中心,中国特色社会主义市场经济体制逐步建立并日益完善。当前我国的时代背景、核心任务和组织方式都

---

① 王钦:《健全新型举国体制(思想纵横)》,《人民日报》2022 年 12 月 8 日。

发生变化,举国体制需随之发展。

(一) 新型举国体制,"新"在时代背景

从人类工业史来说,人类社会正在迎来第四次科技革命浪潮。历史上每一次工业革命都深刻影响国家间的比较优势和产业竞争力,进而重塑全球产业分工格局。纵观近代以来的大国崛起的历史,背后都离不开工业革命的引领支撑。人工智能、互联网、大数据与传统学科相结合,驱动人类进入"智能时代"。科技改变世界格局、改变社会结构、改变国家定位的功能愈发凸显。在这样的背景下,唯有依靠我国自身在科技领域的发展,才能在世界百年未有之大变局中把握机遇,在科技革命带来的全球格局变化中占据产业链和价值链的高端。[①]

从世界局势来说,自 2017 年特朗普上任以来,推行单边主义,认定国际秩序必须以美国为核心,维护美国领导下的单极霸权。西方技术先进国家纷纷加大了对我国高科技发展的遏制力度,限制芯片、激光雷达、高端电容电阻等核心技术和产品对华出口。高端产品制造和技术研发面临突出的"卡脖子"困境,成为产业高质量发展和迈向世界科技强国的重大阻碍。[②]

改革开放后,我国以经济建设为中心,中国特色社会主义市场经济体制逐步建立并日益完善。我国经济运行机制和要素配置机制已经发生了深刻变化,市场机制已经基本成为主导的资源配置机制和动力机制。传统举国体制中不顾微观效率,而致力于宏观效率的情况失去了外部的支撑条件,迫使科技创新和产业发展都必须在市场竞争中得到检验,既要发挥国家在科技创新中的引领作用,又要把创新成果在市场机制中进行检验。[③]

(二) 新型举国体制,"新"在核心任务

我国面临关键核心技术"卡脖子"威胁,关键核心技术攻关已成为推动我国实现高质量发展、顺利实现第二个百年奋斗目标的重要举措。因此,新型举国体制有了新的核心任务,即关键核心技术攻关。面向关键核心技术攻关的新型举

---

① 张大璐:《发挥新型举国体制优势大力提升科技创新能力》,《宏观经济管理》2020 年第 8 期。
② 宋立丰、区钰贤、王静等:《基于重大科技工程的"卡脖子"技术突破机制研究》,《科学学研究》2022 年第 11 期。
③ 王曙光、王丹莉:《科技进步的举国体制及其转型:新中国工业史的启示》,《经济研究参考》2018 年第 26 期。

国体制是为完成国家重大科技创新战略或实现重大科技创新项目突破的特定目标,凝聚全国力量、集中配置要素资源在科技创新特定领域集中攻关的制度政策安排。新型举国体制需要聚焦战略产业链的"三个关键"(关键技术、关键元器件、关键材料),打好关键核心技术攻坚战,提高创新整体效能。与一般的技术相比,关键核心技术有以下特征。(1)对基础科学或通用技术具有较强的依赖性,知识复杂性和嵌入性较强;(2)具有较强的技术颠覆性和突破性;(3)产业关联带动效应较为突出;(4)技术演进具有明显的发散性、非线性与非连续性;(5)技术系统与核心部件的市场垄断性;(6)技术市场需求的巨大不确定性和难预测性。关键核心技术的上述特征表明其重要性和发展的困难程度。[①]

关键核心技术是一个国家技术体系中最关键、最核心的部分,对国家的产业安全和发展、经济效率提升有重要影响。我国经济发展已从数量扩张进入质量提升阶段,高质量发展是全面建设社会主义现代化国家的首要任务。传统的模仿、引进和吸收创新模式已不足以满足产业链价值链升级的需求,需要更多原创性创新,突破关键核心技术。随着国力增强,我国与发达国家的关系从互补转为竞争,实现关键核心技术的自主可控是我国提升产业链安全性和竞争力的关键,也是掌握发展主动权的基础。

(三) 新型举国体制,"新"在组织方式

2022年9月,中央全面深化改革委员会第二十七次会议再次强调,要健全关键核心技术攻关新型举国体制,把政府、市场、社会有机结合起来,科学统筹、集中力量、优化机制、协同攻关。因此,新型举国体制既要发挥社会主义制度集中力量办大事的显著优势,强化党和国家对重大科技创新的领导,又要充分发挥市场机制作用,围绕国家战略需求优化配置创新资源。抓住健全新型举国体制的两个关键,即有为政府和有效市场,就理解了该组织方式新在何处。因此,理解和处理政府与市场的关系是健全新型举国体制的关键问题。[②]

首先,政府角色不应全部替代市场。企业是产业创新的主力军,但因追求财

---

① 杜传忠:《关键核心技术创新视角下的科技创新新型举国体制及其构建》,《求索》2023年第2期。
② 金观平:《健全科技攻关新型举国体制》,《经济日报》2022年9月11日。

务回报而对技术投资有限。以美国为例,政府部门在创新中扮演关键角色,追求国家技术主导权而非财务收益,通过政治性和战略性行动推动前瞻性创新,构建全链条创新体系。政府要参与创新活动,与市场互为补充、互相协调,保持创新经济长期活力。但反过来,政府如果自己完全成为市场主体,挤占市场空间,也将导致创新系统失灵,科技创新效率可能下滑。

其次,政府和市场的边界不能僵化固定。在国际竞争和产业转型中,政府重要性在于领导投资前沿技术和解决集体行动困境,推动本土创新生态转变。复杂工业产品涉及大量技术和流程,后发国家企业难以仅通过市场形成集体行动,这使得市场投资者难以预期创新投资风险。政府需通过新型举国体制解决瓶颈问题,提供市场应用、补贴减税等政策支持,推动技术成熟,帮助市场形成可预期风险。风险预期变化将重新定义政府和市场边界,进一步要求政府调整政策,更大程度上发挥市场作用。

最后,科技创新任务应强调政治性和战略性,而非财务性。新型举国体制下政府需重点解决关键技术问题和创新生态塑造问题。为培养创新生态,政府应关注结果,重点考虑国家使命对应的工业技术产品,把技术轨道和标准选择交由市场。政府提供科技创新和产业创新所需的公共品,降低企业进入门槛,激励企业提出多样性技术方案,激励企业竞争获取创新收益,避免财政补贴和行政垄断导致创新枯竭,实现有为政府和有效市场结合。[1]

从以上"新"特点来看,新型举国体制应该具有以下时代意涵。(1)以实现国家发展和国家安全为最高目标,提高国家综合竞争力,保障国家安全,为其提供强大支撑。(2)以科学统筹、集中力量、优化机制、协同攻关为基本方针,推动高水平科技自立自强,鼓励自主创新,加强基础研究和应用基础研究,提升国家整体科技实力和国际竞争力。(3)尊重市场规律与政府作用的有机结合。在新型举国体制下,既要充分发挥政府引导作用,又要充分尊重市场规律和经济规律。(4)坚持开放合作与独立自主相统一,在积极参与国际科技合作与交流的同时,也要注重保护知识产权和维护国家安全。

---

[1] 封凯栋:《新型举国体制中的政府与市场关系》,《中国科技论坛》2022 年第 10 期。

第二节
新型举国体制在我国科技创新中的作用

科技创新作为中国式现代化的重要支撑,需要不断提高科技创新要素配置的效率。但一方面,当前科研基础薄弱、科技创新要素流动不畅、国家创新体系效能未充分发挥等问题阻碍了科技创新要素配置效率的提升。另一方面,当前的时代背景下,无论是我国所处的发展阶段,还是国际局势的竞争冲突,抑或科技创新发展规律呈现的新特点,都使得科技创新要素的优化配置变得既复杂,又迫切。因此,我国需要结合科技创新的现实挑战,探索出科学有效的科技创新要素配置的模式。党的二十大报告强调"完善党中央对科技工作统一领导的体制,健全新型举国体制,强化国家战略科技力量",新型举国体制就在优化科技创新要素配置中发挥重要作用,在提升国家科技创新体系整体效能中发挥关键作用,为当下的科技创新工作提供了关键制度保障。

一、 在推动重大科技创新项目中发挥核心作用

自改革开放以来,我国在对国外技术的"引进、消化、吸收、再创新"的过程中,享受到后发者追赶的优势,在某些技术领域实现了从跟跑向并跑,乃至领跑的转变,但仍面临着关键核心技术受制于人的局面。这不仅威胁国内的产业安全和稳定,还阻碍了我国在科技无人区的探索。西方国家凭借其在科技领域的深厚积累,根据最新的科技发展趋势不断调整或升级技术限制,例如,从限制5G的高通芯片到管制支撑人工智能大模型的英伟达GPU,等等。

我国要面对重大科技创新项目攻关的紧迫任务,重大科技创新项目呈现出一种"融合科学"新范式特点,攻关过程中包含了科学研究、技术开发和工业生产,涉及多学科的知识和多主体的参与,需要超大规模的资金投入和组织协同[1],因此资源协同是一个大问题。面对重大科技创新项目的紧迫性和复杂性,新型举国体制通过快速调动国家层面的战略资源,集中优势力量,确保关键核心

---

[1] 眭纪刚:《科技机构改革与新型举国体制建设》,《人民论坛》2023年第9期。

技术攻关的高效推进。新型举国体制也能够协调各方力量，形成合力，共同攻克技术难关。

首先，新型举国体制通过快速调动国家层面的战略资源，为重大科技创新项目提供了坚实的物质保障。由于重大科技创新项目攻关的特殊性，在一般的科技创新要素优化配置的基础上，增加了强度和效度的双要求[①]，一方面是重大科技创新项目需要压强式、集中式的创新要素投入，另一方面是重大科技创新项目攻关必须有成效。新型举国体制通过政府的宏观调控和协调，可以迅速地将全国各地的创新要素进行整合和优化配置，形成强大的合力。这些创新要素包括大科学装置、人才团队、科研资金、数据资源等，它们的汇聚为重大科技创新项目的实施提供了有力的支撑。

其次，新型举国体制能够集中优势力量，确保重大科技创新项目的高效推进。重大科技创新项目需要投入的创新要素规模巨大，一旦失败，损失巨大，需要在正式启动任务前，进行充分的科学论证，选定技术路线。新型举国体制通过广泛吸收社会各界专家和科研人员的意见建议，可以为制定更加合理的重大科技创新项目突破路径和攻关程序提供基础。此外，重大科技创新项目攻关往往涉及多个学科、多个领域的交叉融合，需要集合各方力量共同攻克技术难关。新型举国体制通过政府的组织和协调，能够调动全国范围内的科研机构和企业的积极性，激发各创新主体对攻关任务的认同感[②]，从而形成联合攻关的态势。这种集中优势力量的做法，不仅可以避免资源的分散和浪费，还能够提高攻关过程中决策的科学性和精确性[③]，及时消除攻关过程中的瓶颈环节，加速重大科技创新项目进程，提高科技创新的效率和质量。

此外，新型举国体制在涉及国家安全的重大科技创新项目具有重要意义。重大科技创新项目往往与国家的核心利益直接相关，需成为科技创新的重点方向，通过政府的引导和支持，新型举国体制能够确保这些领域的科技创新活动得到优先发展。例如，在国防科技领域，新型举国体制能够组织全国范围内的科研

---

① 闫瑞峰：《科技创新新型举国体制：理论、经验与实践》，《经济学家》2022 第 6 期。

② 潘墨涛、朱胜姣：《中国为何构建"新型举国体制"？——与欧盟的比较》，《科学学研究》2024 年 2 月 28 日。

③ 杜传忠：《关键核心技术创新视角下的科技创新新型举国体制及其构建》，《求索》2023 年第 2 期。

力量,共同研发先进的武器装备和军事技术,提升国家的国防实力。

最后,新型举国体制还能够促进产学研深度融合,加速重大科技创新项目科技成果的转化和应用。在重大科技创新项目的科技攻关过程中,产学研之间的紧密合作推动科技成果转化的作用尤为重要。新型举国体制通过政府的引导和协调,能够促进高校、科研机构和企业之间的深度合作,形成产学研一体化的创新体系。这种深度融合不仅能够加速科技成果的转化和应用,还能够推动科技创新与产业发展的紧密结合,为国家的经济发展提供有力的科技支撑。在实际应用中,新型举国体制在推动重大科技创新项目中已经取得了显著成效。以我国的"天眼"工程为例,这一项目涉及天文学、物理学、电子工程等多个领域,需要全国范围内的科研机构和企业的共同参与。在新型举国体制的推动下,我国组织了多个科研团队进行联合攻关,成功研发出了世界领先的射电望远镜,为我国的天文学研究和国际科技合作做出了重要贡献。

二、 在优化科技创新要素配置中发挥重要作用

关键核心技术受制于人,虽然表面上是西方国家的科技封锁,但实际上是我国自身的创新能力不足,其背后深层次的原因在于科技创新要素缺乏、科技创新要素流动不畅。换言之,西方国家的科技封锁作为一个外生变量,使得我国的科技创新要素配置低效问题提前暴露出来①。如果科技创新要素配置的问题得不到及时改善,最终将会在我国创新发展的过程暴露出来。这些问题包括:科技创新要素在不同的主体和区域之间分配不均和流动不畅、市场在资源配置中的决定性作用还未有效发挥、政策未能有效适配于科技创新要素、政府和市场主体在科技创新要素投入方面存在一哄而上的重复建设、以科技人才为代表的科技创新要素的培育机制不完善等。

新型举国体制是以"全国一盘棋"的方式,通过中央政府的顶层设计,以有为政府推动有效市场,不仅能够使得科技创新要素自由流动,打破资源分散、重复建设的局面,提高科技创新的效率和效益,引导社会资本向科技创新领域流动,

---

① 李昱璇、方卫华:《"卡脖子"技术概念辨析——内生性矛盾、国家主体与外部限制的共同建构》,《科学学研究》2024 年第 1 期。

形成多元化的科技创新投入体系,还能够培育新的科技创新要素,推动科技创新人才队伍建设,培养和引进一批高层次、创新型人才,为科技创新提供有力的人才保障。

首先,新型举国体制能够统筹协调各类创新资源,实现资源的优化配置。在完全市场化的科技创新体系中,资源分散、重复建设的问题较为突出,导致创新效率低下。新型举国体制通过政府的宏观调控和协调,尤其是中央政府在关键核心技术攻关方面的统一决策,能够将全国各地的创新资源进行整合和优化配置,打破科技创新要素流动的障碍,实现创新要素的集中,形成强大的合力。新型举国体制在配置科技创新要素过程中,可以采取"例外"原则,在必要时超越现行的组织体系[①],为攻关任务调配关键的科技创新要素。新型举国体制在打通科技创新要素流动障碍的过程中,还有助于构建国内统一大市场,构建以国内大循环为主体、国内国际双循环相互促进的新发展格局[②],为优化科技创新要素配置创造有益的市场环境。

其次,新型举国体制能够引导社会资本向科技创新领域流动,形成多元化的科技创新投入体系。科技创新需要大量的资金投入,而政府资金往往难以满足全部需求。新型举国体制通过政策引导和市场机制的结合,能够吸引社会资本参与科技创新活动,形成政府、企业、社会多元投入的局面。这不仅可以缓解政府资金压力,还能够激发企业的创新活力和市场竞争力。同时,社会资本的参与还能够带来更加灵活和高效的创新模式,推动科技创新的快速发展。

最后,新型举国体制在推动科技创新人才队伍建设方面发挥着重要作用。人才是科技创新的核心要素,是推动科技创新事业发展的关键。新型举国体制通过制定人才政策、优化人才环境、加强人才培养和引进等措施,为科技创新提供了有力的人才保障,推动教育、科技、人才"三位一体"协同融合发展。政府通过设立人才计划、提供资金支持、建设人才基地等方式,吸引和培养了一批高层次、创新型人才,为我国的科技创新事业提供了源源不断的智力支持。同时,新

① 王聪、周羽、房超:《科技创新举国体制的辩证研究》,《科学学研究》2023年第1期。

② 高菲、王峥、王立:《新型举国体制的时代内涵、关键特征与实现机理》,《中国科技论坛》2023年第1期。

型举国体制还注重人才的评价和激励机制建设,为科技创新人才提供了更加广阔的发展空间和更加丰厚的回报。

在实践中,新型举国体制在优化科技创新资源配置方面的作用已经得到了充分体现。以我国的新能源汽车产业发展为例,新型举国体制通过统筹协调各方资源,推动了新能源汽车产业的快速发展。政府通过制定相关政策、提供资金支持、建设充电设施等方式,为新能源汽车产业提供了良好的发展环境。同时,新型举国体制还引导大量风险资本、社会资本投入新能源汽车领域,形成了多元化的科技创新投入体系。这些措施共同推动了新能源汽车技术的不断创新和产业升级,使我国在全球新能源汽车市场中占据了重要地位。

三、 在提升国家科技创新体系整体效能中发挥关键作用

新型举国体制要能有助于突破关键核心技术卡脖子环节。由于关键核心技术具有系统复杂性特点,这类技术的突破并非一日之功,需要在各主体的互动过程中,逐步迭代和完善,从而实现从"能用"到"好用"的跨越。并且,单个关键核心技术突破,并不能消除"卡脖子"风险,一方面是因为缺少足够多的受众会导致的技术脆弱性,不能保证技术自主[1],另一方面产业体系或供应链体系不适配所导致的技术不稳定。[2] 因此,新型举国体制要突破关键核心技术,就需要构建国家创新体系,从基础研究到产业环节,培育出以国家战略科技力量为引领,各创新主体参与的创新图景,最终提升国家的整体创新效能。

新型举国体制能够不断提升国家科技创新体系的整体效能和竞争力,实现科技创新的自立自强。我国当前科技创新组织形式并不能有效支撑前沿基础研究技术的探索,后者往往需要"主动谋划"。[3] 当下国家创新体系仍存在科技创新治理能力低效、经济与创新两张皮、国内外科技创新合作不顺畅等问题。因此,通过提高科技创新治理效能,新型举国体制能够促进科技创新活动的顺利开展。同时,新型举国体制还能加强科技创新与其他领域的协同配合,形成科技创

---

[1] 戴向阳、蔡仲:《自主创新为何需要开放? ——基于行动者网络理论对华为 5G 技术创新的研究》,《科学学研究》2022 年第 9 期。

[2] 高旭东:《健全新型举国体制的基本思路与主要措施》,《人民论坛·学术前沿》2023 年第 1 期。

[3] 潘墨涛、朱胜姣:《中国为何构建"新型举国体制"? ——与欧盟的比较》,《科学学研究》2024 年 2 月 28 日。

新与经济社会发展的良性互动。此外,该体制还能推动科技创新成果的国际交流与合作,提升我国在全球科技治理中的话语权和影响力。

首先,新型举国体制通过完善科技创新治理能力,为科技创新活动的顺利开展提供了坚实的制度保障。科技创新是一个复杂而系统的工程,需要政府、企业、科研机构和社会各界的共同努力和协同配合。新型举国体制通过改革科技创新体制机制,打破原有的束缚和限制,为科技创新提供了更加灵活和高效的制度环境,实现能够发挥市场决定性作用的"创新治理"模式。[①] 这包括优化科技项目管理、加强科技评估与监督、完善科技奖励机制等方面,使得科技创新活动能够更加高效地进行,科技创新成果能够更快地转化为实际生产力。这种制度环境的优化不仅激发了科技创新的活力,也提升了科技创新的质量和效率,进一步推动了国家科技创新体系整体效能的提升。

其次,新型举国体制注重加强科技创新与其他领域的协同配合,形成科技创新与经济社会发展的良性互动。科技创新是推动经济社会发展的重要引擎,而经济社会发展也为科技创新提供了广阔的应用场景和市场需求。新型举国体制通过加强科技创新与产业发展、人才培养、社会治理等领域的深度融合,实现了科技创新与经济社会发展的相互促进。例如,通过制定科技创新与产业发展相衔接的政策,引导科技创新成果向产业转化,推动产业结构的优化升级;通过加强科技创新与人才培养的结合,培养一批具有创新精神和创新能力的人才,为科技创新提供源源不断的人才支持;通过加强科技创新与社会管理的融合,推动科技创新在社会治理、公共服务等领域的应用,提升社会治理的现代化水平。这种协同配合不仅提升了科技创新的针对性和实效性,也促进了经济社会的全面发展与进步,进一步提升了国家科技创新体系的整体效能。

再次,新型举国体制能够积极推动科技创新成果的国际交流与合作,提升我国在全球科技治理中的话语权和影响力。在全球化的背景下,科技创新已经成为各国竞相发展的重点领域,国际科技合作与交流也变得越来越重要。虽然有一些国家打着"逆全球化"的旗号,阻碍我国开展国际科技合作,但新型举国体制

---

① 高菲、王峥、王立:《新型举国体制的时代内涵、关键特征与实现机理》,《中国科技论坛》2023 年第 1 期。

能够举全国之力实现突围,通过加强与国际科技创新机构的合作与交流,积极参与国际科技合作项目,引进国外先进的科技创新理念和技术成果,为我国科技创新提供了更广阔的视野和更丰富的资源。

同时,在新型举国体制下,我国也积极向国际社会展示和推广自己的科技创新成果,提升我国在全球科技治理中的话语权和影响力。这种国际交流与合作不仅有助于提升我国科技创新的水平和能力,也有助于推动全球科技创新事业的共同发展。

此外,新型举国体制还注重加强与国际科技创新政策的对接和协调。通过深入研究国际科技创新趋势和政策走向,我国能够及时调整和完善自身的科技创新政策体系,使其更加符合国际科技创新的要求和标准。这种政策对接和协调有助于提升我国在国际科技创新合作中的竞争力和影响力,进一步推动我国科技创新体系整体效能的提升。

第三节
新型举国体制下的科技创新体系构建

在我国面临关键核心技术"卡脖子"的严峻形势下,构建新型举国体制下的科技创新体系显得尤为必要且至关重要。构建新型举国体制下的科技创新体系,需要发挥从宏观到微观多层次多主体间的协同作用。在宏观层面,政府不仅要发挥积极作用,通过制定科技创新政策、优化创新环境等,为科技创新提供坚实支撑,还要保证市场在资源配置中的决定性作用,激发创新主体的积极性和创造力。在中观层面,产业链和创新链的协同是科技创新体系建设的关键。需要推动产业链上下游企业的紧密合作,形成协同创新力量,共同攻克关键技术挑战。同时,通过产学研紧密合作与协同,实现科技成果的快速转化和应用,推动科技创新的全链条发展。在微观层面,企业主体地位的发挥是科技创新体系建设的基石。特别是国企和科技领军企业,应当发挥引领作用,增加研发投入,加强原创性和领先性科技攻关,培育一批具有自主知识产权的核心技术。同时,建立健全激励机制,激发科技人员的创新激情和创造力。通过多方协同作用,新型举国体制下的科技创新体系将不断完善和发展,为我国实现科技强国目标提供坚实支持。

一、 发挥有为政府的宏观调控作用

新型举国体制"新"在组织方式,有为政府和有效市场是健全新型举国体制的两个关键。在科技创新中,政府和市场都是资源配置的重要手段。而新型举国体制下的关键核心技术攻关,与一般的技术创新活动有联系也有区别。市场促进竞争并推动创新,政府弥补市场失灵,政府与市场的作用以及二者的关系都将得到强化。在新型举国体制中,政府要在顶层设计、战略规划、政策制定等方面积极作为,市场要在资源配置中起决定性作用。二者既要在科技创新中形成明确的分工定位,又要在此基础上有序协作,实现有机结合。[①]

首先,政府要在科技创新战略规划阶段发挥顶层设计的作用。在科技发展方向上,市场机制通常更关注短期效益和利润,可能忽视长期战略性的科技发展,特别是需要较长时间和高风险投入的基础研究和前沿技术领域。而政府能突破市场短期利益的限制,强调特定技术领域的中长期竞争优势和主导权。因此,政府需要规划科技创新的战略大方向,包括重点领域选择和关键技术突破,比如人工智能、生物技术、新能源等,以引导科技创新的发展方向。同时,政府也无法完全依靠计划方式给出理想的方向指引,许多关键核心技术的发展方向尚不确定,因此政府需要适时进行调整修正。此时就需要发挥市场机制的作用,鼓励市场主体在不同方向上积极创新,通过市场的磨合、淘汰和纠错来帮助政府进行科技创新方向的调整。

其次,政府要在科技创新战略实施阶段发挥引领协调的作用。由于关键核心技术涉及复杂的技术系统和多学科、多领域的知识,即需要在政府的统筹下建立高效的合作机制来增强交流,减少资源流动成本,并动员各主体积极参与;同时需要市场的资源配置平台,保证多渠道的投入机制为科技创新注入活力,促进多元主体合作。政府要充分调动和组织产业界、科技界的力量,统筹整合创新资源,为关键核心技术突破提供指导,通过联合攻关实现技术和产业的重大变革。

---

① 眭纪刚:《新型举国体制中的政府与市场》,《人民论坛·学术前沿》2023 年第 1 期。

其中,政府可建立科技园区、创新中心等产学研合作平台,增加企业、高校、科研院所等创新主体合作交流的机会,促进产学研紧密结合。政府还可以给予资金支持,通过设立产学研合作基金、科技创新项目资助等方式,鼓励企业和科研机构开展合作研究。

最后,政府还需制定相关政策为科技创新活动提供政策保障,比如加强知识产权保护,制定重点产业的科技政策支持等。

二、 推动产业链与创新链融合发展

关键核心技术"卡脖子"问题是我国经济发展的驱动要素结构在新的发展阶段和外部环境下,必然显露出的发展模式问题,根本上是旧模式与新阶段的矛盾问题[①],而来自西方国家的技术封锁是让这一矛盾集中爆发的契机。换言之,关键核心技术"卡脖子"问题的出现,是由于我国的科技创新部门未能有效支撑实体产业部门。[②] 为了避免未来可能存在的关键核心技术"卡脖子",与西方国家争夺前沿技术领域的主动权就成了科技创新的共识,要解决实体产业部门如何助力前沿技术实现成果转化的问题。打好关键核心技术攻坚战的首要内容是"提高创新链整体效能,补齐产业链短板,坚持自主可控、安全高效,形成具有更强创新力、更高附加值、更安全可靠的产业链供应链"。因此,产业链与创新链的融合发展,是新型举国体制下科技创新的重要路径。具体而言,产业链与创新链融合发展是通过围绕产业链部署创新链、围绕创新链布局产业链得以实现。前者指的是,相关主体首先识别出产业链存在的瓶颈环节,通过集聚创新要素,尽快突破瓶颈,实现产业链的整体效能升级;后者指的是相关主体选定大致的创新方向,吸引产业资本投资科技创新活动,使得科技创新成果得以市场化、产业化,从而掌握前沿技术产业的主动权。

由此可见,在承担关键核心技术突破任务的过程中,产业链与创新链的融合发展还发挥了两个作用。一是借助创新链,进行产业链的延链、补链、强链、固

---

① 李昱璇、方卫华:《"卡脖子"技术概念辨析——内生性矛盾、国家主体与外部限制的共同建构》,《科学学研究》2024 年第 1 期。

② 刘志彪:《"四链融合":一个关于现代产业增长方程的系统分析》,《学术界》2023 年第 3 期。

链,促进了传统产业转型升级,稳定我国经济发展的基本盘;二是借助产业链,进行创新链的创新成果有效转化,培育战略性新兴产业,为我国经济发展抢得先手棋。

结合当下我国科技创新面临的现实问题,双链深度融合还需提升基础研究投入占比,加强科研人才队伍建设,逐步扭转历史上出现的科技创新的"拿来主义",增强对自主创新和研发的重视程度。创新链需要结合产业界的现实问题,加大基础研究的探索力度,为产业链安全和稳定提供保障。产业链需要在加大应用研究的基础上,主动向基础研究延伸,不仅要更好地扮演科技创新出题者的角色,还要更好地发挥科技创新识别与转化的作用。

三、 深化政产学研用协同创新

由于关键核心技术攻关具有时间紧、任务重、周期长、主体多等挑战,并且在攻关任务中必须充分发挥政府与市场的作用,因此需要构建一种能够支撑起新型举国体制的多主体创新协同组织形式。党的二十大报告指出,"加强企业主导的产学研深度融合,强化目标导向,提高科技成果转化和产业化水平"。结合关键核心技术攻关的特点,企业主导的产学研深度融合的实质是由领军企业主导、政府引导、高校和科研机构支撑、用户反馈的政产学研用五位一体的协同创新模式。[①]

领军企业作为市场主体,不仅对市场需求和产业现状敏感,知晓制约供给无法满足需求的产业瓶颈,还能在精神激励的基础上,通过市场化的手段激励各主体参与关键核心技术的攻关任务。政府作为统筹者和规划者,目标定位于追求国家安全和核心竞争力,引导各创新主体将目标聚焦于关键核心技术攻关,并通过在全国范围内调配资源,为各创新主体之间的创新资源流动疏通障碍。必要时政府还可以培育或重塑创新主体,更好地满足关键核心技术的攻关任务。高校和科研机构作为创新的策源地,担负起国家公共科技供给的重任,需要围绕四个面向,提升开展前沿基础研究、应用研究和关键核心技术攻关的能力,并且要积极与市场主体合作,通过解决现实问题,推进理论研究。用户作为关键核心技

---

① 何虎生:《内涵、优势、意义:论新型举国体制的三个维度》,《人民论坛》2019 年第 32 期。

术的接收者，能够提出技术需求和创新反馈①，由于自主研发的关键核心技术需要经历一个从"能用"向"好用"转变的过程，这就需要用户在积极应用关键核心技术的同时，持续不断地提供技术反馈，为各创新主体指明创新方向，促进关键核心技术的迭代升级。

深化政产学研用协同创新模式，不仅要明确各主体的角色和定位，还要重视主体之间的互动关系。首先是通过设计合理的利益共享机制，使得各主体能够主动参与其中，催生出协同创新的主观能动性，在与其他主体积极互动的过程中，加快创新要素在主体之间的流动，从而增强各主体的创新能力。其次是探寻合适的主体融合广度和深度②，前者是指参与合作的主体多样性以及合作环节的多样性，后者是指主体之间合作的质量及层次。由于关键核心技术的特点，在主体和合作环节的选择上增加多样性，不仅能够提升知识的异质性，为关键核心技术的突破提供更多机会③，还能够完善创新链，助推关键核心技术从基础研究向市场的转化。在主体间合作形式的选择上，需要通过共建产学研实体模式、签订长期合同等方式，降低主体之间合作的交易成本和机会主义，增进主体之间隐性知识的获取和显性知识的共享，从而保证关键核心技术攻关的稳定性和持续性。最后，政府在协调各参与主体时，需要从计划向治理转变，不能简单地依靠行政命令在主体之间建立关系，而是要在兼顾各方利益的基础上，综合运用市场机制等手段，吸引并激励各创新主体参与关键核心技术攻关的任务，实现参与主体"让我做"向"我要做"的转变④，从而增强各主体对于国家战略目标的认同感，推动政产学研用向具有自组织性的国家创新体系演进。

四、 强化企业的创新主体地位

中央经济工作会议在部署 2024 年经济工作时指出，要以科技创新引领现代

---

① 唐亚林、郝文强：《新型举国体制：历史演变、时代特征与模式构建》，《华东理工大学学报（社会科学版）》2021 年第 4 期。
② 张羽飞、刘培琪、原长弘：《产学研融合对制造业领军企业关键核心技术突破绩效的影响——政府与市场双元制度情境的调节作用》，《科技进步与对策》2024 年第 13 期。
③ 张羽飞、孙祺、李桂荣等：《产学研深度融合创新联合体：概念衍生、特征类型与推进路径》，《科技进步与对策》2024 年第 10 期。
④ 唐伟、孙泽洲、刘思峰等：《举国体制下中国航天复杂系统管理实践与启示》，《管理世界》2022 年第 9 期。

化产业体系建设,强化企业科技创新主体地位。这传递出加强科技创新与产业创新融合的重要信号,为实现高水平科技自立自强、赢得发展主动权提供了行动指南①。在科技创新领域,企业扮演着不可或缺的角色。企业具有丰富的资源和技术积累,能够投入大量资金和人力进行研发,推动科技的不断进步。企业更加贴近市场和用户需求,能够更好地将科技成果转化为实际应用,创造经济价值和社会效益。因此,强调企业的主体地位有助于激发企业的创新活力,推动科技创新持续发展。

首先,要强化企业研发投入的主体地位。企业是科技创新的核心驱动力之一。通过强化企业研发投入的主体地位,可以更好地调动企业的创新热情,提高研发投入的效率和质量。同时,科技创新需要各种创新要素的高效配置,包括人才、资金、技术等。强调企业的主体地位可以促进这些创新要素的有机结合,优化创新要素的组合,提升科技创新的效率。

其次,要强化企业创新决策的主体地位。企业创新决策直接影响着科技创新的成效和效率。强化企业创新决策的主体地位,可以使企业更加灵活地应对市场变化和竞争挑战,及时调整创新策略,提高创新的成功率和市场竞争力。同时,企业作为创新主体,能够更好地发挥内部优势,提升创新决策的科学性和准确性,为科技创新注入新的动力和活力。

最后,要强化企业成果转化的主体地位。科技成果的商业化转化是科技创新的重要环节之一。强调企业成果转化的主体地位,可以加速科技成果的商业化进程,推动科技创新价值的最大化。同时,企业在成果转化中扮演着关键角色,能够更好地将科技成果转化为实际应用,创造经济效益和社会价值,促进科技创新与经济发展的深度融合。

---

① 金观平:《中国"举国体制"的形成与演变》,《经济日报》2024 年 2 月 2 日。

第五章

强化和壮大国家战略科技力量

    对于国家战略科技力量在科技创新的关键性作用,习近平总书记指出:"世界科技强国竞争,比拼的是国家战略科技力量。"①尽管党的十八大以来,国家战略科技力量的建设取得初步成效,日益成为创新型国家建设的主力军和科技强国的先锋队,涌现出一大批重大的科技成果——神舟飞天、蛟龙入海、人造太阳等。党的二十大提出以中国式现代化全面推进中华民族伟大复兴的重要论断,为国家战略科技力量提出了新的使命和任务,核心使命便是"加快实现高水平科技自立自强,以科技现代化支撑科技强国建设、现代化产业体系建设和高质量发展"。因此,如何强化国家战略科技力量是中国式现代化进程中必须思考的问题。

---

① 习近平:《在中国科学院第二十次院士大会、中国工程院第十五次院士大会、中国科协第十次全国代表大会上的讲话》,《人民日报》2021年5月29日。

第一节
国家战略科技力量的内涵与特征

国家战略科技力量是中国科技创新的核心力量,是体现国家意志、服务国家需求、代表国家水平的科技中坚力量,包括国家实验室、国家科研机构、高水平大学和科技领军企业。国家战略科技力量在新型举国体制下,通过整合集中全国优质创新资源,突破关键核心技术、革新产业前沿技术、抢占颠覆性技术,从而肩负起高水平科技自立自强的历史重任。因此,不同于一般的创新主体,国家战略科技力量具有使命定位高、战略任务重、组织模式新、能力组合强、创新成效实的特征。①

一、 国家战略科技力量的内涵

国家战略科技力量最早出现在公众视域中,是习近平总书记于 2013 年 7 月在视察中国科学院时指出:"我们要建成创新型国家,要为世界科技事业发展作出贡献,必须有一支能打硬仗、打大仗、打胜仗的战略科技力量,必须有一批国际一流水平的科研机构。"②2016 年 5 月,习近平总书记在全国科技创新大会、两院院士大会、中国科协第九次全国代表大会上的讲话中指出,"要以国家实验室建设为抓手,强化国家战略科技力量"③。2016 年 7 月,"战略科技力量"首次出现在政府文件中。国务院印发《"十三五"国家科技创新规划》提出,加大持续稳定支持强度,开展具有重大引领作用的跨学科、大协同的创新攻关,打造体现国家意志、具有世界一流水平、引领发展的重要战略科技力量。2017 年 10 月,党的十九大报告强调,加强国家创新体系建设,强化战略科技力量,这意味着国家战略科技力量建设上升为党和国家的意志。由于战略科技力量与具有国际一流水平的科研机构、国家实验室等提法相继出现,所以这一时期对国家战略科技力量

---

① 陈劲、贾宝余、尹西明:《国家战略科技力量》,北京经济日报出版社 2023 年版,第 15 页。
② 中共中央文献研究室:《习近平关于科技创新论述摘编》,中央文献出版社 2016 年版,第 110 页。
③ 《习近平:为建设世界科技强国而奋斗——在全国科技创新大会、两院院士大会、中国科协第九次全国代表大会上的讲话》,《人民日报》2016 年 6 月 1 日。

内涵的阐释也侧重在这些方面。

随后国家战略科技力量的内涵在逐步拓展。2021 年 5 月,习近平总书记在两院院士大会上明确强调:"国家实验室、国家科研机构、高水平研究型大学、科技领军企业都是国家战略科技力量的重要组成部分。"①国家战略科技力量的行动主体得以正式确定,强化国家战略科技力量就是要充分发挥各主体的创新效能。随后在 2023 年 2 月,中共中央政治局就加强基础研究进行第三次集体学习,习近平总书记指出:"注重发挥国家实验室引领作用、国家科研机构建制化组织作用、高水平研究型大学主力军作用和科技领军企业'出题人''答卷人''阅卷人'作用。"②这进一步厘清了各类型国家战略科技力量的功能和定位。

什么是国家战略科技力量?单从字面上解读,有两种理解:一是国家战略的科技力量,二是国家的战略科技力量。国家战略的科技力量侧重于从国家战略的角度出发,强调科技在国家战略实施中的支撑和引领作用,而国家的战略科技力量侧重于能够体现国家意志和利益,以国家战略为指导,以实现国家目标和任务为目的而部署和组织的科技力量。虽然有学者认为"国家战略的科技力量"涉及的科技力量比较宽泛,倾向于采用"国家的战略科技力量"③,但也有学者认为这两种理解方式是互补的,前者是从功能的角度强调科技力量对国家战略的支撑作用,而后者是从结构的角度强调科技力量在整个国家科技创新体系中具有"战略"使命④。功能和结构共同表明国家战略科技力量在国家创新体系中的目的与地位。此外,部分学者还从身份论的视角,强调科技力量中的"国家队"身份⑤,但该身份并不局限于国资背景的科技力量,还包含能够体现国家意志、服务国家战略的多种所有制背景的科技力量。因此,对国家战略科技力量的初步定义为:国家战略科技力量是以满足国家战略需求为定位,由国家支持、从事一

① 习近平:《在中国科学院第二十次院士大会、中国工程院第十五次院士大会、中国科协第十次全国代表大会上的讲话》,《人民日报》2021 年 5 月 29 日。
② 《习近平在中共中央政治局第三次集体学习时强调:切实加强基础研究 夯实科技自立自强根基》,新华网,https://www.news.cn/2023 - 02/22/c_1129386597.htm,2023 年 2 月 22 日。
③ 肖小溪、李晓轩:《关于国家战略科技力量概念及特征的研究》,《中国科技论坛》2021 年第 3 期。
④ 李正风:《如何准确理解国家战略科技力量》,《中国科技论坛》2022 年第 4 期。
⑤ 周密、胡可欣、丁明磊:《美国国家战略科技力量的发展趋势及其对中国科技自立自强的启示》,《中国科技论坛》2023 年第 11 期。

般科研主体无法承担的高投入、高风险、大团队、长周期的科技创新活动的最高水平的科研力量。[①]

国家领导人的反复强调和学术界的激烈讨论,共同反映出国家战略科技力量的重要性及其内涵不断丰富的特点,不仅从单点突破向系统提升转变[②],也从国有主体为主向多元主体协同转变,还从自由探索的基础研究向国家重大需求牵引的多层次研究转变。国家战略科技力量内涵不断丰富,与国际局势的变化与我国发展阶段的演进相伴随。国家战略科技力量内涵在演变的过程中,遵循了短期应对和长期谋划相结合的逻辑,不仅体现了必须面对不同历史时期的科技挑战的特点,还反映了需要主动构建科技基础支撑国家长远发展的特征。我国正面临着西方国家的科技封锁,处于经济发展动力从要素驱动、投资驱动向创新驱动转化的阶段,内外部的风险与挑战使得突破关键核心技术、提高科技创新水平、完善科技创新体系显得尤为突出和紧迫。

虽然我国拥有一大批国家重点实验室、科研机构、高校和企业等创新主体,但它们存在创新水平较低、创新能力较弱的问题,无法胜任当下的科技创新任务,所以需要国家战略科技力量与这些传统的创新主体加以区分。由于关键核心技术受制于人,基础研究的短板暴露得一览无余,使得我国必须集中投入科技创新要素,强化基础研究。实验室是探索基础研究的主阵地,但全国实验室资源不仅效能不高,还分散在各主体之中,我国需要国家战略科技力量来整合并强化全国的实验室资源,打通各实验室之间的壁垒,塑造探索基础研究的有利环境。因此国家战略科技力量可以进一步被明确界定为:为攻克关键核心技术、推进产业前沿技术的革新、实现颠覆性技术的重大突破,国家通过实施新型举国体制,着力培育和建设具备卓越基础研究能力、共性技术研发实力、创新发展引领力、国际科技竞争力和话语权,能够自觉担当起高水平科技自立自强的历史使命,为国家的科技发展和经济社会进步做出重要贡献的创新主体。

国家实验室牵引高水平研究型大学和国家科研机构,主要聚焦重大战略科

---

① 肖小溪、李晓轩:《关于国家战略科技力量概念及特征的研究》,《中国科技论坛》2021 年第 3 期。

② 李力维、董晓辉:《系统论视域下国家战略科技力量体系建设研究》,《系统科学学报》2024 年第 2 期。

技需求,瞄准原始性科技创新,重在关键核心技术突破,同时国家实验室在现有建设基础上联合全国重点实验室,进而有效构建国家实验室体系,对全国层面的实验室资源进行有效统筹,开展前沿基础研究和科学探索,形成原始性的创新和突破。国家科研机构则以问题导向为核心,聚焦具体的核心问题,有针对性地开展科研攻关工作,创造高水平科技创新成果。高水平研究型大学关注基础科学和应用科学,通过开展基础研究和应用研究,形成科研创新成果以适应科技发展和市场需要,同时发挥高校人才培养的独特优势,培养高层次科研创新人才和培育高水平前沿学科,满足国家对高质量科研人才和创新人才的需要。科技领军企业发挥产业龙头作用,是在科技创新的关键核心领域具有高投入产出效率进而形成竞争优势的企业,具有相对完整的研发组织体系以及自主创新能力,既为科技成果转化搭建场景应用平台,实现科技成果的市场转化,又为国家重大战略科技发展指明方向,具有明确的创新导向。各战略科技力量在有为政府的政策端牵引和有效市场的市场端驱动的共同作用下,以实验室为综合枢纽,促使科技成果向现实生产力迅速转化,如图5-1。

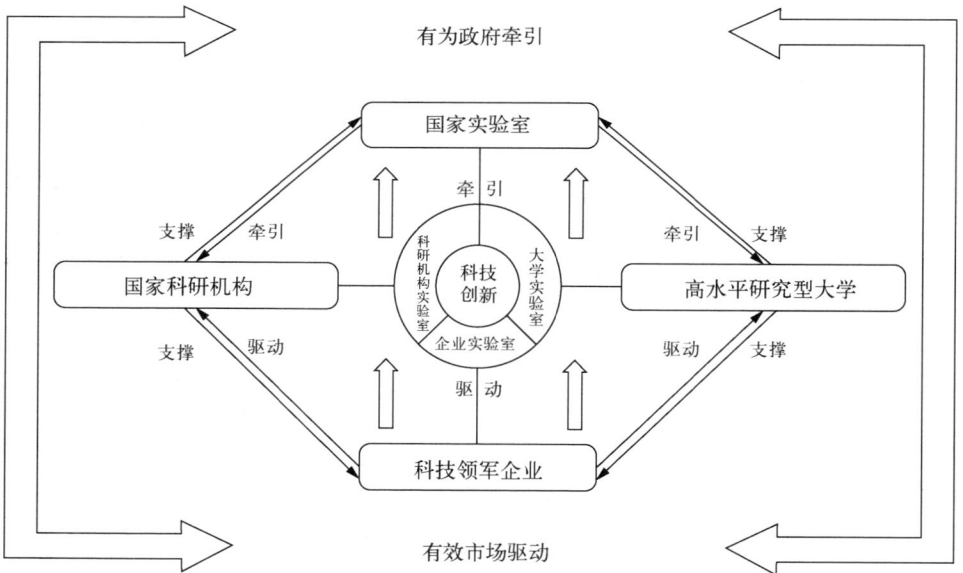

图5-1 以实验室为综合枢纽的国家战略科技力量

二、 国家战略科技力量的特征

国家战略科技力量具有传统创新主体所不具备的五方面全新特征。[①]

一是使命定位高。国家战略科技力量从成立之初，或传统创新主体重塑之际，就肩负着突破关键核心技术，完善国家创新体系，建设科技强国的使命和任务。国家战略科技力量对国家使命具有强烈的认同感，能够在目标明确、方向明晰的指引下，开展科技创新活动，能够聚焦国家需求"基本面"、探索前沿"无人区"和加入产业经济"主战场"[②]。此外，由于使命定位高，国家战略科技力量在国家创新体系中占据战略地位，大多由国家统筹协调，能够基于新型举国体制，调配全国的创新资源，也能够在市场机制失灵的情况下，通过政府的力量高效地开展创新活动。因此，由于使命定位高，国家战略科技力量的科技创新关注点与科技创新的资源禀赋不同于传统的创新主体。

二是战略任务重。西方国家不断升级科技封锁、不断扩大技术管制，严重威胁我国的产业安全和国家安全，国家战略科技力量需要尽快突破关键核心技术、抢占前沿技术。这类技术本身不仅仅局限于某个区域和行业，而是事关国家科技安全、产业安全和国家发展、国计民生等根本性和重大问题，往往具有跨学科、复杂性等特点。这类问题需要在较短时间内有所突破，这就使得技术攻关的战略任务既重要又紧迫。除了通过关键核心技术攻关解决当下的"卡脖子"问题，还要立足长远目标，锻造能够支撑中国式现代化进程的科技创新能力，这也是国家战略科技力量需要承担的战略任务。战略任务的重要性、紧迫性和全面性，使得国家战略科技力量不同于传统的创新主体。

三是组织模式新。在国家重大使命和战略任务的指引下，国家战略科技力量采取体系化、协同式、有组织的科技创新组织模式。不同于传统创新主体开展的孤立式、分散式的创新活动以及自由探索式的科研组织模式，国家战略科技力量的各创新主体，在新型举国体制的支撑下，通过建立完善的科研管理体系和运行机制，形成了一个面向具体任务目标的有机整体。在该体系中，各个科研团

① 陈劲、贾宝余、尹西明：《国家战略科技力量》，经济日报出版社 2023 年版，第 15 页。
② 刘承良：《中国战略科技力量的时空配置与布局优化》，《人民论坛·学术前沿》2023 年第 9 期。

队、机构之间建立紧密的合作关系,形成学科交叉、资源共享、优势互补的科研网络,能够实现集中优势兵力,提高科研效率和质量,从而攻克重大科技难题。此外,国家战略科技力量在组织模式上还强调产学研合作,通过与市场主体紧密互动,共同成立技术创新机构,能够使得围绕关键核心技术攻关的科研人员可以快速获取市场反馈,促进技术的迭代升级,实现科技创新与经济社会发展的深度融合。最后,国家战略科技力量呈现出一种无边界的开放组织形式和竞争性的动态组织系统,能够随着科技创新情境的发展和创新主体力量的变化而呈现出时序动态性。[1]

四是能力组合强。国家战略科技力量能够调动和整合国家层面的科技资源,包括科研资金、人才、设施等,形成强大的科研合力。这种资源整合能力使得国家战略科技力量能够应对复杂的科技挑战,推动重大科技项目的实施,展现强大的资源整合能力。国家战略科技力量能够打破学科壁垒、行业壁垒和政企壁垒,促进不同领域主体之间的交叉融合,形成新的科研思路和方法,能够解决单一学科、单一主体难以解决的复杂问题,推动关键核心技术的突破,展现强大的协同创新能力。国家战略科技力量能够在西方科技封锁的情况下,另辟蹊径,探索与国际科技界的合作交流,保证科技创新要素的内外部双向流动,增强国内科技创新的活力,在促进关键核心技术攻关的同时,也推进关键核心技术应用体系的构建,增强自主研发的关键核心技术的不可替代性,展现强大的开放合作能力。

五是创新成效实。不同于传统的创新主体,国家战略科技力量能够通过集中优势资源和力量,集中力量攻克一批长期制约我国发展的重大科技难题,推动一批关键核心技术的突破,并在基础研究、前瞻性基础研究方面取得重大突破,为国家的科技进步和产业升级提供了有力支撑。通过加强产学研用深度融合,国家战略科技力量促进科技成果的转化和应用,推动一批新兴产业的快速发展,为我国经济的高质量发展注入了新的动力。通过实施一系列人才计划和项目,国家战略科技力量能够吸引和培养一批具有国际水平的科技领军人才和创新团

---

[1] 刘承良:《中国战略科技力量的时空配置与布局优化》,《人民论坛·学术前沿》2023年第9期。

队,为我国科技创新的持续发展提供坚实的人才保障。国家战略科技力量能够提升国家整体科技实力和竞争力,在完善国家创新体系的同时,能够引领世界科技发展。

第二节
强化国家战略科技力量的构成体系

习近平总书记在两院院士大会、中国科协第十次全国代表大会的重要讲话中指出:"世界科技强国竞争,比拼的是国家战略科技力量。国家实验室、国家科研机构、高水平研究型大学、科技领军企业都是国家战略科技力量的重要组成部分,要自觉履行高水平科技自立自强的使命担当。"[①]这为进一步强化国家战略科技力量的构成体系指明新方向。

一、国家实验室

国家实验室的关键动力在于完成国家战略目标和科技使命,其宏观架构是以新建的国家实验室体系为牵引,核心支撑是优化重组后的全国重点实验室,资源支撑是大科学发展和大科学装置建设。国家实验室通过系统性改革重组,具备集中和整合国内外优质科技资源的能力[②],主要从事原始创新核心工作,开展需求导向、问题导向和目标导向的重要基础研究[③],以独特的建制化优势承担前沿基础研究和进行高新技术转移,有效激活整个国家创新系统。

具有中国特色的国家实验室体系,主要有以下特征:(1)聚焦国家重大战略需求。根据国家科技发展的现实需求,不断更新国家实验室优势研究领域,制定具有前瞻性、引领性的科技发展任务,并根据发展目标做出重大基础创新研究成果。(2)坚持系统观念和协同思维。通过建立健全重大科技任务联合攻关机

---

① 习近平:《在中国科学院第二十次院士大会、中国工程院第十五次院士大会、中国科协第十次全国代表大会上的讲话》,《人民日报》2021 年 5 月 29 日。

② 李力维、董晓辉:《中国特色国家实验室体系的鲜明特征、建设基础和发展路径研究》,《科学管理研究》2023 年第1 期。

③ 闫瑞峰、贾偲祺:《国家战略科技力量的战略哲学检审及实践方略》,《科学管理研究》2023 年第 2 期。

制,有效集结相关领域及交叉学科的顶尖科学家及其科研团队,在协同创新的基础上,迅速集结力量进行核心技术攻关。(3)创新改革管理运行模式。探索相对独立的科研实体管理运行模式,提高国家实验室体系主体的科技决策和资源配置的权力,有效破解传统管理运行模式僵化、固化的难题,为激发其创新动能注入内生动力,进而提升重大科技成果产出效率。(4)发挥新型举国体制优势。一方面,强化政府的组织引导作用,构建体制机制不断完善、发展规划科学统筹的国家实验室体系;另一方面,充分发挥我国超大规模市场优势,借助市场的拉动力推动国家实验室运行发展,形成基于市场多方主体合作参与的利益共享机制。

根据科技部、中国科学院官网等披露的信息,表5-1总结了优化调整前的主要国家实验室的信息。2017年,科技部、财政部、国家发展改革委印发《国家科技创新基地优化整合方案》,对国家科研基地进行优化整合,指出要在重大创新领域组建一批国家实验室。2021年政府工作报告指出已经"成功组建首批国家实验室"。根据科技部、中国科学院官网等披露的信息,表5-2总结了优化调整后的主要国家实验室的信息。通过统计优化调整前和优化调整后的各实验室成立年份、依托单位以及所在城市,可以看出国家引导的国家实验室重点科研领域的目标导向,能够综合评估优势科技资源的区位分布和功能定位,能够充分体现我国的国家实验室建设一直紧跟世界科技发展大势,适应国家发展对其提出的要求。

表5-1 优化调整前部分国家实验室名单

国家实验室名称	成立年份	依托单位	所在城市
国家同步辐射实验室	1984	中国科学技术大学	合肥
正负电子对撞机国家实验室	1984	中国科学院高能物理研究所	北京
北京串列加速器核物理国家实验室	1988	中国原子能科学研究院	北京
兰州重离子加速器国家实验室	1991	中国科学院近代物理研究所	兰州
沈阳材料科学国家(联合)实验室	2000	中国科学院金属研究所	沈阳

资料来源:科技部官网、中国科学院官网、各实验室官网等。

表 5‑2　优化调整后部分国家实验室名单

国家实验室名称	成立年份	依托单位	所在城市
之江实验室	2017	浙江省人民政府主导举办、浙江大学等院校支撑、企业参与的事业单位性质的新型研发机构	杭州
张江实验室	2017	中国科学院和上海市人民政府共同建设	上海
紫金山实验室	2018	东南大学、江苏省未来网络创新研究院	南京
临港实验室	2021	中央设立的新型科研机构	上海
中关村实验室	2022	中央设立的新型科研机构	北京
怀柔实验室	2022	中央设立的新型科研机构	北京
昌平实验室	2022	中央设立的新型科研机构	北京

资料来源:科技部官网、中国科学院官网、各实验室官网等。

　　根据全国人大常委会、国务院、国家发展改革委、科技部、财政部等单位与国家实验室相关的政策文件进行系统梳理,统计相关文件的发布年份以及目前政策实施情况,并从中提炼各文件的核心观点。统计结果如表 5‑3 所示,可以看出立法和行政机构对国家实验室在法律、教育、财政等领域提供重要支撑,具体到运营模式和管理细则等,体现了对国家实验室服务国家重大战略的期待、夯实自主创新能力的要求。

表 5‑3　国家实验室相关指导性意见

文件名称	发布年份	发布单位	核心观点
中华人民共和国科学技术进步法	2021	全国人大常委会	国家构建和强化以国家实验室等国家战略科技力量,在关键领域和重点方向上发挥战略支撑引领作用和重大原始创新效能,服务国家重大战略需要。
国务院关于印发 2030 年前碳达峰行动方案的通知	2021	国务院	组建碳达峰、碳中和相关国家实验室、国家重点实验室和国家技术创新中心,适度超前布局国家重大科技基础设施,引导企业、高等学校、科研单位共建一批国家绿色低碳产业创新中心。

文件名称	发布年份	发布单位	核心观点
国务院关于印发北京、湖南、安徽自由贸易试验区总体方案及浙江自由贸易试验区扩展区域方案的通知	2020	国务院	建设科技创新策源地。健全支持基础研究、原始创新的体制机制,推动建成合肥综合性国家科学中心框架体系,争创国家实验室,探索国家实验室建设运行模式。
国务院关于印发积极牵头组织国际大科学计划和大科学工程方案的通知	2018	国务院	要加强与国家重大研究布局的统筹协调,做好与"科技创新2030—重大项目"等的衔接,充分利用国家实验室、综合性国家科学中心、国家重大科技基础设施等基础条件和已有优势,实现资源开放共享和人员深入交流。
国务院关于全面加强基础科学研究的若干意见	2018	国务院	布局建设国家实验室,聚焦国家目标和战略需求,在有望引领未来发展的战略制高点,统筹部署和建设突破型、引领型、平台型一体的国家实验室,给任务、给机制、给条件、给支持,激发其创新活力。
国务院办公厅关于推动国防科技工业军民融合深度发展的意见	2017	国务院办公厅	加强民营科技创新基地建设统筹,促进国家实验室、国家重点实验室等科技创新资源共享,发布开放目录清单,制定开放共享管理办法。在确保国家秘密安全的前提下,逐步将国防科研设备设施纳入统一的国家科研仪器设施网络管理平台,提升开放共享水平。
关于加强国家重点实验室建设发展的若干意见	2018	科技部、财政部	经过30多年的建设发展,国家实验室已成为孕育重大原始创新、推动学科发展和解决国家战略重大科学技术问题的重要力量。

资料来源:新华网、中国人大网、中国政府网、各部委官网等。

二、 国家科研机构

国家科研机构的核心代表有中国科学院、中国工程院,主要服务国家目标和国家利益,其关键任务在于有针对性地破解经济建设、社会发展、国防安全等重点领域中事关国家长远发展的重大科技问题。[①] 在重大科研任务中,国家科研

---

① 樊春良、李哲:《国家科研机构在国家战略科技力量中的定位和作用》,《中国科学院院刊》2022年第5期。

机构往往发挥着主导作用,对于加快突破关键核心技术进而发挥创新体系的整体效能具有重大影响。[①] 具有中国特色的国家科研机构,主要有以下特征:(1)实现学科综合交叉融合。针对战略性科学问题,国家科研机构能够利用其资源和平台优势,实现综合多学科交叉融合,进而开展前沿交叉研究。(2)具有长期性和持续性。国家科研机构主要面向未来发展的重点和发展的方向,聚焦支撑国家长远发展的战略性科技问题,承担与国家利益直接相关以及涉及国计民生和国家安全的重大项目研究,并在重要领域和方向持续不断积累、不断突破。(3)发挥骨干引领和资源组织作用。国家科研机构通过完善的先进科技基础设施和优良的创新学术环境,吸引和凝聚优秀人才,不断提升人才队伍的竞争力和创新力。(4)坚持自主开放融合。国家科研机构可以组织本部门各成员队伍联合攻关,以及具备联合其他单位攻克科技难关和应对应急任务的能力,进而开展产业共性关键技术研发,推动开放共享和协同创新。

根据中国科学院、科技部、中国科协等部门官网系统整合的国家主要科研机构名单,对中国林业科学研究院等重要国家科研机构进行系统梳理,汇总各国家科研机构的成立年份以及所在城市,并对其主攻的研究方向进行整理。统计结果如表5-4所示,可以看出国家重点投入、着重攻关的科研领域,以及国家科研机构建制化、系统化和综合化的独特优势。

表5-4　代表性国家科研机构名单

名称	成立年份	所在城市	研究方向
中国科学院	1949	北京	建成完整的自然科学学科体系,物理、化学、材料科学、数学、环境与生态学、地球科学等学科整体水平进入世界先进行列
中国工程院	1994	北京	中国工程科学技术界的最高荣誉性、咨询性学术机构,致力于促进工程科学技术事业的发展
中国林业科学研究院	1958	北京	着重解决我国林草发展和生态建设中带有全局性、综合性、关键性和基础性的重大科技问题

① 张旭:《优化国家科研机构布局　提升创新体系整体效能》,《中国科技论坛》2023年第5期。

名称	成立年份	所在城市	研究方向
中国地质科学院	1956	北京	解决国民经济和社会发展中的重大地质科学技术问题,为自然资源规划、管理、保护与合理利用提供决策依据
中国水利水电科学研究院	1958	北京	承担国内几乎所有重大水利水电工程关键技术问题的研究任务
中国农业科学院	1957	北京	担负着全国农业重大基础与应用基础研究、应用研究和高新技术研究的任务
中国医学科学院	1956	北京	我国最高医学研究机构和最高医学教育机构、国家医学研究和教育事业的先进思想源和强劲动力源
中国铁道科学研究院	1950	北京	我国铁路唯一的多学科、多专业的综合性研究机构
中国人民解放军军事科学院	1958	北京	中国共产党中央军事委员会直接领导下的军事科学研究机关,是全军军事科学研究中心,是计划协调全军军事科学研究工作的机构

资料来源:中国科学院官网、中国工程院官网。

表5-5对国务院、国家发展改革委、科技部、中国科学院等单位与国家科研机构相关的政策文件进行系统梳理,详细统计各文件的发布年份以及目前政策实施情况,并从中提炼核心观点。可以看出国家对于国家科研机构从基础设施建设的投入、政产学研互动的整合等进行大量投入,为国家科研机构发挥主体作用,以国家战略需求为导向推进科技自立自强指明发展路径。

表5-5 国家科研机构相关指导性意见

文件名称	发布年份	发布单位	核心观点
国务院关于印发"十三五"国家科技创新规划的通知	2016	国务院	进一步明确各类创新主体的功能定位,突出创新人才的核心驱动作用,增强企业的创新主体地位和主导作用,发挥国家科研机构的骨干和引领作用,发挥高等学校的基础和生力军作用,鼓励和引导新型研发机构等发展,充分发挥科技类社会组织的作用,激发各类创新主体活力,系统提升创新主体能力。

续表

文件名称	发布年份	发布单位	核心观点
关于质量基础设施助力产业链供应链质量联动提升的指导意见	2024	市场监管总局、国家发展改革委、科技部、农业农村部、商务部	加强质量基础设施建设总体布局,鼓励国家科研机构、高水平研究型大学、科技领军企业等联合建设国家质量标准实验室。
发展改革委中国科学院关于印发科技助推西部地区转型发展行动计划(2013—2020年)的通知	2013	发展改革委、中国科学院	着力深化体制机制改革,探索国家科研机构与地方合作新模式,促进科技创新与经济社会发展深度融合,为西部地区全面建成小康社会提供有力的科技支撑。
科技部等印发《关于进一步支持西部科学城加快建设的意见》的通知	2023	科技部等	支持中国科学院大学重庆学院、成都学院加大急需紧缺专业硕、博研究生培养力度,支持中国科学院驻成渝地区科研机构高质量发展。支持国家科研机构、高水平研究型大学、中央企业在西部科学城设立分院、研究院或新型研发机构等。
科技部关于印发《"十四五"国家高新技术产业开发区发展规划》的通知	2022	科技部	以国家战略需求为导向,推动国家科研机构、高水平研究型大学、科技领军企业等国家战略科技力量在国家高新区布局。

资料来源:新华网、中国政府网、各部委官网等。

三、 高水平研究型大学

高等教育是建设教育强国的龙头,作为高等教育体系的重要组成部分,行业特色高水平研究型大学地位独特、特色鲜明,承载着推动行业进步和国民经济发展的重要使命。党的二十大报告中系统阐述了推进教育、科技、人才工作,加快建设教育强国、科技强国、人才强国的战略部署,为行业特色高水平研究型大学服务强国建设提供了根本遵循。具有中国特色的高水平研究型大学,主要有以下特征:(1)融合基础研究和原始创新供给。高水平研究型大学通过探索科技自立自强背景下的基础研究人才培养模式、尝试基础学科建设与交叉融合,有效提升高校的基础研究与原始创新能力。(2)探索科学前沿,优化学科重点布局。

高水平研究型大学具备优势学科协同研究优势,围绕重大科技基础设施布局国家战略科技力量,可以实现在关键核心技术自主创新上的重大突破,从而高起点、系统性地推动学科发展。(3)拔尖创新人才培养。高水平研究型大学深化科教融合,促使高质量教育教学资源和学术研究成果转化为人才培养实效,实现从教育教学、实习实践到就业创业的有效衔接。

表5-6对清华大学等9所首批进入"985工程"、在科研创新领域起到排头示范作用的高校进行系统梳理,汇总各高水平研究型大学的成立年份以及所在城市。可以看出国家关于教育科研资源地区分布,从时间和空间两个维度把握国家高水平研究型大学的发展脉络。

表5-6 主要高水平研究型大学名单

名称	成立年份	所在城市
北京大学	1898	北京
清华大学	1911	北京
哈尔滨工业大学	1920	哈尔滨
复旦大学	1905	上海
上海交通大学	1896	上海
南京大学	1902	南京
浙江大学	1897	杭州
中国科学技术大学	1958	合肥
西安交通大学	1896	西安

资料来源:各高校官网,按院校代码为序排列。

表5-7对国务院、教育部、国家发展改革委、科技部、财政部等单位与高水平研究型大学相关的政策文件进行系统梳理,详细统计发布年份及现行政策的实施情况,总结提炼各自文件的核心观点。可以看出,国家的政策导向是希望各高校能够聚焦科技前沿,加强理论与实践的深度融合;在人才培养上,能够深入实施基础学科拔尖学生培养试验计划;在学科建设上,要不断加强"双一流"建设,确保实现"双一流"建设总体方案确定的战略目标。

表 5－7 高水平研究型大学相关指导性意见

文件名称	发布年份	发布单位	核心观点
国务院关于全面加强基础科学研究的若干意见	2018	国务院	聚焦科学前沿,支持高水平研究型大学和科研院所选择优势基础学科建设国家青年英才培养基地,组建跨学科、综合交叉的科研团队,加强协同合作。
国务院关于印发"十三五"促进就业规划的通知	2017	国务院	继续深入实施基础学科拔尖学生培养试验计划,支持高水平研究型大学依托优势基础学科建设国家青年英才培训基地。
国务院关于印发"十二五"国家自主创新能力建设规划的通知	2013	国务院	建设一批高水平研究型大学,一批优势学科达到世界一流水平,关键核心技术的有效供给能力明显提升。
科技部关于印发《"十四五"技术要素市场专项规划》的通知	2022	科技部	提升众创空间、孵化器等创业载体专业化服务能力,支持高水平研究型大学与地方政府合作开展未来产业科技园建设试点等。
科技部 教育部关于批复未来产业科技园建设试点的函	2022	科技部、教育部	高度重视未来产业科技园建设试点工作,支持高水平研究型大学、地方政府(或国家高新区)和科技领军企业协同,着眼未来产业重点方向,依托高校优势学科,探索"学科＋产业"的创新模式。
科技部 教育部印发《关于进一步推进高等学校专业化技术转移机构建设发展的实施意见》的通知	2020	科技部、教育部	各高校要高度重视科技成果转化工作,将其作为高校科技创新服务经济社会发展的重要举措,作为加快"双一流"建设、实现高等教育内涵式发展的重要内容,要加大支持力度,健全运行机制。
教育部 财政部 国家发展改革委关于深入推进世界一流大学和一流学科建设的若干意见	2022	教育部、财政部、国家发展改革委	更加突出"双一流"建设培养一流人才、服务国家战略需求、争创世界一流的导向,深化体制机制改革,统筹推进、分类建设一流大学和一流学科,在关键核心领域加快培养战略科技人才、一流科技领军人才和创新团队,为全面建成社会主义现代化强国提供有力支撑。

文件名称	发布年份	发布单位	核心观点
教育部 财政部 国家发展改革委印发《关于高等学校加快"双一流"建设的指导意见》的通知	2018	教育部、财政部、发展改革委	以体制机制创新为着力点,全面加强党的领导,调动各种积极因素,在深化改革、服务需求、开放合作中加快发展,努力建成一批中国特色社会主义标杆大学,确保实现"双一流"建设总体方案确定的战略目标。

资料来源:新华网、中国政府网、各部委官网等。

四、 科技领军企业

科技领军企业其核心优势在于掌握关键共性技术、前沿引领技术和颠覆性技术等方面,其市场主体具有明确的科技创新愿景、科技创新战略及完善的组织体系,是产学研协同创新网络中核心节点,在国家战略科技力量中发挥主导性、平台性、牵引性作用。具有中国特色的科技领军企业,主要有以下特征:(1)敏锐捕捉市场信息。科技领军企业熟知市场运作规律并能敏锐感知市场信息,能及时将市场信息传递给其他战略科技主体,促进国家创新体系在资源互通中循环发展。(2)发挥产业链的引领作用。科技领军企业实现对自主可控产业上下游企业的组团支持,既加大对掌握核心技术企业的支持,又引进善于整合国际资源和高端要素具有集成能力的优势企业。① (3)具有行业标杆领军效应。科技领军企业以标杆带动先行先试和系统优化,引领带动有组织的科研探索和科技创新模式的先行先试,组建由科技领军企业牵头、多元主体协同参与的大创新团队,大胆探索科技创新的新型组织模式。

根据国资委官网发布的科改企业名单、科改企业案例集以及工信部官网发布的国家技术创新示范企业名单等相关信息,对中国核工业集团有限公司等在各自领域起到行业引领作用的代表性企业进行系统梳理,汇总各科技领军企业的成立年份以及所在城市,并对其主攻的研究方向进行整理。统计结果如表5-8所示,可以看出各个科技领军企业所拥有的核心竞争力,并能够对照其目前拓展的业务发展态势,聚焦在新时代国家发展的尖端急需前沿领域,为新发展阶段塑造全新的发展优势和实现科技自立自强提供有效支撑。

---

① 周密、胡可欣、丁明磊:《美国国家战略科技力量的发展趋势及其对中国科技自立自强的启示》,《中国科技论坛》2023年第11期。

表 5-8　部分代表性科技领军企业名单

名称	成立年份	所在城市	研究方向
中国核工业集团有限公司	1999	北京	核技术技术应用产业
中国航天科技集团有限公司	1999	北京	航天科技工业的主导力量
中国航天科工集团有限公司	1999	北京	航天防务技术
中国船舶集团有限公司	2019	上海	船舶、海洋工程以及海洋运输、海洋开发
中国兵器工业集团有限公司	1999	北京	中国军队机械化、信息化、智能化装备发展的骨干
中国电子科技集团有限公司	2002	北京	军民用大型电子信息系统
国家电网有限公司	2002	北京	投资、建设和运营电网
中国移动通信集团有限公司	2000	北京	固定通信业务、移动通信业务
中国第一汽车集团有限公司	1953	吉林	汽车及零部件
华为技术有限公司	1987	深圳	通信设备
小米科技有限责任公司	2010	北京	智能手机制造,智能物联网平台
宁德时代新能源科技股份有限公司	2011	宁德	动力电池
比亚迪股份有限公司	1995	深圳	新能源汽车
杭州海康威视数字技术股份有限公司	2001	杭州	智能安防
中兴通讯股份有限公司	1985	深圳	通信设备
科大讯飞股份有限公司	1999	合肥	智能语音与人工智能
网易公司	1997	广州	互联网应用
海尔集团公司	1984	山东	物联网生态

资料来源:国资委官网、工信部官网等。

表 5-9 对全国人大常委会、国务院、国家发展改革委、科技部等与科技领军企业相关的政策文件进行系统梳理,整理发布年份以及目前政策实施情况,并总结其中的核心观点。可以看出国家对新时代的科技领军企业具有长远发展规划,支持其不断加强基础设施建设总体布局,接续培育一批又一批关键行业中的民营科技领军企业,组建创新联合体和共性技术研发基地,承担国家重大科技项目,实现高水平科技攻关。

表 5-9　科技领军企业相关指导性意见

文件名称	发布年份	发布单位	核心观点
中华人民共和国科学技术进步法	2021	全国人大常委会	国家构建和强化以国家实验室、国家科学技术研究开发机构、高水平研究型大学、科技领军企业为重要组成部分的国家战略科技力量,在关键领域和重点方向上发挥战略支撑引领作用和重大原始创新效能,服务国家重大战略需要。
中共中央、国务院关于促进民营经济发展壮大的意见	2023	国务院	培育一批关键行业民营科技领军企业、专精特新中小企业和创新能力强的中小企业特色产业集群。
国务院关于印发"十四五"就业促进规划的通知	2021	国务院	推广创业导师制,推行科技特派员制度,支持科技领军企业、高技能人才、专业技术人才等到基层开展创业服务。
关于质量基础设施助力产业链供应链质量联动提升的指导意见	2024	市场监管总局、国家发展改革委、科技部、农业农村部、商务部	加强质量基础设施建设总体布局,鼓励国家科研机构、高水平研究型大学、科技领军企业等联合建设国家质量标准实验室。
科技部等印发《深入贯彻落实习近平总书记重要批示精神加快推动北京国际科技创新中心建设的工作方案》的通知	2023	科技部等	由科技领军企业牵头的创新联合体有效解决一系列关键核心技术问题,初步实现高水平科技自立自强。
科技部等印发《关于进一步支持西部科学城加快建设的意见》的通知	2023	科技部等	鼓励科技领军企业牵头组建创新联合体和共性技术研发基地,承担国家重大科技项目。加大国家级双创示范基地、孵化器、大学科技园、众创空间布局力度。
科技部关于印发《"十四五"技术要素市场专项规划》的通知	2022	科技部	强化企业创新主体地位。发挥企业"出题者"和"阅卷人"作用,支持科技领军企业牵头组建创新联合体。
科技部　财政部关于印发《企业技术创新能力提升行动方案(2022—2023年)》的通知	2022	科技部、财政部	支持中央企业、民营科技领军企业聚焦国家重大需求,牵头组建体系化、任务型创新联合体。

资料来源:新华网、中国人大网、中国政府网、各部委官网等。

第三节
优化国家战略科技力量的协同

国家战略科技力量的协作机制是一个复杂而关键的问题,它涉及多个主体间的协同合作,旨在实现科技创新的高效推进和成果转化。在高水平协同目标下,国家战略科技力量应形成高能级创新联合体,牵引多元主体协同整合,共同推动科技创新体系的完善和发展。然而,在现实中,存在着主体间协同不足、重复研究、成果难转化以及收益分配激励不相容等问题,这些问题严重制约了国家战略科技力量的高效协同。对此,可以从政府牵引、市场驱动、创新载体支撑的角度,破解制约国家战略科技力量协同的问题。

一、 政府牵引国家战略科技力量的协同

第一,政府通过"自上而下"的顶层设计促进国家战略科技力量的协同。政府站在国家发展的战略高度,以国家目标和战略需求为导向,制定科技创新政策,明确发展方向和重点。通过顶层设计,政府可以确保科技创新活动与国家发展目标紧密相连[1],避免资源的浪费和重复投入。同时,政府还需要通过顶层设计来统筹全国优势科技资源,包括高校、科研机构、企业等各类创新主体,以及人才、资金、设备等各类创新要素。通过优化创新要素配置,政府可以推动各类创新主体之间的深度合作,形成合力,共同攻克科技难题,推动科技创新的快速发展。

第二,政府通过优化科技创新中心的布局促进国家战略科技力量的协同。科技创新中心是科技创新活动的重要载体,是集聚创新资源、培养创新人才、产出创新成果的重要平台。因此,政府需要根据科技创新的需求和发展趋势,合理规划科技创新中心的布局,促进创新要素能够在不同的区域中心之间自由流动,从而提升科技创新中心的创新能力和水平。在优化布局的过程中,政府应注重发挥国家实验室体系的引领作用。国家实验室作为国家战略科技力量的重要组

---

[1] 李福、李正风:《国家战略科技力量协同问题及其解决路径研究》,《自然辩证法研究》2023 年第 10 期。

成部分,具有集聚高端人才、开展前沿研究、推动技术创新的显著优势。① 政府应加大对国家实验室的支持力度,推动其与其他创新主体的深度合作,共同开展重大科技任务和大科学工程的研究,提升国家的科技创新能力。

第三,政府通过激发各类创新主体的积极性促进国家战略科技力量的协同。政府可以通过制定优惠政策、提供资金支持、建立激励机制等方式,鼓励创新主体积极参与科技创新活动,发挥其自身的优势和特长,其中尤其要增强企业的创新能力,充分发挥其市场主体的作用。② 同时,政府还需要推动各类创新主体之间的相互衔接。这要求政府加强创新主体之间的沟通与协作,打破信息壁垒和体制障碍,促进资源共享和优势互补。通过有效驱动创新主体之间的相互衔接,政府可以推动形成协同创新、开放创新的良好局面,提升国家战略科技力量的整体效能。

第四,政府通过聚焦重大科学前沿和重大科技任务促进国家战略科技力量的协同。这既是国家发展的需要,也是科技创新的必然趋势。政府应紧密关注国际科技发展趋势,结合国家实际,确定重点发展的科技领域和方向。通过引导国家战略科技力量集中力量攻克关键核心技术,政府可以推动国家在关键领域实现重大突破,提升国家的科技竞争力。此外,政府还应关注大科学装置的建设与发展。大科学装置是科技创新的重要载体,对于推动科技创新、提升国家综合实力具有重要意义。③ 政府应加大对大科学装置的支持力度,推动其与国家战略科技力量的协同发展,共同推动国家的科技进步和经济发展。

第五,政府通过搭建良好的政策环境促进国家战略科技力量的协同。政府应制定和完善相关法律法规和政策措施,为创新主体提供稳定的预期和保障。同时,政府还应加大对知识产权的保护力度,维护创新主体的合法权益,激发其创新活力和积极性。此外,政府还应加强科技创新服务体系建设,为创新主体提供全方位、多层次的服务支持,包括技术支持、人才支持、融资支持等方面。通过完善服务体系,政府可以推动创新主体之间的深度合作与协同发展,共同推动国

---

① 王贻芳、白云翔:《发展国家重大科技基础设施 引领国际科技创新》,《管理世界》2020 年第 5 期。
② 杨博文、伊彤:《企业参与国家战略科技力量建设的路径分析与对策研究》,《科学管理研究》2022 年第 5 期。
③ 王贻芳、白云翔:《发展国家重大科技基础设施 引领国际科技创新》,《管理世界》,2020 年第 5 期。

家战略科技力量的壮大。

二、 市场驱动国家战略科技力量的协同

第一,发挥市场在资源配置中的决定性作用,激活国家战略科技力量协同的内生动力。在市场经济条件下,资源的配置和流动遵循市场规律,通过价格机制、供求机制和竞争机制等,实现资源的优化配置和高效利用。在科技领域,这意味着创新资源、科研资金、人才等要素将按照市场需求和竞争态势进行配置,使得最具创新潜力和市场前景的科技项目、企业得到更多的支持和发展机会。通过市场主导,国家战略科技力量的协同可以更加精准地对接市场需求,实现科技创新与产业发展的深度融合。[1] 科技领军企业作为市场的主体,具备"出题人"角色,能够确保科技创新活动紧密围绕市场需求展开,推动科研成果的转化和应用。同时,市场竞争的激烈性也促使企业不断提升自身的创新能力,形成以创新为核心竞争力的发展模式。

第二,市场主导国家战略科技力量的协同,需要通过市场化运作模式的推进来实现。市场化运作模式强调以市场需求为导向,以企业为主体,通过市场机制推动科技创新活动的开展。这要求政府在制定科技政策时,更加注重发挥市场的引导作用,减少不必要的行政干预,为科技创新活动创造更加宽松和自由的环境。在市场化运作模式下,科技领军企业将发挥牵头作用,通过联合其他创新主体,共同推进教育科技人才一体化部署。[2] 这种一体化部署有助于打破创新主体之间的壁垒,实现资源共享和优势互补,推动创新链、产业链和资金链的深度融合。同时,市场化运作模式还能有效激发创新主体的积极性和创造力,推动形成更加开放、包容和高效的创新生态。

第三,市场推动国家战略科技力量形成高能级创新联合体。高能级创新联合体是一种由国家战略科技力量牵引、多元创新主体共同组成的、以协同创新为核心、以实现科技自立自强为目标的新型组织形式。[3] 它有助于整合各方资源,

① 韩军徽、李哲:《强化国家战略科技力量:认识、问题与建议》,《中国科技论坛》2023 年第 3 期。
② 尹西明、陈劲、贾宝余:《高水平科技自立自强视角下国家战略科技力量的突出特征与强化路径》,《中国科技论坛》2021 年第 9 期。
③ 陈劲、贾宝余、尹西明:《国家战略科技力量》,经济日报出版社 2023 年版,第 162 页。

形成合力,共同攻克科技难题,推动科技创新的快速发展。在市场主导下,高能级创新联合体的构建将更加注重市场需求和产业发展趋势。企业作为市场的主体,将积极参与到高能级创新联合体的建设中来,通过与其他创新主体的合作,共同开展科技创新活动。同时,高能级创新联合体,更加注重成果的转化和应用,确保科技创新活动能够真正服务于产业发展和社会进步。

第四,完善市场反馈机制,推动国家战略科技力量的协同。市场反馈机制是指将市场需求和变化及时传递给创新主体,以便其调整创新方向和内容,确保科技创新活动与市场需求紧密对接。通过完善市场反馈机制,科技领军企业可以及时了解市场需求的变化和趋势,从而调整自身的创新策略和方向。同时,市场反馈机制也能将重大创新领域的市场需求及时反馈给企业的研发部门,为其提供更加精准的创新方向指导。此外,市场反馈机制还能向国家实验室、国家科研机构和高水平研究型大学提供行业前沿信息,驱动这些创新主体,有针对性地开展战略性、前沿性、综合性科技创新研究,推动科技创新与产业发展的深度融合。

三、 创新载体支撑国家战略科技力量的协同

第一,综合性国家科学中心和区域科技创新中心通过集聚创新资源,为国家战略科技力量的协同提供坚实的物质基础。这些中心往往位于科技资源丰富、创新氛围浓厚的地区,具备独特的地理位置和政策优势。它们通过制定优惠政策、提供资金支持等方式,吸引大量科研人才、创新团队和高新技术企业等创新主体。这些创新主体在科技创新中心内,形成具有强大创新能力的创新集群,共同推动着科技创新的深入发展。同时,这些中心还汇聚了先进的科研设施、创新平台和成果转化机构等创新资源,为科技创新活动的深入开展提供有力保障。[①] 这些创新资源的集聚,使得中心成为国家战略科技力量的重要支撑点,有力推动科技创新的协同发展。

第二,综合性国家科学中心和区域科技创新中心通过搭建高效协同的创新平台,促进国家战略科技力量的有效协同。创新平台是连接不同创新主体、推动创新要素流动和共享的重要载体。这些中心积极打造科技创新服务平台、产学

---

① 李志遂、刘志成:《推动综合性国家科学中心建设 增强国家战略科技力量》,《宏观经济管理》2020 年第 4 期。

研合作平台、技术转移平台等,为创新主体提供全方位的服务和支持。通过这些平台,创新主体可以更加便捷地获取创新资源、利用大科研仪器设备、开展合作研发、推动成果转化。这种平台化的运作方式,能够有效降低创新成本,提高创新效率,推动创新链、产业链、资金链和人才链的深度融合。这种深度融合不仅有助于提升科技创新的整体水平,也能增强国家战略科技力量的整体竞争力。

第三,综合性国家科学中心和区域科技创新中心积极推动产学研深度融合,促进国家战略科技力量的协同发展。产学研深度融合是提升科技创新能力的关键所在。这些中心通过加强高校、科研机构与企业的合作与交流,推动科研成果向现实生产力转化。一方面,中心支持高校和科研机构开展前瞻性、基础性、战略性的研究,为企业提供创新资源;另一方面,中心鼓励企业参与科技创新活动,推动技术创新和产业升级。产学研深度融合还促进了创新资源的优化配置和共享,提高创新资源的利用效率,为国家战略科技力量的协同提供动力。

第四,综合性国家科学中心和区域科技创新中心通过优化创新环境,促进国家战略科技力量的协同。创新环境是影响创新活动的重要因素之一。中心通过完善政策体系、加强知识产权保护、提供金融支持等措施,为创新主体营造良好的创新氛围。[1] 这些中心通过制定和完善一系列与科技创新相关的政策,为创新主体提供了税收减免、资金扶持等优惠政策,不仅为广大科研人员提供激励政策和科研自主权,激发他们的创新热情,还提供高质量的软硬件服务,让他们能够在科研工作中心无旁骛。这些中心还积极开展创新文化建设活动,提升全社会的创新意识和创新能力。这些措施共同构成了一个良好的创新环境,有助于激发创新主体的积极性和创造性,推动国家战略科技力量的协同发展。

---

[1] 崔宏轶、张超:《综合性国家科学中心科学资源配置研究》,《经济体制改革》2020 年第 2 期。

第六章

探索和推进科技体制改革

在以中国式现代化全面推进强国建设、民族复兴伟业的进程中，科技创新的重要地位和作用越来越凸显。习近平总书记指出："如果把科技创新比作我国发展的新引擎，那么改革就是点燃这个新引擎必不可少的点火系。"①深化科技体制改革是全面深化改革的重要内容，是建设创新型国家以及世界科技强国的根本要求。我国之所以能实现科技事业的历史性、整体性、格局性重大变化，正得益于科技体制改革激发的强劲创新活力。世界新一轮科技革命和产业变革深入发展，国际科技竞争复杂激烈，在全要素生产率水平方面，我国较之发达国家仍有很大追赶空间。站在新的发展起点上，我们必须坚持党中央集中统一领导，实施创新驱动发展战略，全面深化科技体制改革，优化国家创新体系，提升国家科技创新能力，推动经济高质量发展，支撑中国式现代化建设。

---

① 《习近平在中国科学院第十七次院士大会、中国工程院第十二次院士大会开幕会上发表重要讲话》，《人民日报》2014 年 6 月 10 日。

第一节
我国科技体制改革的内涵和特征

一、科技体制改革的内涵

党的二十大报告强调,要"坚持创新在我国现代化建设全局中的核心地位","加快实施创新驱动发展战略"。科技体制是一个时期科技活动所依从的制度框架,决定着科技发展战略能否顺利实施、科技创新制度是否规范完善、科研人员培养体系是否科学有效。因此,深化科技体制改革、统筹推进国家创新体系建设,是新发展阶段我国推进中国式现代化建设的重要内容。

科技体制改革是一个具有中国特色的概念,广义的科技体制改革是改革科技生产关系与科技上层建筑中不适应科技生产力发展的一系列相互关联的环节和方面,是为了促进科技发展而针对科技创新战略规划和资源配置体制机制进行调整、优化乃至重构的过程。有些学者认为科技体制改革有四大关键点:加强立法在科技发展中的重要地位;明确政府职能;建立监督和评估的制度;给科技发展的社会力量以制度保障。[1] 可见,科技体制改革的要点在于制度创新,强调突破传统思想观念障碍,根据某一时期科技创新活动的规律特点,对科技体制机制不断进行调整和优化,提高配置资源的效率效果,营造良好的创新环境,促进技术创新和现实生产力有效结合,从而更好地推动科技创新,发挥科技对经济社会发展的支撑和引领作用。狭义的科技体制改革是指对科技活动的机构设置、管理研究、职责范围、权利义务关系等一整套国家层面的结构体系和制度设置的改革。[2]

党和国家一直高度重视科技创新工作,科技体制改革工作也与时俱进、持续深化,为我国科技创新破旧立新、保驾护航。新中国成立后的十年左右的时间,是科技管理体系和科研组织体系形成的时期。这一时期形成了计划经济特征鲜

---

[1] 方新、柳卸林:《我国科技体制改革的回顾及展望》,《求是》2004 年第 5 期。
[2] 陈劲、张学文:《中国创新驱动发展与科技体制改革(2012—2017)》,《科学学研究》2018 年第 12 期。

明的,以中央和地方各级科委主管的科技管理体系、以中国科学院和地方科研院所为主导的科研组织体系以及以科技计划为主要科技资源分配方式的科研经费管理体系。[①] 在其后的几十年间,科技政策体系日益成型,并逐步从计划式向市场化的政策体系转变。可以说,我国科技体制改革的主线就是在计划经济体制向市场经济体制转型的过程中,在科技发展需求驱动下对科技发展相关制度进行主动设计和引导,并通过法律、规划等手段对某一时期的国家科技管理和运行机制状态进行固化,促使各类科技创新主体围绕科技创新形成一致的行为规范,形成更加适应科技进步和技术创新的管理方式。[②]

尽管科技体制改革内涵丰富,工作重点也因时而变,但其根本目标在于解放和发展第一生产力,核心在于协调科技内部以及科技与经济之间的关系,使科技成果迅速、广泛地应用于生产,促进经济和社会的发展,关键在于激发和释放人的创造性,使科研人员的作用得到充分发挥。

二、 科技体制改革的特征

科技体制改革具有鲜明特征。一是时代创新性。科技作为第一生产力,是生产力中极为活跃的部分,基于生产力决定生产关系的规律把握,一旦科技创新出现新变化,必然要求生产关系进行调整以适应生产力的发展。在过去的几十年间,世界上主要国家和地区都在不断与时俱进地调适本国本地区的科技体制,完善科技创新体系。改革开放以来,我国一直在努力探索解放和发展科技生产力的最优道路。尽管当前我国宏观科技管理体制架构和科技创新基础制度基本形成,但是改革成效是以阶段性目标来衡量的,问题解决不可能一蹴而就,必须适应时代的瞬息万变,基于发展需求、科技规律以及外部环境的变化,因时而异对体制机制进行调整。党的十八大以来,以习近平同志为核心的党中央坚持以深化改革激发创新活力,破解制约创新驱动发展的体制机制障碍,优化宏观科技管理体制,改善基础研究制度环境,完善科技计划管理。一系列重大举措密集出台实施,一些重要领域和关键环节改革取得实质性进展,科技治理现代化水平不

[①] 马名杰、张鑫:《中国科技体制改革:历程、经验与展望》,《中国科技论坛》2019 年第 6 期。

[②] 陈宝明:《我国科技体制改革的历程与展望》,《科技中国》2022 年第 12 期。

断提升,国家创新体系日趋健全。我国国家创新能力综合排名由 2012 年的世界第 34 位上升至 2024 年的第 11 位[①],我国在越来越多的科技领域从跟跑者向着并跑者、领跑者转变。但在新形势下,我国科技创新探索的风险性和实现高水平科技自立自强的艰巨性前所未有,这对进一步完善科技体制机制提出了更高的要求,我国科技体制改革也迎来一个全面深化的新时代。

二是制度复杂性。党的二十大报告指出,要"加快实施创新驱动发展战略","推动创新链产业链资金链人才链深度融合"。"四链"融合的思想反映了组织科技创新活动是异常复杂的系统工程。从创新链的视角上,科技创新活动包括技术研发、成果转化、市场推广等多个环节,需要高校、科研机构、企业、金融中介、政府多方参与,既涉及基础研究的公共知识,也涉及以专利为载体的技术转让,这些知识的边界时常变动,因而不同主体的职能和作用发挥也处于动态变化之中。由此看来,科技创新体系的制度构成十分复杂,技术创新必须伴随着制度创新、管理创新整体推进。从微观上看,仅是科研机构改革就涉及科研项目申报、薪酬计算方法、科研考核机制、资源分配机制等制度变动。从宏观层面来说,随着科技体制改革向纵深推进,尽管我国科技创新的基础性制度框架基本确立,但仍需要在科技管理体制、创新资源配置、科技评价制度、市场竞争环境、创新创业生态、创新人才培养、国际科技合作等多个领域不断破除体制机制障碍,进行制度创新、提高制度质量,为科技创新和产业升级注入新的活力。

三是关联延展性。科技体制改革是由各主体、各方面、各环节相互关系和内在联系的一个系统工程,一项改革举措往往会对其他领域改革产生蝴蝶效应、波及效应、乘数效应,需要经济社会等诸多领域的改革予以配套支持。从国家发展全局看,创新型国家不仅要求创新能力强、创新效率高,更强调要基于系统协同角度增强体系化、全局性。党的十八大以来,我国国家创新体系建设的重点从完善功能结构转变为提升整体效能,因此新时代我国科技创新体系的建设必须健全党对科技工作的领导体制,发挥新型举国体制优势,坚持系统观、全局观、统筹

---

① 《世界知识产权组织〈2024 年全球创新指数报告〉显示——中国创新能力稳步提升》,《人民日报》2024 年 10 月 10 日。

观,强化创新驱动的顶层设计,注重各项工作、各种要素的关联性,增强政策合力和制度衔接,在统筹兼顾中实现协同发展,在扬长补短中提升整体效能,一体推进、一体设计、一体部署,防止畸重畸轻、顾此失彼。通过科技体制机制改革有效提升科技创新体系化能力,形成科技创新的强大合力,才能面向国家重大需求和经济主战场,促进科技创新与经济发展的良性互动和高效协同,支撑高质量发展。

第二节
我国科技体制改革的阶段演变

我国正式地全面启动科技体制改革开始于 1985 年,标志是《中共中央关于科学技术体制改革的决定》出台。实际上,在国家社会经济发展中,科技体制不是原生的,而是依附于经济体制和政治体制,因此科技体制改革也在相当大的程度上依赖于经济体制改革和行政体制改革。[①]"不谋全局者,不足谋一域。"科技体制改革,不仅要与科技创新的内在逻辑相一致,而且还要与中国式现代化的发展进程、与经济体制改革发展的大环境紧密联系在一起。因此,我国科技体制改革发展与演进必须置于改革开放的整体性背景与全时序情境下予以透视,要从纷繁复杂的历史事件和庞杂众多的社会现象中清晰梳理出发展脉络,才可能深刻洞察我国科技体制改革发展演进的历史逻辑和基本规律。

一、 第一阶段:科技管理体制建立时期(1949 年至 1977 年)

新中国成立伊始,随着政治经济环境的稳定,我国科技活动开始步入正常轨道。但是,改变战后经济凋敝、百废待兴的局面并非一朝一夕之功。这一时期,我国科技创新始终面临科研经费短缺、技术人才缺乏、科研机构数量稀少等问题,使得我国科技发展相对缓慢,远远不能满足加强国家建设、抵御外来威胁、发展国内经济的要求。

---

① 樊春良:《改革开放 40 年来中国科技体制改革与发展研讨会会议综述》,《科学学与科学技术管理》2018 年第 6 期。

为了尽快摆脱这种局面,1949 年至 1958 年,我国在学习借鉴苏联科技发展体系的基础之上,逐步建立了适应计划经济体制的集中型科技体制,确立了科技体制的三个核心部分,即以中央和地方各级科委为主管部门的政府科技管理体系,由中国科学院、高等院校和各产业部门的国家科研机构主导的科研组织体系,以及以科技计划为核心开展国家主导的科研活动的科技计划体系。[①]

具体而言,一是初步形成了政府主导的科研体系。1949 年 11 月,中国政府对原南京中央研究院和北平研究院进行"改组、整顿和充实",建立起综合性自然科学研究中心——中国科学院。受"大跃进"影响,我国的科研机构数量急剧膨胀,截至 1958 年底,全国县级以上地方科研机构共 1743 个,其中农业研究所 660 个。1961 年,为了贯彻对国民经济进行"调整、巩固、充实、提高"的方针,国务院决定对地方科研机构进行调整。在调整中,地方科研机构和地方科技行政机构得到精简和优化,全国大部分地方科委和科协实现了合署办公。

二是科技管理体系基本确立。相较于科研体系的先行发展,科技管理体系的建立稍显滞后。回溯至 1956 年,党中央发出了"向科学进军"的强烈号召,意在推动科学技术领域的全面进步。同年,国务院相继设立了科学规划委员会和技术委员会,旨在统筹全国科技发展的长远规划和统一管理科技工作。1959 年,国防部对国防科技管理的相关机构进行了整合,将航空工业委员会、第五部和总参装备计划部科研处合并为国防科学技术委员会(简称"国防科委")。同年 11 月,国家技术委员会和科学规划委员会也完成了合并,形成了新的国家科学技术委员会(简称"国家科委"),标志着国家科技管理体系的初步确立。自此,科技管理体系逐渐扩展至地方层面,省、地、县三级科委以及专业厅、局的科技管理部门相继建立,形成了覆盖全国的科技管理体系网络。

三是形成了以科技计划为核心的科研管理和组织方式。1956 年,科学规划委员会组织全国 400 余位科技专家制定了新中国第一个科学技术发展规划——《1956－1967 年全国科学技术发展远景规划》。1962 年,该规划提前五年完成。1963 年,国家科委组织制定了总方针为"自力更生,迎头赶上"的《1963－1972 年

---

① 马名杰、张鑫:《中国科技体制改革:历程、经验与展望》,《中国科技论坛》2019 年第 6 期。

科学技术规划》(简称《十年科学规划》),但"文革"十年使其执行基本陷于停顿。1958—1977年,我国科技体系受到系列重大事件的冲击,国家科委和各级地方科委被撤销,中国科学院被削弱、地方科学院被撤销,《十年科学规划》和许多重要的科研项目未能执行,我国科技发展陷入低谷。

总的来看,这一时期在国内外环境不利、科技和人才资源极度匮乏的情况下,我国采取的集中计划型科技管理体制保证了将有限资源投入少数战略性领域,在短短十几年间培养了大批优秀科技人才,为经济社会发展和国防建设解决了一系列重大科技问题,取得了"两弹一星"等重大科技突破。但受"文革"影响,1958年至1977年是科技活动曲折发展的时期,支撑国家发展的科技体制基础受到很大削弱,我国与国际科技水平的差距拉大。

二、 第二阶段:科技体制改革启动时期(1978年至1991年)

改革开放后,在我国决定以经济建设为中心、努力实现"四个现代化"的背景下,科技创新的重要作用受到党中央的高度重视。1978年3月,邓小平在全国科学大会上提出"科学技术是生产力""知识分子是工人阶级的一部分""四个现代化的关键是科学技术现代化"等重要论断,为科技体制改革的正式启动奠定了思想基础。在服务经济建设的思想指导下,以"四大体系"为核心的国家科技体系得到迅速恢复。1977年9月,作为科技工作主管部门的国家科委正式恢复;同年12月,作为国家科技活动指导纲领的《1978—1985年全国科学技术发展规划纲要》启动制定;国家核心科研机构——中国科学院,以及省、地(市)、县三级科研机构也陆续恢复了科研活动。

1984年《中共中央关于经济体制改革的决定》拉开了经济体制改革的序幕。1985年3月,《中共中央关于科学技术体制改革的决定》出台,提出"经济建设必须依靠科学技术,科学技术工作必须面向经济建设"的战略方针,并对科技管理机制、科技拨款制度等方面的改革作了明确指示,这标志着我国科研机构改革进入了有领导、有组织、有计划的全面实施阶段。[1] 当时的政策措施包括:改革科研经费的拨付体制,开放技术市场,对研究所分类调整组织结构,改革人事制度、

---

[1] 王宏伟、李平:《深化科技体制改革与创新驱动发展》,《求是学刊》2015年第5期。

鼓励科技人员兼职,允许集体或个人建立科学研究或技术服务机构等。[①]

这一时期,另一个重大变化是高科技研究和科技成果的产业化受到重视。"技术是不是商品"的问题曾引起科技界的持续讨论,最终认定技术是可以交换的商品,为后来开放技术市场打下基础。此外,这一时期还实施了几个重要科技计划,对后来一批我国重大科技成果的涌现影响深远。1986 年国家自然科学基金委员会成立,《高技术研究发展纲要》("863 计划")首次发布;1988 年,国务院批准建立北京市高新技术产业开发实验区,同年 8 月,支持高新技术产业发展的"火炬计划"正式启动。

总的来说,在这一阶段,"文革"中被破坏的国家科技创新体系得到恢复和重建,全国科技活动逐步回归正轨。尽管这一时期科技创新的水平、研发经费的投入和高技术产业的"技术含量"都不高,但国家的提前布局为长期的科技水平提升和高技术产业发展奠定了重要基础。在这一阶段,科研院所已进行了许多改革尝试,包括试行院所长负责制,设立科技成果转化服务部等等,但限于当时的行政和人事管理体制等因素,改革试点效果并不明显。这也说明,如果经济体制没有进行相应改革,单独的科技体制改革往往难以取得明显成效。

三、 第三阶段:科技体制改革提速发展时期(1992 年至 2011 年)

1992 年,以邓小平发表南方谈话为标志,我国确立了社会主义市场经济体制的发展方向。1993 年,党的十四届三中全会通过的《中共中央关于建立社会主义市场经济体制若干问题的决定》,对深化经济体制改革作出了全面部署。随着全球化的加速和知识经济时代的到来,科技创新被普遍认为是国家竞争力的核心。然而,传统的科技体制面临着与市场经济体制不相适应的问题,科研机构的研发活动与市场需求脱节,科技成果转化效率低下,严重阻碍了科技创新资源的有效配置和科技成果的产业化进程。因此,如何使科技体制与市场经济体制相适应成了这一时期改革的工作关键。

随着市场经济体制的建立与完善,科技体制改革走向了与经济体制改革全面

---

① 《首届中国科技政策论坛召开》,《科学学研究》2012 年第 10 期。

推进、配套实施的新阶段。1995 年,我国出台的《中共中央、国务院关于加速科学技术进步的决定》正式提出了"科教兴国"战略,并确定"今后深化科技体制改革的重点是调整科技系统的结构,分流人才。要真正从体制上解决科研机构重复设置、力量分散、科技与经济脱节的状况,加强企业技术开发力量,促进科技与经济的有机结合"。在具体的措施上,以"稳住一头,放开一片"为改革思路,即稳住基础研究工作和科技人员这支队伍,同时简政放权,调整政府与科研机构的关系,促进科研机构面向经济建设。这一时期的政策措施包括:推进科研机构的改革与转制,培育企业创新能力、促使企业成为创新主体,加快创新成果转化应用、改革成果奖励制度等。

由于国家科研机构在我国科研体系中占有核心地位,在传统的计划经济体制下,科研机构主要依赖国家拨款,研究方向和项目由上而下安排,缺乏市场导向,导致研究成果很难转化为实际生产力。因此,这一时期的科技体制改革有两个重点。一是从以国家科研机构改革为重点,转向构建社会化的、多元主体的研发组织体系,尤其突出了企业的创新主体地位。《关于加速科学技术进步的决定》提出"建立以企业为主体,产学研相结合的技术开发体系和以科研机构、高等学校为主的科学研究体系,以及社会化的科技服务体系",首次从体系构建的角度确立科技体制改革的思路和目标。为了鼓励企业加大研发投入,1996 年,我国全面实施企业研发费用加计扣除政策;1999 年又出台了一系列鼓励企业创新的政策,其中,科技型中小企业技术创新基金的设立标志着支持科技型中小企业发展成为科技政策的重点之一。

二是国家科研体系出现重大调整,行业性科研机构转为企业。《"九五"期间深化科技体制改革的决定》将科研院所继续推向市场,重在解决科研机构与市场脱节的问题。2000 年,《关于深化科研机构管理体制改革的实施意见》等文件,从国有资产、税收、职工养老等多方面进行了政策配套。通过一系列啃"硬骨头"的改革,逐步形成了较为完善的国家创新体系:自由探索的基础研究以研究型大学为主,重大应用基础研究、战略高技术等以中国科学院为主,公益研究以 101个国家公益院所和地方公益类院所为主;技术开发以企业为主体,走产学研结合之路,市场上出现了一批科技型企业。[1]

---

① 张景安:《中国科技体制改革 40 年》,《中国软科学》2018 年第 10 期。

　　总体而言,这一系列综合改革措施的目的在于配合市场经济体制改革的需要,推动科技与经济的紧密结合。通过调整科研机构结构、优化资源配置、激励科研人员创新,我国逐步破除了传统计划经济体制下的科技管理体制,营造了更加开放和高效的科研环境,取得了一系列重要科技成果,从整体上缩小了同国际科技水平的差距。但随着我国改革开放和市场经济体制建设进入深水区,经济结构调整和产业升级的需求日益迫切。与西方一百多年的工业化积累相比,我国在科技领域仍然存在较大差距,长期以来科技投入不足、发明专利少、自主创新能力弱等短板也暴露了出来,难以对增长方式转变形成有效支撑。这就要求以创新为核心驱动力,转换新旧动能,摆脱对传统增长方式的依赖,实现创新驱动发展,建设创新型国家。

四、 第四阶段：科技体制改革全面深化时期（2012 年至今）

　　2012 年 11 月,党的十八大提出实施创新驱动发展战略,把推动发展的立足点转到提高质量和效益上来。创新驱动发展是指推动经济增长的动力和引擎从主要依靠学习和模仿外来技术,转向依靠自主设计和研发,以及知识的生产和创造。创新驱动的增长方式不只是解决效率问题,更为重要的是依靠知识资本、人力资本和激励创新制度等无形要素实现新组合,是科技成果在生产和商业上的应用和扩散。[①] 随着科技创新成为驱动我国经济发展的新动能和新引擎,科技体制改革的紧迫性也日益增强。党的十八届三中全会通过的《中共中央关于全面深化改革若干重大问题的决定》,将科技体制改革作为全面深化改革的重要内容。

　　2015 年 3 月,《关于深化体制机制改革 加快实施创新驱动发展战略的若干意见》发布,进一步明确了深化改革的总体思路和主要目标,指出要在营造激励创新的公平竞争环境、建立技术创新市场导向机制、强化金融创新的功能、完善成果转化激励政策、构建更加高效的科研体系、推动形成深度融合的开放创新局面、加强创新政策统筹协调等七个方面深化改革;并提出到 2020 年基本形成适应创新驱动发展要求的制度环境和政策法律体系,为进入创新型国家行列提供

---

① 洪银兴：《论创新驱动经济发展战略》,《经济学家》2013 年第 1 期。

有力保障。同年9月,《深化科技体制改革实施方案》印发,提出了到2020年需要完成的10个方面32项举措143项任务,给出明确的时间表与路线图。2016年5月,《国家创新驱动发展战略纲要》发布,围绕"两个一百年",形成我国科技创新发展"三步走"的重大战略部署:到2020年,进入创新型国家的行列;到2030年,进入创新型国家的前列;到21世纪中叶,建成世界科技强国。围绕建设创新型国家和世界科技强国目标,我国科技体制改革的基础性制度框架基本确立。

总体上看,这一时期科技体制改革的主要特征是构建与创新驱动发展战略实施相适应的体制机制。而在实施策略上,中央层面也逐步给出了重点方向和行动方案。2021年底召开的中央经济工作会议明确提出,科技政策要扎实落地,要实施科技体制改革三年行动方案。2021年底通过的《科技体制改革三年攻坚方案(2021—2023年)》,标志着深化科技体制改革进入改革攻坚期。以下三个方面的战略性、重要性进一步凸显,代表了新时代国家创新战略的演变方向。

首先,加强党中央对科技工作的集中统一领导,统筹推进国家创新体系建设和科技体制改革。过去,我国科技领域一直存在资源配置分散、体系封闭、重复建设的问题,造成科研计划碎片化、重复研究、经费浪费等后果。多元创新主体间也存在松散耦合、协同低效、利益争夺、收益分配激励不相容等体制机制障碍,彼此之间难以发挥优势互补、协同共享的作用,导致我国创新体系整体效能不强。2023年,中共中央、国务院印发《党和国家机构改革方案》,要求组建中央科技委员会,该委员会负责研究审议国家科技发展重大战略、重大规划、重大政策,统筹解决科技领域战略性、方向性、全局性重大问题,研究确定国家战略科技任务和重大科研项目,统筹布局国家实验室等战略科技力量,统筹协调军民科技融合发展等。中央科技委员会的成立将有助于全面加强党中央对科技创新的部署,从最高层统筹协调国家战略科技事业,充分发挥集中力量办大事的制度优势,加快形成全国科技创新的"一盘棋"。

其次,不断优化宏观科技管理体制,加强对科技创新的职能统筹、要素统筹和监管统筹。加强科技宏观管理职能统筹,组建国家科技咨询委员会,建立国家科技领导小组、国家科技体制改革和创新体系建设领导小组;整合科学技术部、原国家外国专家局职能，重新组建科学技术部，并将国家自然科学基金委员会改由科学技术部管理，把科技创新工作和人才引进工作、基础研究和应用研究统筹起来，推动科技管理职能从分钱、分物、定项目转变为"抓战略、抓改革、抓规划、抓服务"。加强系统谋划和顶层设计，动态编制发布并持续推动落实以 15 年为周期的国家中长期科技发展规划和以 5 年为周期的科技创新规划。加强各类创新要素统筹，推进项目、人才、基地一体化部署，优化整合中央财政科技计划，强化科技计划资源统筹与战略聚焦。加强监管统筹，形成科技大监督格局。成立科技伦理委员会，建立分层分级的科技伦理治理体系。制定国家科技安全政策，增强科技安全保障能力。[1]

最后，在科技计划管理体制改革方面建立起相应的管理部门和协调体系，创新重大项目组织形式，形成集中力量办大事的协同机制。针对多头管理、政出多门、资源配置碎片化和科研项目取向聚焦不够等突出问题，2014 年出台的《关于深化中央财政科技计划（专项、基金等）管理改革的方案》，明确了计划整合和体系重构、建立统一管理平台、专业机构管理项目、构建统一监督评估机制、完善项目资金管理制度、建成统一管理信息系统和项目库等改革措施，使创新资源配置更加科学合理，解决此前科技项目、资金分散化和碎片化的问题。[2] "十四五"期间，我国在重大科研攻关项目实施"揭榜挂帅""赛马"的机制。对于关系国家重大需求的项目，国家选定方向、提出要求，鼓励顶尖的高校、科研院所和业内企业发挥自身优势，自行组队共同"揭榜"竞标，强强联合一起解决问题，并通过签订"军令状""里程碑"考核等方式压实责任，把项目交到真正想干事、能干事、干成事的人手中。"创新不问出身，英雄不论出处"，一方面研究真问题，形成真榜、实榜；另一方面真研究问题，"谁有本事谁揭榜"，让那些有真本事的科技领军人才不为"帽子""资历"所困扰，从政策制度上体现了科技成果的实战性。在"十四五"首批重点研发计划中，我国部署实施了 87 项"榜单"任务，已取得一批标志性成果。[3]

---

① 贺德方、汤富强、刘辉：《科技改革十年回顾与未来走向》，《中国科学院院刊》2022 年第 5 期。
② 李哲、钮钦：《党的十八大以来中国科技体制改革的逻辑要义》，《中国青年报》2022 年 4 月 20 日。
③ 《"十四五"首批重点研发计划中已经部署实施 87 项"榜单"任务》，光明网，https://politics.gmw.cn/2022 - 02/25/content_35546425.htm，2022 年 2 月 25 日。

党的十八大以来，在以习近平同志为核心的党中央坚强领导下，我国科技创新基础性制度框架基本确立，改革驱动创新、创新驱动发展，我国科技事业呈现新气象。我国全球创新指数排名从 2012 年的第 34 位上升到 2024 年的第 11 位，研发经费、研发人员、高水平论文、发明专利多年位居世界前列，取得了载人航天、探月工程、北斗系统、深海深地探测等一大批标志性重大成果，集成电路、人工智能、新能源汽车等新兴产业快速发展，我国成功迈入创新型国家行列。然而，我国在科技创新领域仍然存在一些尚未解决的难题，包括基础研究相对滞后，关键领域中短板依然突出，科技成果转化效率低下，产业体系大而不强、宽而不深、全而不精，等等。在大国科技博弈加剧的新形势下，美国全面强化对我国的高科技遏制和技术出口封锁，让我国无法获取先进科技资源，关键核心技术面临"卡脖子"局面。同时，全球范围内的人才、技术及标准制定等的争夺愈演愈烈，现行科技创新机制、政府监管机制、产业发展政策体系和科技创新制度环境有待进一步健全和完善，科技体制改革加速向纵深推进，迫切需要进一步解放思想，加大改革攻坚力度，强化创新驱动的顶层设计，形成科技创新支撑中国式现代化发展的强大合力。

第三节
我国科技体制改革的深化与拓展方向

党的二十届三中全会审议通过《中共中央关于进一步全面深化改革、推进中国式现代化的决定》，提出构建支持全面创新体制机制，对深化科技体制改革作出重要部署。在新的历史阶段，我国在世界科技创新格局中，一些领域已经从跟跑者向并跑者、领跑者转变，科技创新重点已经发生转移，目标与任务已经发生变化，需要对科技体制作出与之相适应的调整。面向未来，在落实现有改革举措的基础上，我们要认真贯彻党中央重大决策部署，在深化科技体制改革中重点解决原创性、颠覆性科技创新领域人才不足、要素流动不畅、生态不优等问题，增强科技创新对我国经济社会高质量发展的支撑作用。[1] 一是构建统筹协调的创新

---

[1] 杨忠：《深化科技体制改革提升创新效能》，《经济日报》2024 年 10 月 11 日。

治理机制,坚持系统观念,全局性谋划、整体性推进科技体制改革;二是改革人才评价和激励机制,坚持以人为本,充分释放各类创新主体和科技人员的积极性、创造性;三是营造鼓励创新、宽容失败的制度环境,激发全社会创新活力、动力。

一、 构建统筹协调的创新治理机制

现代化创新治理体系是现代化国家创新体系的重要保障。科技创新治理体系现代化是提升国家创新体系整体效能、实现科技现代化的重要手段。国家创新体系集创新主体、创新环境和创新制度于一体,是促进新知识和新技术的产生、应用和扩散,各类创新要素和主体关联互动、动态演化的开放系统,是实现科技创新和制度创新能力提升的重要保障。[①] 面对当前科技创新发展新形势新挑战,只有加强科技体制改革和政策统筹,推动科技政策从各管一段向构建高效协同的政策体系转变,形成科技创新各主体、各环节、各方面相互支撑、高效互动的格局,才能提升国家创新体系整体效能,改变关键核心技术受制于人的局面。因此,聚焦国家战略目标,通过体系设计、战略规划、价值引领推进科技治理体系和治理能力现代化,不仅是国家治理体系和治理能力现代化的重要内容,也是我国深化科技体制改革,实现高水平科技自立自强的努力方向。

首先,完善国家科技治理体系,强化国家实验室为代表的国家战略科技力量。长久以来存在的科技计划管理条块分割、科研项目重复申报、资源配置碎片化等问题,是我国科技组织体制难以破解的顽疾。[②] 由于对创新资源的协同规划、相互衔接不够,部门间、央地间、区域间的科技"多张皮"问题仍一定程度地存在,科技创新资源配置没有完全做到"全国一盘棋"。2014 年 9 月举行的中央全面深化改革领导小组第五次会议上,习近平总书记指出,"要彻底改变政出多门、九龙治水的格局,坚持按目标成果、绩效考核为导向进行资源分配,统筹科技资源,建立公开统一的国家科技管理平台,构建总体布局合理、功能定位清晰、具有

① 贺德方、汤富强、陈涛、罗仙凤、杨芳:《国家创新体系的发展演进分析与若干思考》,《中国科学院院刊》2023 年第 2 期。
② 《在重点领域和关键环节取得实质性进展 科技体制改革向纵深推进》,《人民日报》2022 年 3 月 24 日。

中国特色的科技计划体系和管理制度"。① 2016 年,习近平总书记要求"整合全国创新资源,建立目标导向、绩效管理、协同攻关、开放共享的新型运行机制,建设突破型、引领型、平台型一体的国家实验室"。② 新时代新形势下,科技体制改革的一项重要内容就是以国家目标和战略需求为导向,不断完善布局、优化结构,加快组建一批国家实验室,重组现有国家重点实验室,推动国家实验室同其他各类科研机构、大学、企业研发机构形成功能互补、良性互动的协同创新新格局,加快把集中力量办大事的制度优势转化为创新发展新动能,通过科学统筹、集中力量以及协同攻关,提升关键核心技术的突破能力。

其次,进行科技组织体制改革,推动科技管理职能转变,是深化科技体制改革、加强国家科技治理能力的重大突破。在很长一段时间内,行政力量对科研资源的配置常常违背了科研自身发展规律,与科研初心背道而驰,各种烦琐的科研经费管理程序、项目审批程序,以及不合理的限制与约束造成了国家资源的浪费和科研人才发展机会的严重失衡。鉴于此,科技管理改革不能只做"加法",要善于做"减法"。一方面,要把转变政府职能、简政放权作为政府科技管理体制改革的重要任务,尊重科学、技术、工程各自运行规律,解决"管得太死""管得太细"等问题,让科研单位和科研人员从非科研事务中解脱出来,从行政的繁文缛节中解放出来。另一方面,要完善经费投入机制和结构,着力改革和创新科研经费使用和管理方式,引导创新主体加大前瞻性和应用性基础研究投入。2016 年 5 月,习近平总书记在全国科技创新大会、两院院士大会、中国科协第九次全国代表大会上指出,"要着力改革和创新科研经费使用和管理方式,让经费为人的创造性活动服务,而不能让人的创造性活动为经费服务"。③ 国际科技竞争复杂激烈,新科技驱动的产业变革正在改变全球价值链分工格局,政府要给予科研单位更多自主权、赋予科学家更大技术路线决定权和经费使用权,对研发投入的支持重

---

① 《习近平主持召开中央全面深化改革领导小组第五次会议强调:严把改革方案质量关督察关 确保改革改有所进改有所成》,《人民日报》2014 年 9 月 30 日。

② 习近平:《为建设世界科技强国而奋斗——在全国科技创新大会、两院院士大会、中国科协第九次全国代表大会上的讲话》,《人民日报》2016 年 6 月 1 日。

③ 习近平:《努力成为世界主要科学中心和创新高地》,《求是》2021 年第 6 期。

点应该从产品研发向基础研究、关键共性技术和前沿技术研究转移。

最后,深入推进重大科技项目立项和组织管理方式改革,组建以领军企业为核心的创新联合体。当前国内外发展环境的变化为我国产业创新体系的构建和治理带来了新命题、新需求,面对基础研究短板明显、大国博弈导致部分产业关键核心技术缺失、产业链供应链安全受制于人的现状,以科技自立自强为目标方向,加快部署重大科研攻关项目,着力补齐关键技术短板成为当务之急。党的十九大报告提出,"深化科技体制改革,建立以企业为主体、市场为导向、产学研深度融合的技术创新体系。"要发挥领军企业的作用,针对性地解决重大科技项目组织形式上存在的主体缺失和治理低效等问题。领军企业具有产业链"链主"和创新链"链主"的双核心地位,能够超越原有的组织结构,统筹协调、高效整合产学研力量,推动科研资源有效配置。因此,由领军企业依托国家重大科技项目和任务牵头组建创新联合体,开展技术攻关,是深化科研项目治理机制改革的重大举措。创新联合体是以关键核心技术攻关重大任务为牵引的一种任务型、体系化的创新组织,其一大特征就是充分发挥企业技术创新主体作用。加快培育科技领军企业,发挥领军企业在关键核心技术突破的组织、引导、治理作用,有效实现创新环节并行化、资源聚集化和主体协同化,促进科学研究、技术开发、成果转化、产业化生产等环节的紧密结合,带动企业梯队和产业集群共同提升核心竞争力。

二、 改革人才评价和激励机制

科技评价是科技活动的指挥棒,有怎样的评价体系就会有怎样的科研活动。长期以来,我国的科技评价制度存在指标单一、重数量轻质量、重论文轻应用、重资历轻贡献等问题,直接后果就是科技创新力严重不足,部分科学成果走向平庸化、数量化、同质化,同时也滋生了大量急功近利及学术腐败行为。科技评价改革和科技人才激励机制关系科研人员的切身利益,对科技事业的健康发展至关重要。因此,完善评价制度等基础改革,建立以科研能力和创新成果为导向的评价机制,推进科技评价改革落实落地迫在眉睫。

首先,推进科技项目评价改革攻坚,为人才评价提供公平的参考依据。评价制度要符合科研活动规律,对自由探索型和任务导向型科技项目要分类评价,并建立非共识科技项目的评价机制。要进一步完善分类评审机制,在评价活动中持续突出国家目标导向的主导地位,在前沿探索项目中实行首席科学家负责制,对纯基础和冷门学科延长评价考核周期,实行五年以上的长周期评价。强化用人单位评价主体责任,发挥好各单位学术委员会、同行、利益相关方作用,细化分类机制,丰富评价维度。改革后的科技评价机制应该坚持质量、绩效、贡献为核心的评价导向,全面准确反映成果创新水平、转化应用绩效和对经济社会发展的实际贡献。

其次,健全科技人才发展机制,完善科技人才评价体系。习近平总书记指出,"要改革科技评价制度,建立以科技创新质量、贡献、绩效为导向的分类评价体系,正确评价科技创新成果的科学价值、技术价值、经济价值、社会价值、文化价值"[1]。传统以唯论文、唯职称、唯学历、唯奖项的"四唯"考核模式已经不符合新经济社会人才发展的多样化需求,多元化、专业化开展人才评价成为选才新趋势。要加快开展科技人才评价和成果评价改革试点,采用公平公正的资源分配和职称晋升机制,在政府和大学科研机构两个层面推动"破四唯"和"立新标"并举,强化质量、效益、贡献为核心的评价导向,确保科技人才能够全身心投入科研工作中。党的十九届五中全会提出深化院士制度改革,切实成为科技体制改革的助推剂。院士是我国科学技术方面和工程科技领域的最高荣誉称号,院士制度是党和国家尊重知识、尊重人才的重要体现,如何在院士评选中打破论资排辈,杜绝非学术性因素的影响,加强社会监督,维护院士称号的纯洁性,是我国科技体制改革的深水区。对此,习近平总书记强调:"要以完善制度、解决突出问题为重点,提高院士遴选质量,更好发挥院士作用,让院士称号进一步回归荣誉性、学术性。"[2]

最后,进一步完善科技激励机制,充分激发人才创新活力。2013年,习近平总书记在十八届中央政治局第九次集体学习时指出,"我们已经具备了自主创新

① 习近平:《努力成为世界主要科学中心和创新高地》,《求是》2021年第6期。
② 《习近平主持召开中央全面深化改革委员会第二十七次会议强调:健全关键核心技术攻关新型举国体制 全面加强资源节约工作》,《人民日报》2022年9月7日。

的物质技术基础,当务之急是要加快改革步伐、健全激励机制、完善政策环境,从物质和精神两个方面激发科技创新的积极性和主动性"①。未来应当赋予科研单位更大的自主权,探索和实施更为灵活的薪酬制度。在科研人员中开展多种形式的中长期激励,重点加大对承担前瞻性、战略性、基础性等重点研发任务的科技人才的激励力度。针对作出突出贡献的科研人才,可从退税、优惠贷款、个人升迁、奖励、荣誉、子女待遇等各个方面推出各项奖励措施,激励真正为民族复兴作出贡献的人,提高其职业荣誉感和全社会价值认同。建立健全科研经费管理制度,赋予科学家更大的技术路线决定权、更大的经费支配权以及更大的资源调度权,确保科研工作的自主性和灵活性。对于那些从事基础研究、前沿探索和公益性科学探索的科研人员,通过提供较高的薪酬水平、持续的经费支持以及宽松愉悦的考核环境,使他们能够专注于长周期的创新活动,稳定科研人员队伍。在促进科技成果转化的机制上进行改革,建立起一套以知识价值为导向的分配体系,加强技术创新与产业需求端的紧密结合,落实科研成果转化的股权、期权和分红激励,强化知识产权保护,探索和完善专利转让机制等,让科研人员直接受益于自己的创新成果,能够凭科技成果致富。这些举措将不仅能够减轻科研人员的负担,激发创新潜力,还能提升科研成果的市场导向、产业导向,推动科技成果快速转化为经济和社会价值。

三、营造激励创新的良好生态

技术创新带来的社会效应表明,企业科技创新的重大突破会对全社会创新产生激励作用,营造创新文化、激发创新热情。随着我国进入创新驱动阶段,知识逐步取代自然资源和劳动密集型产业,成为创造财富和经济增长的首要源泉,而营造良好的创新生态则是提升创新能力的关键。因此,要优化创新生态,培育创新文化,加强全社会创新环境和创新氛围的营造,注重新知识、新技术的传播、扩散和应用,激发全体人民的创新智慧,形成创新合力。

首先,坚持创新是经济发展的第一动力,打造以企业为主导、市场为导向的

---

① 《习近平主持中央政治局第九次集体学习》,人民网,http://politics.people.com.cn/n/2013/1001/c1024-23094554.html,2013年10月1日。

技术创新体系。一方面,促进创新要素市场化配置,让一切创新源泉充分涌流。在科教资源比较丰富、产业门类相对齐全、经济发展较为发达的区域,聚集区域创新资源和要素,加快构建强大的复合生态系统,完善财税金融、知识产权、人才培养等配套体系,促进科技创新与经济发展的良性互动和协同高效。① 另一方面,强化企业科技创新主体地位,发挥企业的自主创造性,让企业"当家做主"。政府在产业发展规划上则做好指引和辅助的角色,改善营商环境,维护公平竞争的市场秩序,包括在市场准入、审批许可、经营运行和招投标等方面,努力降低各类门槛,更好地激发各类微观主体的创新活力。此外,要加大知识产权保护执法力度,完善知识产权服务体系,确保国家、科研机构、科研团队三方产权利益均衡,进而充分发挥各方积极性,促进科研活动和成果转化的良性循环。

其次,优化完善容错机制,营造敢闯敢试、不畏失败的创新环境。要建立健全推进改革的激励和奖惩机制,进一步划清"可容"与"不容"的边界,同时完善改革容错和正面激励机制,明晰改革失误免责条件,鼓励大胆先行先试,营造鼓励改革、宽容失误的良好氛围,进一步激发创新活力。例如,江苏省政策文件《省政府关于加快培育发展未来产业的指导意见》中提出,"对国有企业、高校、科研院所等在原创技术研究、新兴产业投资、创新成果转化过程中,因不确定性、难预测因素未达到预期效果或造成损失,相关负责人已履行应尽职责、决策和实施程序符合规定、并未谋取个人非法利益的,给予责任豁免或减轻责任"。这样的良好生态是创新发展的不竭动力和源泉,有助于创新主体发挥积极性和能动性,在更高层次、更大范围推进新时代国家创新体系建设,发挥科技创新对中国式现代化的引领作用。

最后,在全社会大力弘扬科学家精神,积极营造有利于创新的社会环境。一方面,推进作风学风建设,加强科研诚信和伦理建设,构建全方位覆盖的科研诚信制度体系。建立科研诚信名单,对不诚信行为采取"零容忍"态度,培育优良的学风和科研作风,以清风正气的科创精神和浓厚的创新氛围,促进科技创新智慧

---

① 中国社会科学院工业经济研究所课题组:《"十四五"时期我国区域创新体系建设的重点任务和政策思路》,《经济管理》2020 年第 8 期。

有效迸发。另一方面,大力弘扬企业家精神,推动全民创新,让创新创业成为全社会的共同价值追求和行为习惯,促进大众创业万众创新向纵深发展,释放市场中各类主体的活力。此外,加快推动开放科学发展,让科学进程和结果实现向社会大众的可视化,让普通大众成为加速科研成果产业化的参与者,把政府、市场、社会等各方面力量拧成一股绳,最大限度解放和激发科技作为第一生产力的巨大潜能。

第七章

建设和弘扬创新文化

　　文化在社会生活中扮演着重要角色，它塑造了社会成员的身份认同、价值观和行为规范，提供了知识传承和交流的媒介，促进了社会的发展和社会成员的相互理解。在科技创新领域，文化在启发创新者思维、增强消费者体验、推动创新者合作等方面都发挥着重要的作用。因此，党的二十大报告中明确指出要"培育创新文化，弘扬科学家精神，涵养优良学风，营造创新氛围"。

第一节
创新文化的内涵和重要作用

所有的创新活动都根植于特定的文化土壤。正如德国社会学家马克斯·韦伯所说,"任何一项伟大事业的背后都存在支撑该事业的无形精神文化气质"[①]。创新文化是文化生态理论体系的一个分支,其作为科技创新活动中逐步形成和完善的理论体系,具有丰富的理论内涵,并必然会对科技创新活动产生极其重要的影响。

一、 创新文化的理论内涵

从经济社会发展角度看,文化是社会进步的动力,也是经济发展的重要基石。[②] 单从创新角度看,创新文化是滋养和孕育创新事业的一种软实力,自诞生之日起便体现出强大的生命力。关于创新文化的定义,目前理论界尚未达成共识。Jin 等将创新文化定义为一种秉持开放创新精神、勇于冒险变革,面向未来不断学习的信念和行为。[③] Stock 等基于文化结构理论认为创新文化是从价值观、规范和产品三个层次支持创新。[④] 张钢和许庆瑞指出,创新文化具有长期性、多样化和创造性等特点,是以未来发展为导向的文化。[⑤] 宋培林提出,创新文化是指在一定的社会历史条件下,企业所创造和形成的具有本企业特色的创新精神财富与创新物质形态的综合。[⑥] 孙桂生等认为,创新文化是在特定社会历史条件下,人们在创新及其管理活动中所创造和形成的具有特色的创新精神财富与创新物质形态的综合体,这一综合体包括创新价值观、创新准则、创新制

---

① 转引自任福君、刘萱、马健铨《面向 2035 创新文化建设的进一步思考》,《科技导报》2021 年第 21 期。

② 赵军、杨阳:《创新文化的缘起、实践与演进——以中国科学院为例》,《中国科学院院刊》2021 年第 2 期。

③ Jin Z.,Navare J. & Lynch R.. The relationship between innovation culture and innovation outcomes:exploring the effects of sustainability orientation and firm size,*R&D Management*,2019,49(4):607 - 623.

④ Stock R. M.,Six B. & Zacharias N. A.. Linking multiple layers of innovation-oriented corporate culture,product program innovativeness,and business performance:A contingency approach,*Journal of the Academy of Marketing Science*,2013,41:283 - 299.

⑤ 张钢、许庆瑞:《文化类型、组织结构与企业技术创新》,《科研管理》1996 年第 5 期。

⑥ 宋培林:《论企业创新文化——兼析我国企业创新文化的营造》,《当代经济科学》2000 年第 5 期。

度和规范,以及创新物质文化环境等要素。① 任福君认为,创新文化是整个经济社会创新与发展的价值观与精神架构,能够让创新在全社会蔚然成风。②

虽然理论界对创新文化的概念尚未作出统一的界定,但是从现有关于创新文化定义的研究中可以发现,创新文化是以科技创新为内核的文化体系,具有兼容并蓄的开放性、互信合作的主体协商性、敢为天下先的开拓创造性、宽容失败的包容性等特征,其理论内涵可分为狭义和广义两个维度。从狭义维度看,创新文化可以特指科学共同体内科研工作者的集体意识,包括了精神文化(如科学精神、科学道德、科学伦理等)、制度文化(如学术规范、科研制度等)和行为文化(如行为习惯、科研活动等)三方面,其本质是引导科研工作者遵循科技创新的高不确定性、长周期性等客观规律开展各项工作。从广义维度看,创新文化可以从科学共同体内部外延至整个社会,从而形成全社会层面的创新文化。全社会层面的创新文化强调要能够提高民众的科学素养和认知能力,并引导民众崇尚创新、勇于创新和求真务实。

二、 创新文化的重要作用

从创新文化的理论内涵不难发现,创新文化虽然是无形的,但其在推动科技进步和社会发展、增强企业竞争力和促进个人成长及提升个人幸福感等方面发挥着越来越重要的作用。具体而言:

(一) 推动科技进步和社会发展

创新文化可以激发人们对科学知识和技术知识的兴趣与追求,通过创新思维和方法,人们能够发现新的科学原理、开发新的技术应用,推动科技的进步,为社会带来更先进的科技产品和服务。以 18 世纪的英国为例,当时英国形成了一种崇尚科学的文化氛围,这种氛围激发了人们对科学研究的浓厚兴趣。正是这种兴趣的推动,英国涌现出许多杰出的科学家和发明家。他们在物理学、化学、数学和工程学等领域取得了重要突破,为新技术的发展奠定了基础。例如,詹姆

---

① 孙桂生、唐少清、陶金元等:《企业家精神、创新文化与高质量发展的内在逻辑分析》,《中国软科学》2024 年第 S1 期。
② 任福君:《面向 2035 的中国创新文化与创新生态系统建设的几点思考》,《中国科技论坛》2020 年第 5 期。

斯·瓦特改进了蒸汽机,詹姆斯·哈格里夫斯改进了纺纱机。这些创新成果不仅推动了英国工业革命的发展,也对整个世界产生了深远的影响。这个例子清晰地展示了创新文化如何激发人们的创造力、推动科技的进步,以及为社会带来繁荣和进步的重要作用。同时,科学技术的进步与发展为我们提供了实现可持续发展的工具和途径,通过技术创新和环境保护的结合,我们能够更加有效地利用自然资源,减少对环境的负担,实现社会经济的繁荣与生态的平衡。

(二)助力创新型城市建设

创新文化是创新型城市建设的重要推动力,它通过激发创造力、整合创新资源、营造协同氛围等多方面,为城市的创新发展提供精神支持和环境保障。首先,创新文化能够激发城市整体的创造潜力,为城市注入持续的活力。例如,北京中关村的"创新驱动"文化,使得该区域成为中国创新企业和科研机构最集中的地方,为全国提供了创新发展经验。这里孕育了百度、字节跳动等科技公司,展示了城市创新文化的强大推动力。其次,创新文化能够通过吸引人才、资金和技术资源,为城市打造高效的创新生态系统,解决创新型城市建设中的资源瓶颈问题。例如,上海的张江科学城以"尊重创新、包容失败"的文化吸引了全球各地的科学家和工程师、风险投资基金。近年来,张江科学城通过创新文化的熏陶和服务配套,成为吸引顶尖科研人才的重要区域。最后,创新文化能够推动城市中不同类型组织的跨界融合和城市居民的社会认同。创新文化推动政府、企业和高校间的合作共赢。例如,广州的粤港澳大湾区创新合作机制,通过建立创新文化的共享平台,促进了三地在技术研发、市场推广和政策扶持上的深度协同,为大湾区整体创新发展提供了示范。同时,创新文化能够让市民对创新产生认同感,推动全社会对创新的支持。例如,合肥市通过科技创新周、创新成果展等活动将创新理念传递给普通市民,从而形成全社会对科技创新的支持氛围。

(三)增强企业竞争力

创新文化不仅对国家和区域发展有益,也对企业具有重要意义。在一个鼓励创新的企业文化中,员工更倾向于提出新的想法和解决方案,推动企业不断创新,适应市场的变化,提高竞争力,保持市场地位。创新文化为企业带来了多方面的益处,包括但不限于以下几个方面。首先,创新文化激发了员工的创造力和创新意识,鼓励他们勇于尝试新的想法和方法。员工在这样的文化氛围中更加愿意提出产品设计、市场营销策略、生产流程优化等方面的创新性建议。例如,腾讯就是一个注重创新的企业,它为员工提供了充分的自由和资源,鼓励他们不断尝试新的产品和服务,从而研发出了微信,促使腾讯在移动互联网时代占据领先地位。其次,创新文化促进了企业的技术创新和产品研发。在一个鼓励创新的企业文化中,员工更加积极地参与到新产品的研发过程中,不断提出产品改进和创新的建议,推动了企业产品的不断升级和更新。例如,苹果公司作为一家以创新闻名的企业,其产品更新迭代速度快,不断推出具有颠覆性创新的产品,如iPhone、iPad 等,这些产品的成功使得苹果公司在市场上保持了持续的竞争优势。此外,创新文化还有助于企业更好地适应市场的变化和客户需求的变化。在一个注重创新的企业文化中,企业更加灵活和敏捷,能够及时调整战略,推出适应市场需求的新产品和服务,保持市场地位。例如,华为作为一家全球领先的信息与通信技术(ICT)基础设施和智能终端提供商,一直致力于创新和改进其业务模式和服务,不断满足客户需求,保持了在行业的领先地位。

(四) 促进个人成长和幸福感

在一个鼓励创新的文化环境中,个人不仅是社会发展的参与者,更是个体成长和幸福的主体。这样的文化氛围赋予个人更多的机会去追求内心的激情和兴趣,去挖掘自己的潜能,进而展现独特的才华和价值。在这样的环境里,个人不再被束缚于传统的角色和职责,而是被鼓励去尝试新的思路、新的方法,甚至冒险去探索未知领域。这种自由的氛围不仅激发了个人的创造力和创新能力,也促进了社会整体的进步和发展。以谷歌为例,谷歌一直以来都以鼓励员工自由表达、激发创意而闻名。谷歌的 20%时间政策就是一个很好的例证,即允许员工利用20%的工作时间来追求他们自己的项目和想法。正是这样的政策激发了许多创新的产品和服务,比如 Gmail 和 Google Maps 等,这些产品不仅为谷歌带来了商业上的成功,更让员工感到他们的努力和创意得到了认可,从而增强了他们的幸福感和归属感。在创新文化的氛围中,个人的成长和发展也受到极大的重视。公司会提供各种培训和学习机会，让员工不断提升自己的技能和知识水平。同时，他们也会得到领导和同事的支持和鼓励，从而在工作中不断突破自我，实现个人的职业目标和价值追求。这种积极的学习和成长氛围不仅有助于个人在职业上的成功，更让他们感到自己的生活充满了意义和成就感。

第二节
创新文化建设的时代要求

创新文化是随时代的发展而不断演变发展的，如果创新文化的建设与时代科技创新发展步伐相脱节，将必然阻碍科技创新发展的脚步。我国正处于中华民族伟大复兴的关键时期，这一时期面临着第四次工业革命突飞猛进、中美科技脱钩、关键核心技术"卡脖子"等新形势，百年未有之大变局加速演进给我国创新文化建设提出了新的时代要求。

一、树立正确价值观念

习近平总书记指出："对一个民族、一个国家来说，最持久、最深层的力量是全社会共同认可的核心价值观。"[1]核心价值观，承载着一个民族、一个国家的精神追求，体现着一个社会评判是非曲直的价值标准。社会主义核心价值观是当代中国社会价值秩序的关键要素，是当代中国文化软实力的核心要义。价值观对于塑造个人和组织的行为、态度和决策具有重要的影响力，它可以影响我们的目标、选择、行为方式以及与他人的互动。

人工智能、云计算、大数据、基因编辑、无人驾驶汽车、3D打印等技术的应用与推广，标志着第四次工业革命时代的到来。[2] 在第四次工业革命发展过程中，"机器问题"带来的社会失业风险、技术监管滞后带来的隐私风险、多智能体崛起带来的治理风险、技术异化带来的伦理风险、人类生存意义何在的终极风险等挑

---

[1] 习近平：《青年要自觉践行社会主义核心价值观》，《人民日报》2014年5月5日。
[2] 孙乐强：《后金融危机时代的工业革命与国家发展战略的转型——"第四次工业革命"对中国的挑战与机遇》，《天津社会科学》2017年第1期。

战,使社会发展面临很大的不确定性。[1] 面对第四次工业革命的新兴风险挑战,我们更要培育内含正确价值观念的创新文化,在正确价值观念的引导下进行负责任的研究与创新,实现数据使用与隐私保护的平衡,实行更加灵活高效的监管,从而对第四次工业革命的风险挑战进行有效应对,不断推进中国式现代化的实践与探索。

树立正确的价值观在创新文化建设中具有重要意义,原因在于:(1)正确的价值观能够为人们的行为和决策提供明确的指导。它可以帮助人们明确什么是正确和道德的,以及在科技创新过程中应遵循的基本原则。这有助于确保科技创新过程是正当的、负责任的和有益于社会的。(2)正确的价值观能够帮助建立信任与良好的声誉。当个人和组织在科技创新活动中坚守道德和伦理原则时,他们会赢得他人的信任和尊重。这有助于建立良好的合作关系,吸引更多的人参与科技创新活动,并为科技创新成果的推广和应用提供支持。(3)正确的价值观能够提高科技创新的质量和效果。当科技创新活动遵循正当的价值观和道德规范时,它们更有可能产生有益于社会和人类的创新成果。正确的价值观能够帮助人们更好地考虑和权衡不同的利益,确保科技创新活动的价值与可持续性。(4)正确的价值观能够促进社会的共识与支持。当科技创新活动与社会的基本价值观和期望相一致时,它们更容易得到社会的认可和支持。这有助于科技创新成果的广泛应用和推广,为社会带来更大的利益。(5)正确的价值观能够帮助避免负面影响和损害。当科技创新活动违背基本的伦理原则和价值观时,它们可能对个人、社会和环境产生负面影响。坚持正确的价值导向,可以帮助识别和避免这些潜在的负面影响,并确保科技创新活动对社会和人类产生积极的影响。

在我国当前的创新文化建设过程中,要从鼓励创新精神、尊重多元发展、强调持续学习、倡导协同共享、强化集体观念等方面树立正确的价值观。第一,认可和激励那些勇于挑战传统观念、敢于尝试新思路、追求创新成果的人员,通过

---

[1] 马奔、叶紫蒙、杨悦兮:《中国式现代化与第四次工业革命:风险和应对》,《山东大学学报(哲学社会科学版)》2023年第1期。

为创新者提供必要的支持和资源,以激发他们创新的活力和热情。第二,尊重多元化的观点和想法,并提供相应的平台和机制来促进交流和协作,这样有助于打破传统思维的束缚,创造新的思考路径和解决问题的方法。第三,强调持续学习的重要性,在组织内部营造学习型的氛围,提供相应的培训和发展机会,帮助员工不断适应和应对变化,从而推动整个组织的创新能力的提升。第四,倡导协同和共享。创新往往需要跨部门、跨领域的协作,通过鼓励团队合作和知识共享,可以激发更多的创新思维和创新合作。同时,也可以减少信息孤岛和重复努力,提高创新效率和质量。第五,强化集体观念。价值导向要尊重个体的幸福感和发展意愿,但同时更要强化个体的集体意识,引导个体积极参与到团队乃至整个国家重大科技问题的解决中,这样可以促进团队合作和协作,激发集体智慧,推动科技进步和国家发展。

二、 弘扬优秀传统文化

习近平总书记指出:"不忘历史才能开辟未来,善于继承才能善于创新。优秀传统文化是一个国家、一个民族传承和发展的根本,如果丢掉了,就割断了精神命脉。我们要善于把弘扬优秀传统文化和发展现实文化有机统一起来,紧密结合起来,在继承中发展,在发展中继承。"[1]创新文化是中华优秀传统文化的核心组成部分,我们在建设和弘扬创新文化的过程中,同样要弘扬中华优秀传统文化。

当今世界正经历百年未有之大变局,国内外复杂的思想观点交锋不断。在这样的时代背景下,我们更要保持战略定力,坚定文化自信,继承和弘扬中华优秀传统文化,推动中华优秀传统文化创造性转化、创新性发展,以更好地服务科技创新活动。

从中华民族五千多年文明历史所孕育的中华优秀传统文化内蕴和新中国成立后我国的一系列科技创新实践看,我们必须弘扬中华优秀传统文化。一方面,中华优秀传统文化中蕴含着丰富的创新元素。比如"百家争鸣"的思想,这是中国古代思想和学术领域的一种传统,鼓励不同思想流派之间的辩论和交流,推动

---

① 习近平:《在纪念孔子诞辰 2565 周年国际学术研讨会上的讲话》,《人民日报》2014 年 9 月 25 日。

了思想的碰撞和新观念的产生。"百家争鸣"的精神激发了人们对于思想创新的追求,促进了中国古代学术思想的蓬勃发展。另外,中华优秀传统文化中的诗词和文学艺术也展现了创新的力量。诗词是古代文人士子们表达情感和思想的重要方式,通过独特的艺术表达和形式创新,他们创造出众多优美动人的诗歌作品,开拓了文学领域的新境界。这些作品不仅传承了中华民族的文化基因,也为后来的文学创作提供了灵感和借鉴。此外,中华优秀传统文化中的工艺技艺也展现了创新的精神。例如中国的陶瓷制作、丝绸织造和雕刻艺术等,通过不断探索与创新、不断改进工艺技术和设计风格,创造了许多独特精美的工艺品,展现了中国古代工匠的智慧和创造力。另一方面,新中国成立后,我国在众多领域取得了一系列重大科技创新成果。比如在航空航天领域,我国自主研发了系列运载火箭、北斗导航卫星、盾构机等国之重器;在新能源领域,我国突破了电动载人汽车、锂离子电池、太阳能电池等产品的研发技术难题,实现了技术领先;在信息技术领域,我国率先推出了 5G 通信技术,并在人工智能、大数据、云计算等领域取得了重要突破。这些成就的取得,正是成长在中华优秀传统文化下的科技创新人员艰苦奋斗、不断创新的结果,也是我们坚定弘扬中华优秀传统文化自信的来源。

在新时代,我们需要做好以下四方面的工作,来弘扬中华优秀传统文化。第一,深入学习和了解优秀传统文化。通过学习,包括历史、哲学、文学、艺术等方面的知识,更好地理解和感受——中华文化的独特之处,增强自信心。第二,增强文化自信的认同感。要理解并认同自己的文化是宝贵的,与其他文化一样具有独特的价值和魅力。要积极传承和弘扬自己的文化,为其发展和繁荣作出努力。第三,推动文化交流与对话。积极参与国际文化交流与合作,与其他国家和文化进行对话,增进相互了解与尊重。通过交流和对话,更好地认识自己文化的独到之处,并从其他文化中吸收有益的元素,实现文化的交融与共赢。第四,培养文化自信的教育环境。通过教育,培养年轻一代对自己文化的认同感和自信心。学校和家庭要注重传授和弘扬传统文化的知识,培养孩子的文化素养和自尊心。

三、 践行守正行为准则

习近平总书记指出："无论时代如何发展,我们都要激发守正创新、奋勇向前的民族智慧。"①"必须坚持守正创新"是党的二十大报告提出的"六个必须坚持"中的一项重要内容,也是我国新时代创新文化建设的核心要求。在新时代新征程上,深刻认识和把握这一重要思想的核心意涵,真正树立守正的行为准则,对于坚持好、运用好习近平新时代中国特色社会主义思想的世界观和方法论以及贯穿其中的立场观点方法,具有重要理论和现实意义。

经过改革开放 40 余年的发展,我国科技水平从跟跑、并跑迈入到领跑的关键时期。在此关键时期,以美国为主的西方国家通过立法管制技术出口,妄图遏制我国的科技发展进程,美国《2022 年芯片与科学法案》的出台就是其中的典型事件。面对中美科技博弈全面升级、"逆全球化"浪潮凸显等态势,我们要立足当代中国现实,结合当今时代条件,发展面向现代化、面向世界、面向未来的,民族的、科学的、大众的社会主义先进文化,坚持百花齐放、百家争鸣,坚持创造性转化、创新性发展,在历史进步中实现文化进步,以守正创新的正气和锐气赓续历史文脉、谱写当代华章,不断铸就中华文明新辉煌。

所谓守正,就是我们要坚持实事求是,追求真理,坚持正确的政治方向,根据客观实际去认识和处理问题,不偏离事实,不片面主观地看待事物。所谓创新,就是我们要解放思想,摒弃与事物发展进程不相符的旧观念、旧模式和旧做法,寻找和运用事物的新联系、新属性和新规律,以更有效地认识和改造世界。守正与创新一体两面、辩证互促,相辅相成,体现了"变"与"不变"、继承与发展、原则性与创造性的辩证统一。首先,守正创新代表了"变"与"不变"的统一。守正是中华民族几千年来秉持正道、革故鼎新的根基,也是党的品格,始终践行解放思想、实事求是、与时俱进、求真务实的原则。守正保持了马克思主义的魂脉和中华优秀传统文化的根,是不变的定力。而创新则是我们的动力,以满足现实需求、回应时代挑战为基础。我们突破思维束缚,为解决新问题提出新方法,释放更多的创新活力,创造引人注目的成就。其次,守正创新表现了继承性与发展性

---

① 习近平:《在纪念中国人民志愿军抗美援朝出国作战 70 周年大会上的讲话》,《人民日报》2020 年 10 月 24 日。

的统一。它是马克思主义中国化时代化的体现,既继承马克思主义和中华优秀传统文化,又在马克思主义基础上推进中国新实践。习近平新时代中国特色社会主义思想既守正又创新,生动展示了马克思主义中国化时代化在"两个结合"中的内在逻辑①。最后,守正创新结合了原则性与创造性。守正代表真理的原则性,是事物发展内在逻辑的体现。而创新则是人类创造力的表现,我们通过创新得以产生新认识、新思路、新方法和新成果。这意味着事物发展是持续性和阶段性统一的过程,而创新则是对旧的突破与超越。守正创新旨在坚守原则、不断创新超越自我,通过开放广纳众长,激发民族智慧,实现国家和民族的伟大复兴。

在新时代的创新文化建设中,我们需要遵循三个行为准则,让守正创新成为我们前进的指南。首先,我们要坚守马克思主义的基本原理,同时创造出中国化时代化的新理论。马克思主义的基本原理是普世真理,具有永恒的思想价值。在新征程中,守正就意味着将马克思主义作为我们的行动指南和思想武器,永不偏离,永不背离,不断提高我们推进马克思主义中国化时代化的理论自觉性。创新马克思主义中国化时代化的新理论,就是以时代为背景、以实践为源泉,坚持理论与实践的相互结合,在新的实践中不断推进理论的创新。同时,我们要明确,理论创新的目的并非停留在理论上,而是要落实到实践中去,解决现实问题。我们要以问题为导向,主动发现问题,深入分析问题,真正解决问题。我们要用创新的方法寻找解决矛盾的钥匙,用创新的思路找到攻坚克难的良方,用创新的举措开辟事业发展的新天地。

其次,我们要守党的全面领导之正,创党的自我革命之新。中国共产党是马克思主义执政党。在坚持党的全面领导这个重大原则问题上,我们要立场特别坚定,真正做到旗帜鲜明、毫不含糊。同时,中国共产党是马克思主义革命党。勇于自我革命是我们党最鲜明的品格和最大优势,是党区别于其他政党的显著标志,也是党跳出治乱兴衰历史周期率、解决大党独有难题的秘诀。前进道路上,要不断深化对自我革命规律的认识,不断推进党的建设理论创新、实践创新、制度创新,坚持制度治党、依规治党,使全面从严治党各项工作更好体现时代性、

① 徐艳玲:《牢牢把握坚持守正创新的思想真谛》,《人民日报》2023年8月30日。

把握规律性、富于创造性。①

最后,我们要守中国特色社会主义之正,同时创造中国式现代化之新。中国特色社会主义是科学社会主义理论与中国实际相结合的产物,是实现中华民族伟大复兴的必由之路。坚持中国特色社会主义是实现中国式现代化的本质要求之一。自党的十八大以来,我们在已有基础上继续前进,成功推进和拓展了中国式现代化。同时,中国式现代化的探索是一个历史过程,在继承中发展,在守正中创新。我们必须守住中国式现代化的本质与源头,牢固坚持中国式现代化的中国特色、本质要求和重大原则,确保中国式现代化朝着正确的方向前进。同时,我们要将创新置于国家发展全局的核心位置,大力推进改革和创新,以守正的姿态稳定航向,以创新的精神寻求突破,扬帆远航。

第三节
创新文化建设的路径

我国科技界面临一些亟须解决的问题。这些问题包括部分科研人员在研究工作中存在一些抄袭、数据造假等不诚信行为;一些科研人员过于追求快速成果和经济利益,不愿意投入时间和精力进行科学前沿的探索;科技评价导向主要关注发表论文数量、专利申请数量等指标,忽视了科技创新的质量和影响力。为了解决上述问题,我们需要从以下四方面建设和弘扬创新文化。

一、弘扬优秀科学家精神

习近平总书记指出:"新时代更需要继承发扬以国家民族命运为己任的爱国主义精神,更需要继续发扬以爱国主义为底色的科学家精神"②。科学家精神是科技工作者在长期科学实践中积累的珍贵财富,它代表了科学家群体所独有的精神品质和价值追求。科学家精神是科学共同体内部科学文化的核心支撑,是

---

① 崔建霞:《深刻把握守正创新的核心意蕴》,《中国社会科学报》2023 年 4 月 24 日。
② 习近平:《在中国科学院第二十次院士大会、中国工程院第十五次院士大会、中国科协第十次全国代表大会上的讲话》,《人民日报》2021 年 5 月 29 日。

国内社会先进文化的引领力量,代表了中国科技界的国际形象,是负责任大国形象符号系统的重要内容。①

　　在中华民族伟大复兴的进程中,我国涌现出许多令世界瞩目的科学家。19 世纪中叶,面对西方列强的欺凌,我国出现了一批肩负"科学救国"重任的科学家,被誉为中国"军工泰斗"的军工与机械工业专家、中国共产党军事工业创始人刘鼎,他组织领导制造了 35 毫米小迫击炮和迫击炮弹,是中国自制的较早的火炮。无线电领域的先驱、中国科学院院士李强,受中共中央委托于 1929 年成功研制出中国共产党的第一代无线电收发报机。新中国成立初期,我国出现了一批坚定"科学报国"信念的科学家,比如国家最高科技奖获得者、"共和国勋章"获得者于敏,将毕生的精力投入我国氢弹基础理论研究中,提出了从原理到构形的基本完整的设想,为我国氢弹的研发事业贡献了自己的一切。"两弹一星功勋奖章"获得者钱学森,放弃了美国优厚的待遇,克服重重阻碍回国并投身到"两弹一星"的研究工作中。在 20 世纪五六十年代,我国出现了一批抱有"科学强国"理想的科学家,比如"两弹一星"元勋邓稼先曾说:"我不爱武器,我爱和平,但为了和平,我们需要武器。假如生命终结以后可以再生,那么,我仍选择中国,选择核事业。""中国杂交水稻之父"袁隆平说:"中国人的饭碗任何时候都要牢牢端在自己手上。"②从肩负"科学救国"重任到坚定"科学报国"信念,再到科技强国,一代又一代科学家前赴后继、接续奋斗,他们展示了不畏困难、甘于奉献、创新自强、勇攀高峰的精神品质。他们在致力于科技进步和革新的实践中,逐渐凝练和升华了这一精神,形成了以爱国、创新、求实、奉献、协同、育人为核心的新时代优秀科学家精神。

　　弘扬优秀科学家精神,需要从学习领会科学家精神内涵、激发青年人主体能动性、发挥高校教授榜样示范作用、建立科学传播体系等方面入手。首先,弘扬优秀科学家精神,深入学习领会科学家精神是基本前提。要学习科学家胸怀祖国、服务人民的爱国精神,明白科学无国界,但科学家有祖国的道理;要学习科学家勇攀高峰、敢为人先的创新精神;要学习科学家追求真理、严谨治学的求实精神;要学习科学家淡泊名利、潜心研究的奉献精神;要学习科学家集智攻关、团结

---

① 刘萱、张旸:《科学家精神传播促进科学文化建设的机理与策略》,《中国科技论坛》2022 年第 2 期。
② 杨阳:《伟大复兴视域下的科学家精神》,《中国社会科学报》2023 年 4 月 4 日。

协作的精神。其次,弘扬优秀科学家精神,激发青年人主体能动性是根本。青年人代表着社会的希望和未来,他们具备活力和创造力,是社会变革和进步的重要力量。弘扬优秀科学家精神不仅仅是追溯过去,更是为了将其传承和发展下去。激发青年人的主体能动性可以让他们更好地理解和吸收科学家精神的核心价值,并将其应用于实际,推动科学事业的持续发展。再次,弘扬优秀科学家精神,发挥高校教师榜样示范作用是关键。高校教师是学生的重要榜样,他们在教学、研究和社会服务方面都具备高水平的能力和专业素养,其卓越成就和专业精神可以激励学生,成为学生学习和追求科学家精神的榜样。而且,高校教师是科学家精神的传承者和发展者,他们通过教学和科研实践,向学生传递科学家精神的核心价值。他们注重对学生进行独立思考、创新精神、质量意识和团队合作等方面的培养,帮助学生尽早具备科学家所需的素质和能力。通过教师的言传身教,学生可以更好地理解和吸收科学家精神,将其应用于实际科研和学术发展中。最后,弘扬优秀科学家精神,建立系统性的传播体系是保障。由于科学的特殊性,其文化依然保持着自身的独立和内在的规律。由于存在缺乏具象化讨论对象、平民视角的叙述表达方式、不具系统性的传播机制等问题,科学家精神对于普通公众的影响和作用力远没有其他现代文化显著。因此,在弘扬优秀科学家精神时,要建立系统性的传播体系,其中包括要建立以叙事为要义的话语体系、构筑以理解和认同为基础的传播框架、形成以对话为中心的媒介策略等内容。[1]

二、 涵养优良学风

习近平总书记指出:"要提倡理论创新和知识创新,鼓励大胆探索,开展平等、健康、活泼和充分说理的学术争鸣,活跃学术空气。""要大力弘扬优良学风,把软约束和硬措施结合起来,推动形成崇尚精品、严谨治学、注重诚信、讲求责任的优良学风,营造风清气正、互学互鉴、积极向上的学术生态。"[2]优良学风是指一种积极向上的学习氛围和行为规范,是培养学生自主学习、合作学习和创新思

[1] 刘萱、张旸:《科学家精神传播促进科学文化建设的机理与策略》,《中国科技论坛》2022 年第 2 期。
[2] 习近平:《在哲学社会科学工作座谈会上的讲话》,《人民日报》2016 年 5 月 19 日。

维的重要环境。在优良学风下，学生在学习过程中能够树立正确的学习态度和价值观，掌握科学的学习方法，追求知识的真理和深度，同时也注重对个人品德和社会责任的培养。

涵养优良学风不仅是个人学习成长的需要，也是社会发展和进步的重要保障。首先，优良的学风有助于培养学生的自主学习能力、创新思维和团队合作精神，使其在知识、能力、品德等方面得到全面提升。这有助于个人在学业上取得优异成绩，同时也有助于其综合素质和个人魅力的塑造，为未来的发展奠定良好基础。其次，优良的学风是教育质量的重要保障和体现。在良好的学风环境下，教师更容易开展教学工作，学生更容易接受和消化知识，教育资源得到更有效的利用，教育教学质量自然会得到提升。再次，优良的学风不仅注重学术成就，更重视学生的品德修养和社会责任感。学生在良好学风的熏陶下，会形成积极向上、乐于助人、尊重他人、遵纪守法的良好品质，为社会和谐稳定作出积极贡献。最后，涵养优良的学风可以提高国家的竞争力。一个拥有良好学风的社会能够培养出更多具备创新能力、团队合作精神和解决问题能力的人才。这些人才不仅在学术领域有所突破，而且在各个行业都能表现出色，提高整个社会的竞争力和发展潜力。

涵养优良学风需要从以下多方面入手。首先，学校需要建立明确的学术规范和价值观。学校需要制定明确的学术规范和价值观，明确规定学生和教职员工应该遵循的行为准则，如诚实、创新、求实等，以此作为学风建设的基础。这些规范和价值观不应该是一纸空文，而应该贯穿于学校的各个方面，从课堂教学到校园文化的营造，都应该体现这些准则的精神。其次，学校推行全员参与的学术诚信教育。通过开展学术诚信教育活动，让全体师生了解学术道德的重要性，强调诚信的原则，防止抄袭、剽窃等不端行为的发生。学术诚信教育活动可以包括举办专题讲座、组织学术诚信宣传周、开展学术道德演讲比赛等形式，通过多样化的方式向全员传递学术诚信的理念和要求。再次，社会应该弘扬学术诚信的理念，倡导诚实守信、严谨治学的学术风气，反对抄袭、剽窃等不端行为。学术诚信不仅仅是学术界的一种规范，更是整个社会的价值追求。因此，社会应该共同努力，将学术诚信的理念贯彻到社会的方方面面。各级政府部门可以通过立法和政策的形式,加强对学术诚信的宣传和倡导,明确对学术不端行为的处罚力度,为学术诚信提供法律保障。社会媒体和网络平台要利用自身的影响力,广泛传播学术诚信的理念,报道学术界的典型事例和榜样人物,引导社会关注学术诚信问题,形成舆论的正向导向。学术机构和学术期刊要加强对学术论文的审稿和检测,严格审核论文的原创性和学术水平,杜绝抄袭、剽窃等行为的发生。最后,涵养优良学风需要广大院士发挥坚守学术道德、严谨治学的表率作用。院士作为学术界的顶尖人物,其言行举止不仅关乎个人形象,更影响着整个学术界的风气和社会的价值观,他们肩负着维护学术规范、引领学风风向的重要责任。发挥院士表率作用,就需要广大院士成为学术道德的守护者,需要他们坚决抵制任何形式的学术不端行为,坚守学术规范,维护学术诚信的典范形象,为学术界树立良好的榜样。同时,还要求院士们应该以严谨的态度和方法进行学术研究,注重数据的准确性、实验的严谨性,杜绝敷衍了事、搞虚假研究的行为。

三、 鼓励面向前沿的科学探索

习近平总书记指出,我国经济社会发展和民生改善比过去任何时候都更加需要科学技术解决方案,都更加需要增强创新这个第一动力。我国广大科学家和科技工作者有信心、有意志、有能力登上科学高峰。希望广大科学家和科技工作者肩负起历史责任,坚持面向世界科技前沿、面向经济主战场、面向国家重大需求、面向人民生命健康,不断向科学技术广度和深度进军。① 面向前沿的科学探索是指寻求并开展最新领域、最新技术、最新理论的科学研究和实践活动。这种科学探索通常涉及解决前沿科技问题、挖掘新的科学原理、探索未知的科学领域等方面。

面向前沿的科学探索具有以下特点。(1)创新性和前瞻性。创新性意味着不断探索新的思路和方法,解决前所未有的难题。这种创新不仅仅是改进现有技术或理论,更是对传统观念的颠覆和重构。通过挖掘新的科学现象,科学家们可以深入了解自然界的奥秘,并从中获得启示,推动科学技术的不断发展和进步。同时,前瞻性意味着对未来的预见和规划能力。科学探索需要超越眼前的

---

① 《习近平:面向世界科技前沿面向经济主战场　面向国家重大需求　面向人民生命健康　不断向科学技术广度和深度进军》,《人民日报》2020 年 9 月 12 日。

成果,思考未来的发展趋势和可能的变化。具有前瞻性的研究者不仅关注当前的问题,更注重对未来可能出现的挑战和机遇的洞察与把握。他们通过对趋势的分析和预测,为未来的科学研究和技术创新提供指导与支持。创新性和前瞻性相辅相成,共同推动着科学的进步。只有不断创新,才能在不断变化的科学前沿保持竞争力;只有具备前瞻性,才能引领科学技术朝着正确的方向发展。(2)跨学科性。前沿科学探索往往跨越多个学科领域,在这样的探索中,单一学科的知识和技术已经不足以应对复杂的科学问题,需要各个学科之间的交叉融合和协同创新。例如,生物学、化学、物理学和工程学等领域的交叉,促成了生物技术和纳米技术等跨领域的发展。这种跨学科的协同创新也反映了科学研究的趋势:由专业化向综合化发展。在面对复杂的科学问题时,仅凭单一学科的知识和技术往往难以取得突破性的成果。而跨学科的合作则能够汇聚各方的智慧和资源,共同攻克科学难题。(3)国际化和合作性。前沿科学探索往往需要国际合作和资源共享,这是因为许多科学问题超出了任何单一国家和地区的能力范围。国际合作能够汇集全球顶尖科学家和研究机构,共同攻克复杂的科学难题。大型国际合作项目,如欧洲核子研究组织(CERN)的大型强子对撞机(LHC),汇集了来自全球各地的科学家和工程师,共同探索基本粒子的性质和宇宙的起源。国际合作也有助于资源的共享和优化利用。一些国家可能拥有独特的实验设备或资源,而其他国家可能拥有丰富的人才和经验。通过合作,科学家们可以分享设备、数据和经验,避免重复投入,提高研究效率,加快科学进步的步伐。此外,国际合作还有助于促进科学成果的共享和传播。科学家们在合作研究中取得的成果往往会在国际学术期刊上发表,被全球科学界广泛关注和引用。这不仅有助于推动科学知识的交流和传播,也有助于激发更多科学家的兴趣和参与。

要鼓励面向前沿的科学探索,需要采取多方面的措施。(1)提供资金支持。政府和非营利组织应增加对前沿科学研究的资金投入,这包括增加科研项目的拨款和设立专项基金,以支持科学家进行高风险、高回报的探索性研究。此外,还应建立更加灵活和快速的资金审批机制,减少科研项目启动的时间和成本,为科学家们提供更多的实验和创新机会。这样的举措将有助于激发科学家们的研究热情,鼓励他们在前沿科学领域进行大胆探索,从而推动科学的不断进步和创新。（2）建立合作平台。为促进科学探索的进展，应建立跨学科、跨国界的合作机制，如国际科学会议、研讨会等，为科学家们提供广泛的交流平台。同时，建立国际合作项目和联合研究中心，鼓励不同国家和地区的科学家共同开展研究，分享资源、经验和技术。此外，还可建立在线平台和社交网络，便于科学家之间的信息交流和合作。这样的跨界合作不仅有助于整合全球范围内的科研资源，还能汇聚不同学科领域的专业知识和技术，为解决复杂科学问题提供新的思路和方法。通过跨学科、跨国界的合作，科学家们能够共同攻克科学难题，推动科学探索取得更大的进展，为人类社会的发展和进步作出更为重要的贡献。（3）加强科学传播。政府、教育机构和科研机构也应当加大对科学普及工作的支持和投入，鼓励科学家参与公众科学教育活动，如举办科学讲座、开展科学展览等。同时，应当加强对科学知识的传播渠道建设，包括建立科学网站、科学博物馆等，提供多样化的科普信息，让公众更加便捷地获取科学知识。此外，应该以公开、透明和易于理解的方式传播科学知识，避免使用过于专业化的术语和复杂的表达方式，这样更有益于增强公众对科学的理解和认同，从而提高公众对科学探索的兴趣和参与度。（4）鼓励风险投资。私营部门和风险投资机构的参与对前沿科学项目的投资至关重要。这些机构往往能够提供更加灵活和快速的资金支持，为科学家们提供更多的创新资金来源。私营部门和风险投资机构的投资决策通常更加注重项目的商业前景和技术转化潜力，这有助于将科学研究成果转化为实际应用，推动科学技术的商业化进程。除了资金支持外，私营部门和风险投资机构还能够提供行业专业知识和管理经验，帮助科学家们更好地进行项目管理和市场推广。他们还可能为科学家们的研究提供更为全面的支持，如提供实验设备、实验场地等实际资源。

四、鼓励成功和宽容失败

习近平总书记指出："要最大限度调动科技人才创新积极性，尊重科技人才创新自主权，大力营造勇于创新、鼓励成功、宽容失败的社会氛围。"[①]鼓励成功

---

① 《习近平在中国科学院考察时强调 深化科技体制改革增强科技创新活力 真正把创新驱动发展战略落到实处》，《人民日报》2013年7月18日。

意味着在别人取得成功时，全社会应该给予积极的支持、赞扬和鼓励。宽容失败则意味着对于失败或挫折持一种宽容、理解的态度。

鼓励成功和宽容失败为科技创新提供了积极的氛围和条件，有助于激发创新精神和促进学习与改进。首先，鼓励成功可以激发创新精神。科技创新需要创造性思维和勇气去尝试新想法、新方法。鼓励成功可以肯定创新者的努力和成就，激发更多人投身到创新的领域中。其次，宽容失败促进学习与改进。在科技领域，失败常常伴随着尝试新技术或新理念。宽容失败意味着不因失败而气馁，而是将其视为学习的机会。科技创新需要不断试错、反思，并从失败中吸取教训，进而改进和完善方案。

要实现鼓励成功和宽容失败，需要社会、政府、企业各方各自作出应有的贡献。首先，社会组织可以组织创新论坛、交流活动和研讨会，为创新者提供一个分享经验、互相学习的平台。这些活动可以促进创新文化的传播和交流，鼓励更多人积极参与到创新活动中来。媒体可以通过报道成功案例和失败故事，传播鼓励成功和宽容失败的理念。这些故事可以激励更多人敢于追求梦想和尝试新的想法，同时让社会更加理解和接纳失败的正常性。其次，政府可以建立创新基金和风险投资基金，提供资金支持给创新项目和初创企业。这些基金不仅可以鼓励创新者大胆尝试新想法，还能降低失败的风险，让创新者更加勇敢地面对失败并从中学习。同时，政府还可以制定法律法规，保护创新者和企业家免于过度惩罚和社会排斥的风险。这些法规可以用于破产保护、债务重组机制等，为失败者提供重新开始的机会，同时鼓励更多人积极参与创新活动。最后，企业可以设立创新奖励制度，鼓励员工提出新的想法和解决方案。这些奖励可以是物质奖励或精神奖励，激励员工勇于尝试创新并分享成功经验。企业也可以建立"失败墙"或举办"失败分享会"，让员工分享失败的经历和教训。这种做法可以打破失败的社会耻辱，让员工更容易接受失败，并从中学习如何改进方案和避免同样的错误。

第八章

推进和拓展国际科技合作

当今世界,科技创新日益呈现开放合作的鲜明特征,任何一个国家都难以独自完成从基础研究到技术应用的全链条创新。因此,积极开展国际科技合作,汇聚全球智力资源成为我国在现代化进程中保持科技创新活力和增强创新能力的必由之路。首先,本章分析了当前国际科技合作的总体格局和发展趋势,揭示国际科技合作已成为推动全球科技进步的重要引擎,而我国正日益成为国际科技合作网络的重要枢纽。其次,本章重点阐述了我国积极融入全球创新网络,深入参与信息通信、航空航天、新能源、生命科学等关键领域的国际科技合作,展现出科技大国的责任担当。最后,本章还分析了我国在国际科技合作中可能面临的风险和挑战,并提出相应的应对策略。通过系统梳理和深入分析,本章全面展现了我国积极参与国际科技合作,推动科技创新惠及世界的宏大愿景和务实行动,彰显了中国式现代化道路对人类科技进步和文明发展的重要意义。

第一节
国际科技合作与我国定位

　　国际科技合作是全球创新网络的重要组成部分,对于应对人类共同挑战、实现创新资源优化配置具有重要意义。本节分析了当前国际科技合作的总体格局和发展趋势,揭示国际科技合作已成为推动全球科技进步的重要引擎,而中国正日益成为国际科技合作网络的重要枢纽,同时重点阐述了中国在融入全球创新体系进程中的地位和作用演变,以及中国式现代化背景下参与国际科技合作应遵循的原则和方向。

一、 国际科技合作的格局与演变

　　21 世纪以来,国际科技合作取得显著进展,这一进展体现在三个层面:在国家层面,各国政府间联合承担重大科技项目日益增多;在企业层面,跨国企业之间联合研发和专利共享日益频繁;在个人层面,全球科研人员开展学术交流、共同发表科研论文的数量持续增长。

　　在当今世界科技创新日益呈现开放合作态势的大趋势下,大国之间的科技合作更是不可或缺。作为全球科技实力最雄厚的一些国家,大国科技合作不仅有利于优化全球创新资源配置,实现优势互补,也将产生知识溢出和放大效应,为全球科技创新注入强劲动力。[1] 例如,美国国家科学委员会《2022 年科学与工程指标报告》显示,我国是与美国开展科学研究合作最频繁的国家,中美科技合作的深入开展也离不开两国政府的政策支持和基金资助。两国政府为此专门设立多项基金计划,鼓励科研人员开展合作研究,并为优秀合作项目提供资金支持,为中美科技合作发展注入强劲动力。[2]

　　在重点前沿科技领域,国家之间的科技合作更显重要。以人工智能领域为

---

[1] Lee J. J. & Haupt J. P., "Winners and Losers in US-China Scientific Research Collaborations", *High Education*, 2020, 80, pp. 57 - 74.

[2] Leydesdorff L. & Wagner C., "International Collaboration in Science and the Formation of a Core Group", *Journal of Informetrics*, 2008, 2(4), pp. 317 - 325.

例,各国高度重视人工智能发展,将其列为新一轮科技革命和产业变革的重要力量。但由于人工智能技术复杂、研发投入巨大,单靠一国之力难以实现跨越式发展,所以各国设立科研基金,支持学者的跨国合作。通过国际合作,一国不仅可以吸收其他国家在算法、芯片等关键技术方面的最新研究成果,还能借鉴人工智能在金融、医疗等行业的创新应用经验。同时在某些人工智能细分领域处于领先地位的国家,可以为合作伙伴提供技术支持。优势互补、分工协作有利于各国集中力量攻克人工智能发展的技术瓶颈。人工智能只是一个缩影,在量子信息、基因编辑、新能源等诸多前沿科技领域,国家间的开放合作同样必不可少。

跨国企业之间在信息通信、新能源、生物医药、航空航天等诸多领域广泛开展联合研发和专利共享,大大提升了全球科技资源配置效率,为破解人类面临的共同挑战贡献了创新动力。一个典型的例子是,2023 年 1 月 13 日,全球通信技术领域的两大巨头华为与瑞典爱立信宣布签订长期全球专利交叉许可协议。该协议涵盖了 3G/4G/5G 蜂窝移动通信技术在内的广泛的标准相关基本专利,这些专利覆盖了由 3GPP、ITU、IEEE、IETF 等标准化组织制定的通信标准,专利的使用范围涉及通信网络基础设施建设和终端设备销售等各个环节。这一协议达成也向产业界传递了积极信号。在当前逆全球化趋势抬头、地缘政治风险加剧的国际环境下,知识产权保护和技术封锁问题备受关注。而华为与爱立信此次达成的全球专利交叉许可,展现了全球领先企业秉持开放合作、互利共赢的理念,通过加强知识产权合作,共同推动人类科技进步的担当和胸怀。

科研合作也是国际科技合作的一个重要方面。据美国国家科学基金会统计,2022 年,我国仍然是最大的科技出版物发表国,其次是美国,再次是印度(见图 8-1)。这些科学成果的产出离不开国际合作。报告以合著者和被引用次数为衡量标准考察了各国研究人员之间的合作趋势。2022 年,全球国际合作率为23%,但这些比率因地区、国家或经济体而异。在前 15 大论文发表国中,国际合作率较高的地区、国家或经济体包括英国(67%)、澳大利亚(63%)、法国(60%)和加拿大(60%)。国际合作率较低的地区、国家或经济体包括中国(19%)、印度(24%)和俄罗斯(25%)。

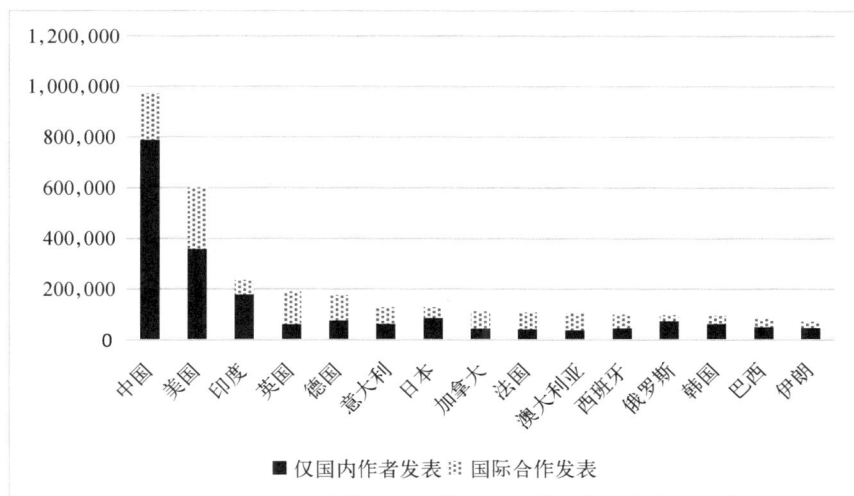

图 8-1 2022 年科技出版物的 15 个最大的生产地区、国家或经济体

数据来源：美国国家科学基金会。

十多年来，全球国际合作产出 S&E（Science and Engineering）文章比例一直在增长，从 2012 年的 19% 增加到 2022 年的 23%。科技出版物领先的地区、国家或经济体都显示出国际合作率的增长（图 8-2）。2003 年，英国 37% 的文章是由不同国家科研人员合作完成，到 2022 年，这一比例增加到 67%。同样，同期德国的国际合作率从 39% 上升到 56%。2003 年至 2022 年间，美国和日本的国际合作都有显著增长（分别从 23% 增加到 40% 和从 19% 增加到 32%），而我国（从 15% 增加到 19%）和印度（从 19% 增加到 24%）的比例变化相对较小。从以上数据可以看出，国际科研合作已成为当今全球科技创新的重要趋势。无论是科技领先的发达国家，还是新兴的科技大国，都不同程度上提高了国际合作产出科研论文的比例。这反映出在全球化和知识经济时代，任何一个国家都难以独自应对科技发展的复杂性和不确定性，国际科技合作日益成为各国提升创新能力、优化创新资源配置的必由之路。

然而近年来，全球科技创新合作受政治因素牵制的事情时有发生，科技问题意识形态化的趋势明显增强。比如美国反复修改气候政策，在《巴黎协定》上出尔反尔，导致全球气候领域科技发展方向出现摇摆；又如部分发达国家通过限制

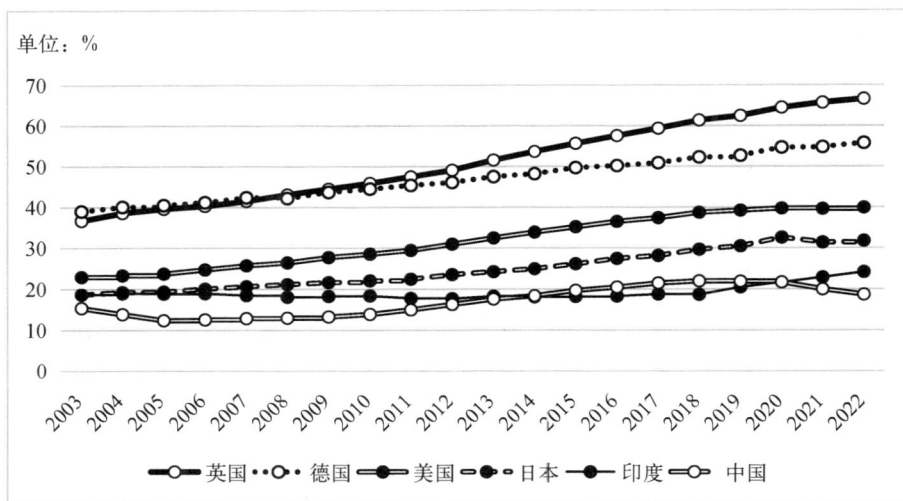

单位：%

图 8 - 2　2003—2022 年与国际合著者发表文章的主要地区、国家或经济体

数据来源：美国国家科学基金会。

在跨国科学研究、技术研发、人员交流、市场应用等方面的合作，对本国领先技术进行保护，同时达到遏制他国科技发展的目标。同时，新冠疫情暴发后，世界供应链被打乱，国际科技与产业合作水平明显降低。在疫情冲击下，世界主要国家经济增长陷入停滞，全球步入"存量博弈"，大国竞争更加激烈。各国都在寻求"科技突围"，把科技发展放在更加重要的地位上，频繁制定科技发展政策和行动计划，加大科技研发投入，试图寻求下一个增长点。

虽然全球政治、经济格局加速重构与演变，国际科技合作面对诸多困难，但科技创新在应对诸如气候变化、能源危机、公共卫生等全球性挑战中扮演着至关重要的角色。例如，在气候变化领域，可再生能源、碳捕捉与存储等技术被视为减少温室气体排放、实现低碳发展的关键。此外，科技创新还促进了新能源汽车的发展、疫苗的快速研发和生产，以及远程工作和教育技术的提升，这些都是当前和未来全球经济增长的新动力。国际科技合作在这一过程中不可或缺，它有助于汇聚全球智慧，共享研发成果，加快科技进步，共同应对全球性挑战。这种合作精神对于构建人类命运共同体，实现共赢发展具有重要意义。加强国际科技合作，优化全球创新资源配置，能极大提升人类科技创新能力，助力各国现代化进程,造福全人类。

二、 我国参加国际科技合作的定位与角色

改革开放以来我国国际科技合作的内涵和目标也在不断深化和拓展。"十五"期间,我国国际科技合作重点是通过引进国外先进技术和管理经验提升自身科技发展水平;"十一五"时期,国际科技合作成为我国参与全球事务、提升国际影响力的重要手段;进入"十三五",我国通过国际合作成为某些前沿领域的引领者[①];"十四五"时期,我国成为全球治理体系改革和建设的关键力量。

作为科技大国和最大的发展中经济体,我国在国际科技合作中扮演着举足轻重的角色。我国积极参与全球科技治理,推动建设开放、包容、互利共赢的科技合作新格局,为促进全球科技创新、实现 2030 年可持续发展目标作出重要贡献。这有利于我国继续走中国式现代化道路,发挥科技创新在中国式现代化中的关键作用。在推进中国式现代化的进程中,我国致力于推动全球科技治理体系的完善,为实现全球的可持续发展目标贡献力量,展示了我国在推动国际科技合作和治理方面的积极角色和贡献。

一方面,我国作为科技大国,在部分前沿领域处于世界领先地位。我国正与世界各国开展卫星导航、空间探索、量子通信、人工智能等领域的国际合作,共享科技创新硕果。例如,我国北斗卫星导航系统已与美国 GPS、俄罗斯格洛纳斯卫星导航系统(GLONASS)、欧盟伽利略卫星导航系统(Galileo)组成全球四大导航系统。我国的"天眼"——500 米口径球面射电望远镜(FAST)也向全世界开放,支持国际天文学家开展黑洞、引力波等前沿研究。我国还与德国、俄罗斯等国家开展空间站合作,探索太空科学前沿。我国天宫空间站为全人类的太空探索和科技发展作出了显著贡献,向全世界提供了一个国际科研合作的平台,让来自世界各地的科学家能够在微重力环境中进行实验,推进了生命科学、物理学、天文学等多个领域的研究。此外,天宫空间站的建设和运行还促进了航天技术的创新与进步,为全人类提供更深入理解宇宙的机会,展现了国际科技合作

---

① 任孝平、杨云、周小林、南方:《我国国际科技合作政策演进研究及对新时期政策布局的思考》,《中国科学院院刊》2020 年第 5 期。

在推动人类共同福祉方面的重要性。

另一方面,我国作为最大的发展中经济体,注重与发展中国家开展科技合作,帮助其提升自主创新能力。我国不仅与东盟、非洲、拉美等地区国家开展技术转移和联合研发,还为这些国家培养大批科技人才。例如,中国—东盟技术转移中心为东盟国家技术转移提供支持,中国—非盟和平安全合作伙伴关系支持非盟国家在人造地球卫星、信息通信等领域的科技发展。在上述两方面之外,我国还在新冠疫苗、艾滋病治疗药物等医药领域开展跨国合作,让我国科技创新成果惠及全人类。

三、 中国式现代化进程中我国参加国际科技合作的原则与方向

我国正在从科技大国迈向科技强国,在国际科技合作中的涉及面和影响力正在不断扩大。习近平总书记在科学家座谈会上的讲话指出:"国际科技合作是大趋势。我们要更加主动地融入全球创新网络,在开放合作中提升自身科技创新能力。"①在中国式现代化进程中,我国坚定不移地推进国际科技合作,同世界各国深化协作,谋求共同发展,为构建新型全球发展伙伴关系贡献中国智慧。

第一,我国坚持走人与自然和谐共生的中国式现代化道路,高度重视生态文明建设中的科技创新,助力全世界该领域的国际科技合作。在全球范围内,我国大力推广清洁能源技术、碳捕捉与封存技术、水资源管理和土壤修复技术等绿色环保科技创新,充分展现了对生态环境保护的高度重视。这些科技创新不仅推动了环境污染治理和生态系统修复,实现资源节约集约利用,更体现了科技进步与生态文明的相互促进、相辅相成。例如,清洁能源技术的发展应用有利于减少化石燃料燃烧排放,从根源上遏制大气污染和温室气体排放。碳捕捉与封存技术则可直接捕获和固定二氧化碳,为实现"碳中和"目标贡献力量。再如水资源管理和土壤修复技术的创新,有助于保护和合理利用水土资源,维护生态系统平衡。绿色环保技术创新不仅有力支撑了我国生态文明建设实践,也为人类探索人与自然和谐共生的现代化之路贡献了中国智慧和中国方案。这些行动展现了我国在全球范围内,作为负责任的大国,主动适应绿色低碳发展趋势,推动科技

---

① 《习近平在科学家座谈会上的讲话》,《人民日报》2020 年 9 月 12 日。

创新与生态文明良性互动的发展理念,体现了积极构建人与自然和谐共生现代化的生动实践。

2017 年,科技部与联合国在上海签署《中华人民共和国科技部与联合国科技创新促进可持续发展目标的谅解备忘录》(以下简称"谅解备忘录")。[①] 谅解备忘录围绕《2030 年可持续发展议程》涉及的重点领域开展合作,双方共同推动联合国《2030 年可持续发展议程》技术促进机制在线平台和绿色技术银行合作与开发,协同开展绿色技术转移转化、评估认证等方面的战略研究,联合举办培训和交流会议,积极分享绿色技术银行、可持续发展议程创新示范区经验,提升科技促进可持续发展能力。谅解备忘录体现了我国积极构建人类命运共同体,以负责任大国担当推动绿色发展的胸怀气度,诠释了中国式现代化坚持走绿色发展之路,推动人与自然和谐共生的理念。

第二,我国坚持走全体人民共同富裕的中国式现代化道路,体现了社会主义的本质要求。国际科技合作在促进共同富裕方面发挥着重要作用。科技是第一生产力,减少全球科技鸿沟有利于各国均衡发展,促进共同富裕。首先,国际科技合作有利于共享全球科技创新资源,缩小科技差距。我国通过加强同发达国家在前沿科技领域的合作,学习吸收先进科技成果,提升自主创新能力。同时,我国与发展中国家开展技术转移合作,有助于增强其科技实力,共同增强科技创新能力。其次,国际科技合作有利于将科技发展成果更多惠及全球人民。随着科技水平不断提高,很多新技术都将被应用于农业、医疗、教育等民生领域。我国充分利用国际科技合作平台,与合作伙伴分享技术经验,学习先进适用技术,再结合国情对技术进行创新,使更多科技创新惠及人民生产生活,促进共同富裕。再次,我国参加国际科技合作有利于为各国分享新兴产业发展机遇,共享经济发展成果。我国正在加快培育新动能,发展数字经济、绿色经济等新兴产业,这需要与其他国家开展广泛科技合作,获取关键技术和资源要素。新兴产业的发展将释放巨大就业机会和发展空间,为全球各国共享经济发展成果、实现共同

---

① 《科技部与联合国签署科技创新促进可持续发展谅解备忘录》,中国政府网,https://www.gov.cn/xinwen/2017 - 12/11/content_5245832.htm, 2017 年 12 月 11 日。

富裕奠定良好基础。

第三，我国坚持走物质文明和精神文明相协调的中国式现代化道路，通过国际科技合作为全世界物质文明和精神文明协调发展作出贡献。首先，参加国际科技合作有利于提升我国的科技创新能力，为物质文明建设提供有力的科技支撑。通过开放合作，我国可以学习吸收世界先进科技成果，缩小同发达国家的创新差距，国际科学计划和大科学装置平台为我国科学家直接参与世界前沿科研活动提供了机会。同时，我国充分利用全球创新资源，也为合作伙伴贡献了自身智力成果，谋求互利共赢，为我国物质文明建设注入不竭动力。其次，国际科技合作有利于我国主动参与全球科技治理，提高在国际事务中的话语权和影响力，助力精神文明建设。科技实力无疑是当今国际影响力的重要体现，科技文明、科技伦理也是精神文明的重要组成部分。我国正在推动建立开放包容、互利共赢的全球科技伙伴关系，为维护人类共同利益贡献智慧和方案，共建共享现代科学精神。再次，参加国际科技合作，有利于向世界传递我国构建人类命运共同体的主张和理念。科学是人类共同的事业，人类面临的重大挑战需要全球智力资源协同攻关。我国积极倡导科技创新成果惠及全人类，通过国际合作应对气候变化、重大疫情等全球性挑战，为构建人类命运共同体贡献力量，展现了负责任大国担当。因此，国际科技合作既是中国式现代化不可或缺的重要力量，也有利于彰显我国在全球事务中的重要地位。未来，我国将继续扩大对外开放，主动融入全球科技治理体系，以开放包容的科技合作姿态推动建设更加美好的世界。

第四，我国坚持走和平发展的中国式现代化道路。这也是贯穿于我国在国际科技合作中的战略主张，体现了我国的大国地位和对世界和平的贡献。在科技创新领域，我国主张通过开放包容、互利共赢的国际合作，共同分享科技进步成果，维护全人类共同利益。我国反对科技围堵和制裁，反对将科技发展与意识形态及地缘政治对立挂钩，呼吁世界各国共同努力，共建人类命运共同体。在实践层面，我国高度重视南南科技合作，通过技术援助、人才培养等方式，帮助广大发展中国家提升科技创新能力，缩小科技差距，实现更加平衡包容的全球发展。我国坚持将自身科技创新成果惠及全人类，在新冠疫苗研发、航天技术、生态环保等领域与各国开展广泛合作。我国还大力推动全球科技治理体系朝着更加公正合理的方向发展,主张科技发展应符合开放包容的价值观,反对单边主义和技术封锁,维护发展中国家正当科技权益。我国倡导按照共商共建共享原则,建设开放型世界经济,维护基于规则的多边贸易体制,推动全球创新资源高效流动。只要秉持开放包容、互利共赢理念,遵循和平发展道路,国际科技合作就能造福全人类。

第二节
我国在国际科技合作中的重点领域

科技创新是推动国家发展的第一动力,也是实现中国式现代化的关键支撑。在当今世界,科技创新日益呈现开放合作的鲜明特征,任何一个国家都难以单独完成从基础研究到成果转化的全链条创新。因此,积极开展国际科技合作,汇聚全球智力资源,成为我国在中国式现代化进程中,保持科技创新活力和增强创新能力的必由之路。

我国政府始终高度重视国际科技合作。《"十四五"国家科技创新规划》明确将信息技术、生命科学与生物技术、新材料、节能环保等领域列为创新发展的重点。《国家创新驱动发展战略纲要》《科技体制改革三年滚动实施方案》等文件也对人工智能、航空航天、新能源、先进制造等作出具体部署。整体上,信息通信、航空航天、新能源、生命科学与生物医药这四大领域应当是我国当前乃至未来一段时期内开展国际科技合作的重点领域。

这些重点合作领域的选择,与中国式现代化的内涵和特征密切相关。中国式现代化不仅追求物质文明,也高度重视精神文明建设;不仅注重经济发展,也坚持走生态优先、绿色低碳的可持续发展道路;不仅重视自身发展,也努力推动构建人类命运共同体。信息通信、航空航天等领域的创新发展,将为我国乃至全球的高质量发展注入源源不竭的动力。新能源、生命科学等领域则与保护生态环境、促进绿色发展紧密相关,体现了中国式现代化的生态文明理念。通过在这些领域加强国际合作,我国不仅可以学习借鉴世界一流科技成果,也将为应对全人类共同面临的重大挑战贡献中国智慧和方案,展现负责任大国担当。正是基于上述考虑,我国将这些关键领域纳入了国际科技合作的重点范畴,通过优化全球创新资源配置,集中力量攻坚克难,为推进中国式现代化、维护人类共同利益而不懈奋斗。

一、我国确定国际科技合作重点领域的全球意义

当今世界正经历百年未有之大变局,人类社会面临诸多共同挑战。信息通信、航空航天、新能源、生命科学和生物医药等领域事关人类前途命运,需要国际社会加强合作。我国加强这些领域的国际科技合作具有重大而深远的战略意义。

第一,加强信息通信技术领域国际科技合作,有利于加强全球数字治理,推动制定平等普惠、公平合理的国际数字规则,维护全球网络空间安全。共同推进全球信息基础设施建设,对维护全球产业链、供应链稳定畅通,推动经济复苏和可持续发展至关重要。同时,通过信息通信技术国际合作,有助于弥合数字鸿沟,推动互利共赢。当前,全球还有近30亿人口无法连接互联网,主要分布在广大发展中国家。帮助欠发达国家提升信息基础设施建设水平,分享数字红利,对于消除贫困、实现包容性增长具有重要作用。在人工智能、大数据等前沿技术领域开展联合攻关,有利于实现优势互补,引领未来发展。全球各国积极探讨信息通信与数字技术发展的伦理道德和安全边界,有助于让新技术发展成果造福全人类。

第二,加强航天领域国际科技合作是和平利用外空、造福全人类的必由之路。当前,全球航天事业发展迅速,各国前所未有地依赖外层空间开展经济社会活动。与此同时,外空军备竞赛、空间碎片等问题日益突出,航天活动长期可持续发展面临威胁。加强航天领域国际合作,有利于加强外空全球治理,完善外空国际规则,减少误解和误判,防止外空武器化和军备竞赛。同时,航天领域国际合作有助于推动空间科学、深空探测等基础研究,加强空间数据共享,应对全球气候变化、自然灾害等共同挑战,让航天创新成果更多惠及各国人民。

第三,加强新能源领域国际科技合作是应对全球气候变化、推动绿色低碳转型的必然要求。气候变化已成为全人类面临的严峻挑战之一,化石能源消费是

温室气体排放的最大来源。加快发展可再生能源已成为国际社会应对气候变化的普遍共识。但当前,受技术、成本等因素制约,全球可再生能源开发利用规模仍然有限,许多国家仍面临能源贫困问题。加强新能源领域国际科技合作,有利于推动清洁能源技术创新,降低新能源开发利用成本,优化全球能源结构,为实现应对气候变化目标提供有力支撑。同时通过新能源领域国际科技合作,我国还可以帮助广大发展中国家提升能源可及性,破解能源瓶颈制约,实现经济社会可持续发展。

第四,加强生命科学和生物医药领域国际科技合作是维护全球公共卫生安全、增进人类健康福祉的现实需要。新冠疫情再次凸显了全球公共卫生危机对人类的严重威胁,病毒变异、抗药性增加等因素也使得人类在抗击重大疾病、维护健康安全方面面临更多不确定因素。加强生物医药领域国际科技合作、开展重大疫情防控和公共卫生领域联合科研攻关,有助于提升全球新发突发传染病早期预警和联防联控能力,维护全球公共卫生安全。共享疫苗和药物研发成果,有利于弥合"免疫鸿沟",推动普惠医疗,让科技进步成果惠及更多国家,特别是发展中国家民众。此外,加强前沿生命科学研究国际合作,攻克癌症、罕见病等重大疾病,对于增进全人类健康福祉、推动全人类的共同发展具有重要价值。

总之,信息通信技术、航空航天、新能源、生命科学和生物医药领域的国际科技合作是和平利用外空、应对气候变化、维护全球健康的现实需要,事关人类社会未来发展和长远福祉。这些领域也是全球创新和产业革命的前沿阵地,开展国际科技合作有助于实现优势互补、成果共享,为实现高质量发展、推动构建人类命运共同体提供有力支撑。我国作为负责任大国,要积极秉持开放合作理念,深化在这些领域的国际交流合作,以实际行动推动构建人类命运共同体,为人类文明进步贡献力量。

二、 信息通信技术领域的国际科技合作

信息通信技术是现代社会的重要基础,也是我国开展国际科技合作的重点领域之一。这一领域的发展,不仅关乎推动我国数字经济的发展,也将赋能各行业数字化智能化转型。信息通信是我国参与国际科技合作的重点领域,近年来

合作广度和深度都有了长足进展。一方面,合作领域覆盖了5G、人工智能、量子信息等信息通信技术的关键核心环节,体现了我国主攻全球科技高地的决心。另一方面,合作成果喜人,不仅在标准制定、技术攻关上取得重大突破,也促进了创新资源的优化配置和智力交流。

当前,5G正处于全球加速部署的关键阶段。根据联合国国际电信联盟(ITU)的数据,2021年5G网络已覆盖全球19%的人口。从区域分布看,5G网络覆盖和应用普及仍不均衡。欧美、中国、日韩等国抢先布局,形成5G发展第一梯队,而广大发展中国家受制于经济基础、技术能力等因素,5G部署相对滞后。然而,收入水平较低的国家在5G部署方面遇到诸多挑战,包括基础设施建设成本高昂、5G终端可负担性差,以及监管政策和用户使用意愿低迷等阻碍因素。

在5G国际合作中,技术标准制定、关键专利布局、产业链主导权的争夺十分激烈。据中国信息通信研究院发布的《全球5G标准必要专利及标准提案研究报告》显示,华为的5G标准必要专利数量已经超过9000项,位列全球第一,紧随其后的是美国高通和韩国三星。在5G商用部署进程中,中美两国也呈现你追我赶之势。[1]美国高度重视5G技术对未来产业变革和国家安全的战略意义,多次出台政策推动5G发展。我国也将5G作为新型基础设施建设的重中之重,中央和地方政府积极推进网络建设、应用示范,抢占产业发展先机。在竞争的同时,中美在5G领域的合作也在拓展。美国高通、英特尔等芯片巨头与我国企业开展技术合作,共同拓展5G应用场景。中国电信运营商与诺基亚、爱立信等设备商密切合作,推进5G网络架构优化升级。总体看,5G作为新一轮科技革命的战略制高点,呈现出竞争与合作交织的复杂态势。发达国家凭借技术、资本、市场优势力图巩固主导地位,而以我国为代表的新兴经济体通过自主创新、开放合作实现跨越式发展。未来,在全球范围内推进5G基础设施共建共享,深化5G技术和产业链合作,缩小区域发展差距仍需要国际社会携手努力。

---

[1] 中国信息通信研究院:《全球5G标准必要专利及标准提案研究报告(2023年)》,https://www.caict.ac.cn/kxyj/qwfb/ztbg/202304/P020230421528385442774.pdf,2023年4月。

在信息通信技术中,人工智能被誉为新一轮科技革命和产业变革的战略性核心技术,是我国积极开展国际科技合作的重点领域。人工智能国际合作不仅有利于提升我国自身创新实力,也将为全球治理和文明进步贡献智慧。近年来,我国在人工智能领域的国际合作成果丰硕,充分体现了中国式现代化的鲜明特征。2023年7月,首届中国—东盟人工智能合作论坛在广西南宁举办。论坛以"科技向善,智惠东盟"为主题,聚焦人工智能技术和产业,共话发展前景,把握未来趋势,助力中国与东盟国家人工智能领域的交流合作迈上新台阶。我国与东盟国家在人工智能人才培养、联合研发、成果转化等方面的务实合作,将提升区域人工智能创新能力,助力各国数字经济蓬勃发展。我国倡议举办中国—东盟人工智能合作年,展现了我国推动周边国家分享人工智能发展机遇的诚意,有利于各国携手打造人工智能命运共同体,实现互利共赢。

总之,我国在信息通信技术领域开展的国际合作,既有力推动了自身现代化进程,又为全球人工智能事业贡献了中国智慧,生动诠释了中国式现代化的丰富内涵和独特优势,展现了我国负责任大国风范。

三、 航空航天领域的国际科技合作

我国航空工业取得了举世瞩目的发展成就,成为推进中国式现代化建设的重要力量。在大飞机领域,我国自主研制的C919大型客机实现了首飞,打破了欧美国家在大飞机市场的垄断,标志着我国成为世界上少数几个能够自主研制大型客机的国家之一。C919的研制成功,体现了我国航空产业链整体水平的显著提升,彰显了我国航空人自主创新、攻坚克难的精神。

同时,我国航天事业快速发展,取得了一系列重大成就,国际影响力持续提升,为推进中国式现代化注入了强大动力。从1992年立项到2003年"神舟五号"首次载人飞行成功,我国成为世界上第三个独立掌握载人航天技术的国家。此后,我国先后成功实施了"神舟六号"至"神舟十一号"载人飞行任务,突破了航天员出舱活动、空间交会对接等一系列关键技术。2021年,我国空间站工程全面实施,成功发射"天和"核心舱,后一年成功发射"问天"实验舱,形成空间站组合体在轨运行,开启了我国载人航天新纪元。

空间站不仅是一个重大科技工程,也是一个重要国际合作平台,在载人航天领域,我国与多个国家和国际组织开展了卓有成效的合作。我国与欧洲航天局、德国航空航天中心等机构签署了航天合作协议,在航天员选拔训练、空间生命科学研究等方面开展深入合作。未来,我国空间站将成为国际合作的重要平台,为各国航天员提供机会,共同探索宇宙奥秘。这体现了中国坚持对外开放、推动构建人类命运共同体的宽广胸怀。

在深空探测领域,我国积极参与国际大科学计划,展现负责任大国担当。我国成功发射"天问一号"火星探测器,实现了从地月系到行星际探测的跨越,标志着我国深空探测进入新时代。我国还积极参与"月球村"等国际月球探测合作倡议,为推动人类可持续月球探索贡献智慧。

在卫星应用领域,我国大力推动北斗卫星导航系统国际化应用,已与多个共建"一带一路"国家签署北斗合作协议,为各国经济社会发展提供重要公共产品。经过20多年发展,我国自主建设、独立运行的全球卫星导航系统——北斗卫星导航系统,已成为全球卫星导航系统的重要组成部分。2020年,北斗三号全球卫星导航系统正式开通,标志着北斗系统服务范围由区域扩展为全球,我国成为世界上第三个独立拥有全球卫星导航系统的国家。北斗系统在测绘、交通运输、智慧农业、减灾救灾等诸多领域发挥着重要作用,逐步融入百姓生活,服务中国式现代化建设。我国积极推进北斗系统国际化应用,已在120多个国家和地区得到广泛应用,成为服务"一带一路"建设、造福各国民众的重要公共产品。我国还积极开展对地观测、气象等卫星数据共享服务,与多个发展中国家合作开展卫星应用培训,帮助他们提升空间信息获取和利用能力。这生动诠释了中国坚持以人民为中心的发展思想,让卫星应用成果惠及广大发展中国家人民。

总之,我国航空航天事业的蓬勃发展,既彰显了中国特色社会主义制度优势,也为推进中国式现代化提供了强大科技支撑。未来,我国将继续深化航天领域改革创新,加强关键核心技术攻关,推动航天强国建设再上新台阶。同时,我国也将更加积极开放地融入全球航空航天事业发展,以负责任大国形象推动国际航空航天合作迈向新高度,为人类探索宇宙、和平利用太空作出新的更大贡献。

四、 新能源领域的国际科技合作

我国高度重视发展新能源,积极推进与各国在新能源领域的务实合作。在太阳能领域,我国与法国、澳大利亚等国家开展了光伏电站项目合作,共同推动光伏技术进步和产业化应用。在风电领域,我国与丹麦、德国等国家开展了风电场建设、海上风电等合作,有力推动了风电产业健康发展。我国还与多个共建"一带一路"国家合作建设了一批大型新能源项目,为当地经济社会发展注入绿色动力,体现了中国式现代化坚持绿色发展理念,走人与自然和谐共生之路的鲜明特色。

我国积极参与并推动智慧能源合作,进行全球能源互联网建设,努力构建以新能源为主体的新型电力系统。我国提出共建"一带一路"能源合作伙伴关系,与多个国家和国际组织签署了能源合作协议,大力推动跨国跨区电网互联和智慧能源系统建设,为区域能源互联互通、优化配置全球能源资源作出积极贡献。这生动诠释了中国式现代化追求物质文明和精神文明相统一,不断满足人民对美好生活的愿望。

我国积极应对气候变化。作为《巴黎协定》的坚定支持者和积极参与者,我国在推动全球气候治理进程中发挥着重要作用。我国先后宣布了力争 2030 年前实现碳达峰、2060 年前实现碳中和的"双碳"目标,展现了负责任大国的气候雄心和行动力。为推动落实"双碳"目标,我国积极开展气候领域国际合作,先后与欧盟、英国等发达经济体达成系列务实合作,在绿色金融、碳市场、可再生能源等领域深化交流互鉴。我国还面向广大发展中国家开展适应气候变化的南南合作,为发展中国家提供资金、技术和能力建设支持,助力各国绿色低碳发展。我国应对气候变化的一系列举措,生动体现了中国式现代化进程中,中国正积极为全球气候治理和绿色转型贡献中国方案。

总之,我国积极参与和引领新能源与节能环保领域的国际科技合作,为推动共建清洁美丽世界贡献了重要力量。这些务实合作既有力推动了我国能源生产和消费革命,促进生态文明建设,又为全球低碳转型和绿色复苏注入了动力,生动诠释了中国式现代化的丰富内涵和世界意义。

五、 生命科学和生物医药领域的国际科技合作

我国积极参与全球生命科学前沿领域研究,与国际科研机构和知名高校开展了一系列卓有成效的合作。在基因组学研究方面,我国参与了人类基因组计划、国际水稻基因组计划等重大国际科学合作项目,为解析生命奥秘、推动生物技术创新作出重要贡献。在干细胞与再生医学领域,我国与英国、美国等国家开展了广泛合作,取得了一批原创性突破,为疾病诊疗和器官再生带来新的希望。这些合作体现了中国式现代化道路上,我国科学家坚持创新驱动发展,不断攀登生命科学高峰的进取精神。

新冠疫情暴发以来,我国秉持人类卫生健康共同体理念,积极开展疫情防控国际合作。我国向 100 多个国家提供了大量抗疫物资援助,与世界卫生组织合作开展了新冠病毒溯源研究,率先与多个发展中国家开展疫苗合作。我国还倡议成立"一带一路"疫苗合作国际论坛,为促进疫苗公平分配、弥合"免疫鸿沟"贡献中国智慧。再如,近年来中医药领域国际合作不断深化,在向海外民众提供优质健康服务的同时,为推广中华优秀传统文化、传递友好情谊发挥了积极作用。① 此外,我国还积极参与全球传染病监测预警、应急响应机制建设,为维护全球公共卫生安全贡献力量。这生动诠释了中国式现代化道路上,我国坚持人民至上、生命至上,推动构建人类卫生健康共同体的崇高理想。

我国高度重视发展生物经济,将生物技术作为战略性新兴产业予以重点培育。我国积极搭建生物医药国际合作平台,与美国、德国、以色列等生物技术强国在创新药物研发、医疗器械、现代生物农业等领域开展产业合作和技术交流。一批跨国生物医药企业在华设立研发中心,助力我国生物产业高质量发展。同时,我国还与发展中国家分享生物技术应用实践经验,通过农业生物技术培训等方式,助力发展中国家粮食安全和产业升级。生物经济合作的拓展,有力推动了我国经济高质量发展和产业结构优化升级,彰显了中国式现代化在推动经济实现质的有效提升和量的合理增长上的独特优势。

我国积极参与生命科学和生物医药领域国际合作,为增进全人类健康福祉

---

① 张志文、邹松、禹丽敏:《中医药国际合作架起增进友谊的桥梁》,《人民日报》2024 年 4 月 24 日。

贡献了重要力量。这些务实合作既有力推动了我国生物医药事业创新发展，又为全球卫生健康治理和生物产业进步注入动力。展望未来，我国将进一步加大生物领域国际合作力度，以更加开放包容的姿态融入全球健康治理体系，为推动构建人类卫生健康共同体、促进人类文明进步作出新的更大贡献。

第三节
我国在国际科技合作中的挑战与应对策略

我国在积极融入全球创新网络、深化国际科技合作的同时，也面临科技竞争加剧、关键技术受制、合作机制有待完善等方面的诸多挑战。面对错综复杂的国际科技合作形势，我国坚持独立自主、开放合作，采取一系列应对策略，在更高起点、更高层次、更高目标上推进国际科技合作，为践行中国式现代化贡献科技力量。

一、 全球科技竞争带来的挑战

全球科技竞争日益激烈，个别国家出于遏制我国发展的战略考量，对华实施技术封锁和"脱钩"，给我国参与全球创新合作带来阻力。以半导体行业为例，2019年5月，美国商务部将华为及其附属公司列入"实体清单"，限制美国企业向其出售元器件和技术，随后又陆续将多家我国半导体企业列入管控名单。2022年8月9日，美国总统拜登签署《2022芯片与科学法案》，试图进一步主导全球半导体产业链，实现在美投资、在美研发、在美制造的战略意图。[①]

面对此类挑战，我国要坚持走自力更生和开放合作相结合的科技发展道路。一方面，集中力量加强关键核心技术攻关，完善国家创新体系，提升自主创新能力，掌握发展主动权。另一方面，保持全球化视野，在更广领域、更高层次上深化国际科技合作，主动融入全球创新网络。中国式现代化是一个系统工程，要在实现高水平自立自强的基础上，坚持对外开放，唯有正确处理好这两者的关系，才

---

① 杨忠、巫强、宋孟璐、孙佳怡：《美国〈芯片与科学法案〉对我国半导体产业发展的影响及对策研究：基于创新链理论的视角》，《南开管理评论》2023年第1期。

能迈出坚实步伐。

二、 全球创新资源分布不均带来的挑战

当前全球创新资源分布不均,发达国家凭借其先发优势,在关键核心技术领域仍然占据主导地位,我国在某些技术领域还存在短板。以航空发动机领域为例,该领域对材料、工艺、控制等技术要求极高,代表了一个国家航空工业乃至整个工业制造水平。长期以来,我国航空发动机技术与发达国家相比还存在不小差距,核心技术和关键部件在很大程度上依赖进口。而这一领域被美国列为对华禁售和管制的重点,严重影响了我国民用航空和国防安全领域的自主保障能力。造成这一"卡脖子"局面的原因是多方面的。一是发达国家在航空发动机领域已经通过长期的技术积累和产业发展建立了比较成熟完善的创新体系,拥有雄厚的人才、资金、技术、装备基础,而我国这一领域起步较晚,基础相对薄弱。二是航空发动机涉及材料、制造、试验等诸多关键技术,研发难度大,跨学科融合协同创新要求高,而我国在这些领域的原始创新能力不足。三是发动机研制需要大量持续的资金投入,风险高、周期长,而我国在这一领域的投入总体上与发达国家还存在差距,创新要素的市场化配置程度也不够。

针对此类挑战,我国应坚持问题导向和目标导向相统一,采取自主创新和开放合作并重的发展策略。一方面,面向国内,我国着力完善社会主义市场经济条件下关键核心技术攻关的新型举国体制,集中力量打好关键核心技术攻坚战,注重加强基础研究和应用基础研究,布局前沿领域,抢占未来发展制高点。同时,健全科技成果转化机制,打通科技创新"最后一公里",加速科技成果向现实生产力转化。这些举措彰显了中国式现代化在经济发展中坚持创新驱动、注重实体经济、突出自主可控的鲜明特征。另一方面,面向全球,我国要始终秉持开放包容、互利共赢的合作理念,在更广范围、更高层次上谋求科技领域国际合作。积极参与全球科技创新治理,维护以世界贸易组织为基石的多边贸易体制,推动建设开放型世界经济。聚焦应对气候变化、人类健康等方面的全球性问题,坚持为推动构建人类卫生健康共同体贡献力量。在中国式现代化进程中,既要始终坚持独立自主、坚持中国特色社会主义道路,同时又坚持对外开放、坚持与世界各

国友好合作。

三、 国际科技合作规则不完善带来的挑战

国际科技合作规则体系尚不完善,发展中国家在国际科技合作中的话语权有待进一步提升。以全球气候变化领域的清洁技术合作为例,长期以来,发达国家主导了这一领域的国际合作规则制定和关键技术标准的形成,而广大发展中国家的利益诉求和发展权益未能得到充分反映和保障,话语权不强。根据《联合国气候变化框架公约》的原则,发达国家承诺向发展中国家提供资金、技术支持,帮助其应对气候变化、发展绿色经济。但在实际履约过程中,发达国家在技术转让、资金援助等方面的承诺和行动往往难以兑现。以绿色气候基金为例,根据发达国家的承诺,从 2020 年开始每年应向发展中国家提供 1000 亿美元的资金支持,但实际到位资金远低于承诺数额。资金缺口影响了发展中国家获取和利用先进适用绿色技术的能力。同时,在气候变化相关的知识产权问题上,发达国家对发展中国家的技术获取也设置了诸多限制。部分发达国家强调严格的知识产权保护,而忽视了发展中国家获取和利用绿色技术的现实需求。这无形中加大了发展中国家的技术使用成本,制约了发展中国家参与全球气候治理、发展绿色经济的能力。

面对此类挑战,我国作为最大的发展中国家,要秉持共商共建共享的全球治理观,积极参与国际科技规则制定,推动建设相互尊重、公平正义、合作共赢的国际科技治理体系。我国还要充分利用共建"一带一路"等重大倡议,继续积极开展南南科技合作,帮助广大发展中国家提升科技创新能力。在中国式现代化进程中,我国要坚持走和平发展道路,秉持正确义利观,致力于推动构建人类命运共同体的目标。

第九章

以高素质科技人才保障高水平科技创新

党的二十届三中全会指出,"教育、科技、人才是中国式现代化的基础性、战略性支撑",要"深化人才发展体制机制改革";"强化人才激励机制,坚持向用人主体授权、为人才松绑"。高素质科技人才的培养和发展对于中国式现代化的实现至关重要,是获得国际竞争优势的根本动力。从我国的历史经验看,社会主义事业发展需要教育、科技、人才。从革命斗争到国防科研,再到经济建设,都离不开一大批肩负重任、为国贡献的科技人才。从我国面临的挑战看,当前世界百年未有之大变局加速演进,国与国之间的竞争主要集中在高端科技领域,而科技发展离不开大批高素质的科技人才在各个科技领域耕耘。从我国未来的发展看,全面建成社会主义现代化强国,实现第二个百年奋斗目标,对科技人才发展提出了迫切需求和新的任务,国家需要大批高素质高水平的科技人才投入社会主义建设当中。本章将探讨如何以高素质科技人才来保障和推动高水平科技创新,以加快中国式现代化进程。

第一节
优化科技人才素质结构

一、 高水平科技创新迫切需要高素质科技人才支撑

（一） 中国式科技现代化对高水平科技创新的迫切需求

进入新时代,新的发展矛盾、新的发展方式、新的科技竞争格局以及新的创新驱动发展战略,都需要加快培育高水平科技创新。一方面,走高水平、内生性科技自立自强之路迫切需要高水平科技创新。近年来国际竞争不断加剧,西方主要发达国家在科技领域不断实施"小院高墙"和关键核心技术"卡脖子"等脱钩政策,对我国科技事业的原有发展轨道造成了较大程度的冲击。最典型的例子就是西方主要发达国家对华为5G技术和产品的封锁,通过技术断供、应用系统断供、零部件断供和市场禁入进行全方位的打压。外部环境的这些变化对我国关键核心技术的获取方式、路径和条件都产生了巨大的影响。在这一背景下,实现高水平、内生性科技自立自强,成为中国式科技现代化的重要历史使命。[1]

另一方面,培育和发展新质生产力迫切需要高水平科技创新。随着我国高质量发展的不断推进和企业创新能力的不断提升,我国在诸多科技领域已经由后发追赶逐步转变为突破引领。一些著名的科技企业如华为、中车、国家电网、比亚迪等,已经成为具有较高创新能力和产业主导能力的科技型领军企业。我国科技含量较高的一些高端产品也在世界市场上打开局面,出口的老三件套(家具、服装、家电)已经被新三件套(动力电池、新能源汽车、光伏产品)所逐渐取代。在这一背景下,习近平总书记提出了"新质生产力已经在实践中形成并展示出对高质量发展的强劲推动力、支撑力"的重要论断。[2] 2023年9月,习近平总书记

---

① 洪银兴、刘爱文:《内生性科技创新引领中国式现代化的理论和实践逻辑》,《马克思主义与现实》2023年第2期。
② 习近平:《发展新质生产力是推动高质量发展的内在要求和重要着力点》,《求是》2024年第11期。

在黑龙江考察时指出,要"整合科技创新资源,引领发展战略性新兴产业和未来产业,加快形成新质生产力"①。2023 年 12 月,中央经济工作会议提出,要"以颠覆性技术和前沿技术催生新产业、新模式、新动能,发展新质生产力"②。2024 年 1 月,习近平总书记在中共中央政治局第十一次集体学习时强调,"高质量发展需要新的生产力理论来指导,而新质生产力已经在实践中形成并展示出对高质量发展的强劲推动力、支撑力,需要我们从理论上进行总结、概括,用以指导新的发展实践"③。显然,高水平创新是中国企业从后发追赶转向突破引领,实现高水平、内生性科技自立自强,培育和发展新质生产力,构建现代化产业体系的必由之路。人才是现代化经济体系的核心,推动制造业高质量发展必须依靠科技创新,而人力资本是实现科技创新的重要因素,从本质上看,创新驱动就是高素质科技人才驱动。④

(二) 高水平科技创新对高素质科技人才的迫切需求

创新之道,唯在得人。人的素质和能力现代化是人的现代化之基。相比物质资本,人才资源才是第一资源,人力资本才是重要的现代化资源。⑤ 我国已经形成世界上最庞大的高素质人才队伍,人才资源总量超过 2.2 亿人,全国高技能人才超过 6000 万人,科技人才数量超过 600 万人,居世界第一位,⑥"人才红利"逐步显现。高质量发展以高质量人才为支撑,高水平科技创新需要由高素质科技人才来实现。党的二十大报告将创新驱动发展与科技自立自强紧密联系,间接对高素质科技人才的规模、结构、水平等方面提出了更高的要求。

首先,高水平科技创新需要建设一支规模宏大的科技人才队伍。一是我国人口众多的现代化要求规模宏大的科技人才队伍支撑。中国式现代化是十四亿

---

① 《加快形成新质生产力》,《人民日报 》2023 年 11 月 24 日。
② 《解读中央经济工作会议:用"以进促稳"思维前瞻布局未来产业》,人民网,http://finance.people.com.cn/n1/2023/1215/c1004-40139750.html,2023 年 12 月 15 日。
③ 《习近平在中共中央政治局第十一次集体学习时强调:加快发展新质生产力 扎实推进高质量发展》,《人民日报》2024 年 2 月 2 日。
④ 杨仁发、郑媛媛:《人力资本结构与制造业高质量发展:影响机制与实证检验》,《经济体制改革》2022 年第 4 期。
⑤ 洪银兴:《论中国式现代化的经济学维度》,《管理世界》2022 年第 4 期。
⑥ 《培养更多能工巧匠、大国工匠——我国加快推进新时代高技能人才队伍建设》,人民网,http://finance.people.com.cn/n1/2023/0916/c1004-40079069.html,2023 年 9 月 16 日。

多人口共同的现代化。以习近平同志为核心的党中央立足于中华民族伟大复兴战略全局和世界百年未有之大变局"两个大局",提出了全面深入推进科教兴国战略、人才强国战略和创新驱动发展战略,涉及的时空深远,影响巨大。二是我国产业升级需要规模宏大的科技人才队伍支撑。我国是世界上唯一拥有全部制造业门类的国家,"大而全"是中国制造业长期以来的重要特征,而且目前正在向"大而强"的目标不断攀升。根据经济合作与发展组织(OECD)的统计,2023年中国制造业总产值占全球35%,超过了紧随其后的美日德印韩五国的总和。一个国家的产业转型升级能力最终取决于目标产业及其人力资本协同水平,人力资本与技术、产业类型、制度政策等要素的高质量匹配,是驱动产业链攀升的关键。[1] 三是我国实现科技自立自强需要规模宏大的科技人才队伍支撑。要实现这一目标就要消除创新链、产业链上的卡点、堵点,在不同产业领域内不断实现关键核心技术突破。人力资本是产业链进行协同创新的核心影响要素,加大对人力资本的投入可支撑和促进产业链实现协同创新发展。同时,与人才密度低的地区相比,在人才密度高的地区,产业政策对企业创新效率的影响更显著。[2] 四是实现国民经济畅通循环,助力经济高质量发展的战略同样需要规模宏大的科技人才队伍来支撑。2020年我国提出了"构建国内国际双循环相互促进的新发展格局"[3],离不开科技人才队伍通过研发等途径提升创新水平,进而促进技术进步,间接作用于经济,[4]推动经济高质量发展。

其次,高水平科技创新需要一支结构合理的高素质科技人才队伍。要实现高水平科技创新,需要从创新链的全链条视角出发对创新活动、创新主体和创新资源进行整体协调。创新链是由基础研究—应用研究—试验发展等诸多不同类型的创新活动所形成的链条。[5] 在创新链的不同阶段,创新活动具有显著不同

① 钱晨、吕宏芬:《长江经济带产业升级的人力资本条件灰关联分析》,《社会科学战线》2016年第3期。
② 张婷婷、张新民、陈德球:《产业政策、人才密度与企业创新效率——基于地区产业政策的视角》,《中山大学学报(社会科学版)》2019年第4期。
③ 《双循环新发展格局:历史大变局下的战略选择》,求是网,http://www.qstheory.cn/wp/2020-07/28/c_1126291938.htm,2020年7月28日。
④ 王士红:《人力资本与经济增长关系研究新进展》,《经济学动态》2017年第8期。
⑤ 蔡翔:《创新、创新族群、创新链及其启示》,《研究与发展管理》2002年第6期。

的特征。其中基础研究难度高,风险大,技术路线和应用前景不明确,主要以论文和专利为创新成果;应用研究是为了确定基础研究成果可能的用途,或是为达到预定的目标探索应采取的新方法或新途径,其成果形式以原理性模型或发明专利为主;试验发展则是为了在基础研究和应用研究的基础上,产生新的产品、材料和装置,建立新的工艺、系统和服务,以及对已产生和建立的上述各项作实质性的改进而进行的系统性工作。为了实现整个创新链的协同运作,需要相应人才链的支撑,这就对高素质人才的队伍结构提出了要求。不仅需要培育企业家人力资本,激发和保护企业家精神,还需要培养知识型、技能型、创新型劳动者。具体来看,应该在不断提升高水平科技人才总量的情况下,沿着创新链的基础研究、应用研究和试验发展等不同阶段,分别开展相应的从事基础研究、应用研究和试验发展的不同类型科技人才建设,同时还应注重培养既懂技术、又懂市场,善于将科技成果转化为市场效益,帮助创新成果跨越"死亡之谷"的科技管理与科技服务的人才,最终形成与创新链布局相适应的人才结构。

最后,高水平科技创新需要一支符合新质生产力发展方向的高素质科技人才队伍。新质生产力是由技术革命性突破、生产要素创新性配置、产业深度转型升级而催生的先进生产力质态。[①] 新质生产力的重要特征是以科技创新引领产业创新,构建现代化产业体系。培育和发展新质生产力,推动高质量发展,需要符合新质生产力发展方向的高素质科技人才队伍。一是新质生产力的发展需要更高素质的劳动者,对科技人才所应具备的知识和技能提出了更高的要求,他们应该站在世界科技前沿,引领科技发展和产业创新的方向。二是新式的劳动者必须掌握更高技术含量的劳动资料和更广范围的劳动对象。更高技术含量的劳动资料是新质生产力的动力源泉,包括新一代信息技术、先进制造技术、新材料技术等先进技术的融合应用,以及工业互联网、工业软件等更智能、更低碳、更高效、更复杂的生产工具;更广泛的劳动对象是新质生产力的物质基础,包括深空、深海、深地等全新领域,以及数据等全新生产要素。高水平的科技人才队伍必须将新质生产力的这三个方面相结合,成为具备更高素质,掌握新式生产资料和生

---

① 习近平经济思想研究中心:《新质生产力的内涵特征和发展重点》,《人民日报》2024 年 3 月 1 日。

产工具的科技人才队伍。

二、高素质科技人才的素质要求

（一）具有为中华民族伟大复兴而奋斗奉献的价值追求

服务人民、造福人民，是高素质科技人才必须坚持的价值取向。2020 年 9 月，习近平总书记在科学家座谈会上对广大科技工作者提出殷切期望，希望他们"不忘初心、牢记使命，秉持国家利益和人民利益至上，继承和发扬老一辈科学家胸怀祖国、服务人民的优秀品质，弘扬'两弹一星'精神，主动肩负起历史重任，把自己的科学追求融入建设社会主义现代化国家的伟大事业中去"[①]。

首先，高素质科技人才要有勇攀科技高峰的奋斗精神。科技是国之利器，科技工作者不断勇攀高峰，国家才能战胜一切困难，实现中华民族伟大复兴。其次，高素质科技人才要有为国家无私奉献的心胸和情怀。科技人才只有将自己的整个生命和全部精力都奉献给祖国的科技事业，才能够取得真正造福国家和人民的伟大科技成果。

（二）具备高超的专业技术能力

一是必须具有扎实的知识储备和理论功底。习近平总书记指出，"我国面临的很多'卡脖子'技术问题，根子是基础理论研究跟不上，源头和底层的东西没有搞清楚"[②]。这就意味着科技人才必须打牢自己的知识基础，在自己的研究领域内长期积累，久久为功，持续不断地坚持钻研。当前我国科技人才的业务能力已有极大提升。目前中国的科研人员数量超过 600 万，规模多年保持世界第一；在爱思唯尔发布的 2022 年《全球顶尖科学家排名》榜单上，有超过 8300 名中国科学家入榜，位居世界前列。[③]

二是要具备创新思维和批判思维。高素质科技人才需要具备创新思维，能够独立思考，勇于提出新的观点和想法；同时还需要具备批判性思维，能

①② 《习近平在科学家座谈会上的讲话》，《人民日报》2020 年 9 月 12 日。
③ 《2022 爱思唯尔"中国高被引学者年度榜单"发布》，Elsevier, https://www.elsevier.com/zh-cn/about/press-releases/2022-chinese-highly-cited-researchers, 2023 年 3 月 28 日。

够对已有知识进行客观分析，发现其中的问题和不足，从而提出改进和完善的方案。习近平总书记指出："科技创新特别是原始创新要有创造性思辨的能力、严格求证的方法，不迷信学术权威，不盲从既有学说，敢于大胆质疑，认真实证，不断试验。原创一般来自假设和猜想，是一个不断观察、思考、假设、实验、求证、归纳的复杂过程，而不是简单的归纳。假设和猜想的创新性至关重要。"

三是具有良好的沟通和表达能力。高素质科技人才需要具备与同行、学生和资助机构等各方面人员进行有效沟通的能力，能够清晰准确地表达自己的研究思路和成果。同时，良好的表达能力也有助于科研人员在学术交流中获得更多的认可和支持，进而利用各方资源得出更高水平的科技成果。

（三）具有科学家精神和优良作风学风

习近平总书记在科学家座谈会上强调："科学成就离不开精神支撑。科学家精神是科技工作者在长期科学实践中积累的宝贵精神财富。"[1] 2019 年 6 月，中共中央办公厅、国务院办公厅印发《关于进一步弘扬科学家精神加强作风和学风建设的意见》，对科学家精神作出全面概括，其内涵包括六个方面，分别是：胸怀祖国、服务人民的爱国精神，勇攀高峰、敢为人先的创新精神，追求真理、严谨治学的求实精神，淡泊名利、潜心研究的奉献精神，集智攻关、团结协作的协同精神，甘为人梯、奖掖后学的育人精神。[2] 大力弘扬科学家精神，必将鼓舞和激励广大科技工作者不断向科学技术广度和深度进军。2021 年 9 月，党中央批准了中央宣传部梳理的第一批纳入中国共产党人精神谱系的伟大精神，科学家精神被纳入其中。[3] 科学家精神是中国式科技现代化对我国高素质科技人才在精神品格方面提出的更高的要求，也是新中国成立以来广大科技工作者在长期奋斗中形成的独特的精神气质。

---

[1] 《习近平在科学家座谈会上的讲话》，《人民日报》2020 年 9 月 12 日。

[2] 《中共中央办公厅 国务院办公厅印发〈关于进一步弘扬科学家精神加强作风和学风建设的意见〉》，中国政府网，https://www.gov.cn/zhengce/2019-06/11/content_5399239.htm，2019 年 6 月 11 日。

[3] 《中国共产党人精神谱系第一批伟大精神正式发布》，求是网，http://www.qstheory.cn/yaowen/2021-09/29/c_1127917931.htm，2021 年 9 月 29 日。

三、 科技自立自强对科技人才建设提出了更高要求

（一） 科技自立自强对科技人才个人素质提出更高要求

一是要以更加强烈的家国情怀为引领。西方主要发达国家在科技领域实施的"小院高墙"和关键核心技术"卡脖子"等脱钩政策，迫使我国不得不走出一条高水平、内生性科技自立自强之路。这就要求新时代科技人才要进一步发扬老一辈科技工作者胸怀祖国、服务人民的优秀品质，时刻以祖国需求为己任，抱有科技报国的雄心壮志。科技人才要紧扣现实需求，坚持问题导向，从国家急迫需要和长远需求出发，作真研究，真做研究，真正解决实际问题。习近平总书记在科学家座谈会上强调，"希望广大科学家和科技工作者肩负起历史责任，坚持面向世界科技前沿、面向经济主战场、面向国家重大需求、面向人民生命健康，不断向科学技术广度和深度进军"，①为新时代科技人才的研究方向提供了重要指引。

二是要具备国际顶尖的科技水平。"卡脖子"技术是指那些对国家经济和安全至关重要但又严重依赖外部供应的狭窄环节，容易被他国控制或封锁的技术领域。要突破这些技术封锁，必须洞悉国际关键核心技术领域，提高掌握技术、赶超机遇的能力。这就要求科技人才必须关注世界科技变革趋势和动态，在相关领域具备国际顶尖的科技创新水平。2021 年 9 月，习近平总书记在中央人才工作会议上强调，"必须支持和鼓励广大科学家和科技工作者紧跟世界科技发展大势，对标一流水平，根据国家发展急迫需求和长远需求，敢于提出新理论、开辟新领域、探索新路径，多出战略性、关键性重大科技成果"②。

三是要具备原创性思维和原始创新能力。科技自立自强，最终要落到科技人才上，这就要求科技人才的思维方式发生根本变化。长期以来，我国的科技工作一直处于跟跑状态，科技工作者努力追赶美国、欧洲的先进水平，中国科技创新的主要路径是引进消化吸收再创新。西方主要发达国家技术断供，要求我国科技工作者必须着重自主探索，并逐步实现先发引领。因此，新时代的高素质科

---

① 《习近平在科学家座谈会上的讲话》，《人民日报》2020 年 9 月 12 日。
② 习近平：《深入实施新时代人才强国战略 加快建设世界重要人才中心和创新高地》，《求是》2021 年第 24 期。

技人才必须具备独立开创新领域、新路线的能力。这就要求高素质科技人才具备原创性思维，具有开展原始创新的能力，能够独立开辟一个全新的研究领域或技术轨道。一方面，要求科技人才能够比别人站得高、看得远，对科技发展前沿和趋势有着精准的判断。对于一些具有发展潜力的技术和方向，哪怕当前不热门，也仍然能够洞悉其未来价值并加以突破。另一方面，要求科技人才能够持之以恒，久久为功。在开创性领域通常会有一个艰难的起步阶段，然后逐步实现突破，最终对整个人类的科技进步都作出重要贡献。

（二）科技自立自强对科技人才战略布局提出更高要求

一是要完善科技人才结构布局，加快建设国家战略人才力量。战略人才力量是国家战略科技力量的主体，对实现高水平科技自立自强起着关键性作用。习近平总书记在中国科学院第十九次院士大会、中国工程院第十四次院士大会上指出，"全部科技史都证明，谁拥有了一流创新人才、拥有了一流科学家，谁就能在科技创新中占据优势"①。国家战略科技力量主要包括大师、战略科学家、一流科技领军人才和创新团队、青年科技人才、卓越工程师、大国工匠、高技能人才等，都是科技创新各领域的拔尖人才。加快建设国家战略人才力量，首先要加强国家战略人才的培养和引进，依靠大科学计划和大科学工程，面向海内外招聘科技领域的高层次领军人才，加强本土顶尖科技人才的培养和团队建设。其次要打造战略科技人才的成长梯队，遴选具有发展潜力的高层次人才承担国家重要的科技研发任务，加强政策支持，协助开展科技创新项目的评估和引导。第三要有效发挥国家战略人才力量的作用，为他们的科学研究工作提供有力支撑，同时建立恰当的机制发挥战略人才力量对国家科技事业的引领作用，让他们在国家科技政策咨询、评估和政策建议方面发挥更大的作用。

二是要完善科技人才区域布局，加快建设世界重要人才中心和创新高地。党的二十大报告强调，"加快建设世界重要人才中心和创新高地，促进人才区域

---

① 《习近平在中国科学院第十九次院士大会、中国工程院第十四次院士大会上的讲话》，《人民日报》2018 年 5 月 29 日。

合理布局和协调发展,着力形成人才国际竞争的比较优势"。① 加快建设世界重要人才中心对于实现科技自立自强和中国式现代化具有重要意义。建设世界重要人才中心和创新高地,是在激烈的国际科技竞争中塑造发展优势的必然要求。近年来大国之间的博弈越来越激烈,要赢得这场竞争,根本上靠科技人才支撑。只有将世界最顶尖的人才聚集起来为我所用,才能在国际科技竞争中赢得比较优势。2021 年 9 月,习近平总书记在中央人才工作会议上对我国加快建设世界重要人才中心和创新高地作出了重大部署。② 在区域布局上,提出"在北京、上海、粤港澳大湾区建设高水平人才高地,一些高层次人才集中的中心城市也要着力建设吸引和集聚人才的平台,开展人才发展体制机制综合改革试点";在实现步骤上,提出了三步骤的战略目标,"到 2025 年,全社会研发经费投入大幅增长,科技创新主力军队伍建设取得重要进展,顶尖科学家集聚水平明显提高,人才自主培养能力不断增强,在关键核心技术领域拥有一大批战略科技人才、一流科技领军人才和创新团队;到 2030 年,适应高质量发展的人才制度体系基本形成,创新人才自主培养能力显著提升,对世界优秀人才的吸引力明显增强,在主要科技领域有一批领跑者,在新兴前沿交叉领域有一批开拓者;到 2035 年,形成我国在诸多领域人才竞争比较优势,国家战略科技力量和高水平人才队伍位居世界前列"。这就为我国加快建设世界重要人才中心和创新高地明确了"路线图"和"时间表"。

第二节
加快科技人才队伍建设

一、加快科技人才自主培养

(一) 坚持为党育人、为国育才,坚持以人民为中心发展教育

坚持为党育人,为国育才。百年大计,教育为本。实现中国式现代化,教育

---

① 《习近平在党史学习教育动员大会上强调 学党史悟思想办实事开新局 以优异成绩迎接建党一百周年》,《人民日报》2021 年 2 月 21 日。
② 《深入实施新时代人才强国战略 加快建设世界重要人才中心和创新高地》,《求是》2021 年第 24 期。

的地位和作用不可忽视。教育是国之大计、党之大计，党和国家立志于中华民族千秋伟业，必须培养一代又一代拥护中国共产党领导和社会主义制度、立志为中国特色社会主义事业奋斗终身的有用人才。党的十八大以来，中央高度重视学校的思想政治工作，围绕培养什么人、怎样培养人、为谁培养人这些教育的根本问题，习近平总书记先后发表一系列重要讲话，为办好新时代的教育高屋建瓴举旗定向。2016年，习近平总书记在全国高校思想政治工作会议上强调，要"坚持把立德树人作为中心环节，把思政工作贯穿教育教学全过程，实现全程育人、全方位育人，努力开创我国高等教育事业发展新局面"①。2021年，习近平总书记在清华大学考察时指出要"坚持把立德树人作为根本任务，把服务国家作为最高追求，把学科建设作为发展根基，把深化改革作为强大动力，把加强党的建设作为坚强保证，不忘初心、牢记使命，为党育人，为国育才"②。党的二十大报告指出，"育人的根本在于立德"。在教育优先发展的过程中，要坚持人才自主培养，把好正确的政治方向。要坚持不懈用习近平新时代中国特色社会主义思想铸魂育人，着力加强社会主义核心价值观教育，引导学生树立坚定的理想信念，永远听党话、跟党走，矢志奉献国家和人民。

坚持以人民为中心发展教育。让最广大的人民群众能够在教育事业发展中受益，全面提升全民族的科学文化水平和思想道德素质，为中国式现代化积累最为强大的科技人才支撑。2023年，习近平总书记在中共中央政治局第五次集体学习时强调，建设教育强国要"坚持以人民为中心发展教育，主动超前布局、有力应对变局、奋力开拓新局，加快推进教育现代化，以教育之力厚植人民幸福之本，以教育之强夯实国家富强之基，为全面推进中华民族伟大复兴提供有力支撑"③。

一是要促进教育公平。2016年，习近平总书记在北京市八一学校与师生谈话时指出"教育公平是社会公平的重要基础，要不断促进教育发展成果更多更公

---

① 曹淑敏：《把思想政治工作贯穿教育教学全过程》，《人民日报》2021年11月19日。
② 《习近平在清华大学考察时强调：坚持中国特色世界一流大学建设目标方向 为服务国家富强民族复兴人民幸福贡献力量》，《人民日报》2021年4月20日。
③ 《习近平在中共中央政治局第五次集体学习时强调：加快建设教育强国 为中华民族伟大复兴提供有力支撑》，《人民日报》2023年5月30日。

平惠及全体人民,以教育公平促进社会公平正义"①。一方面,教育公平体现在受教育机会的公平。教育机会的公平是最基本的公平,我国发展教育就是要为人民服务,让每一个适龄儿童都有出彩的机会,有实现抱负和梦想的机会。要让每个孩子都能享有公平而有质量的教育。另一方面,教育公平体现在教育过程和结果的公平。要消除教育不合理的制度安排,消除社会不利因素,保障教育过程平等对待每一位受教育者,让他们能够最大限度地施展自己的才能。

二是要实现教育的普惠发展。十八大以来,我国在改善教育环境、调整教育结构、优化教育资源配置等方面实施了一系列重大举措,我国教育事业也从数量式增长、规模化扩大发展阶段转变到内涵式发展、高质量发展阶段,教育改革取得了显著成果。然而,由于我国东西部、城乡、区域之间以及同一地域内经济发展水平的显著差异,教育发展也出现了显著差异,发展不均衡、不充分的问题依然存在。习近平总书记强调,要"优化教育资源配置,逐步缩小区域、城乡、校际差距,特别是要加大对革命老区、民族地区、边远地区、贫困地区基础教育的投入力度"②。

三是打造高素质教师队伍。教育大计,教师为本。教师是以人民为中心发展教育、建设教育强国的重要基础,是教育工作的中坚力量。加强教师队伍建设要不断加强师德师风建设。习近平总书记强调,"评价教师队伍素质的第一标准应该是师德师风"③。加强教师队伍建设要完善教师培养体系和培养模式。要依据中国式现代化进程对教师能力素养提出新要求,建设现代化的教师教育课程体系,着力打造知识广博、学科扎实、能力突出的教师队伍。同时要营造尊师重教的社会风气,提高教师行业的社会认可度,激发优秀人才投身教育事业的积极性和主动性。

四是深化教育领域综合改革。习近平总书记指出,要"坚持系统观念,统筹推进育人方式、办学模式、管理体制、保障机制改革,坚决破除一切制约教育高质

①② 《习近平:全面贯彻落实党的教育方针 努力把我国基础教育越办越好》,《人民日报》2016年9月10日。
③ 《习近平在北京大学师生座谈会上的讲话》,《人民日报》2018年5月2日。

量发展的思想观念束缚和体制机制弊端,全面提高教育治理体系和治理能力现代化水平"。[1] 要不断加强教材管理和建设,完善教学管理和教育评价体系,不断完善教育保障机制,加快义务教育优质均衡发展和城乡一体化,优化区域教育资源配置,强化学前教育、特殊教育普惠发展,坚持高中阶段学校多样化发展,完善覆盖全学段学生资助体系。

(二) 构建适应新质生产力发展的现代化教育体系

习近平总书记指出,要"坚持把高质量发展作为各级各类教育的生命线,加快建设高质量教育体系,以教育高质量发展赋能经济社会可持续发展"[2]。这一重要论断为构建适应新质生产力发展的现代化教育体系指明了方向。各级各类教育均应面向推动高质量发展,采取适当措施,共同构成符合中国式现代化需要、适应新质生产力发展的现代化教育体系。

一是推动基础教育优质均衡发展。首先,要提高学前教育和义务教育普惠性发展。截至 2022 年,我国普惠性幼儿园占全国幼儿园的比例为 89.55%,学前教育毛入园率为 89.7%。要持续推进公办幼儿园、民办普惠性幼儿园建设,以解决"入园难""入园贵""幼有所育"问题。其次,提高义务教育普及程度。加大对农村区域、贫困区域的教育投入,进行城市定点帮扶,打造县镇教育中心,实现义务教育普及。再次,提升高中教育普及质量。对教育薄弱区域进行资源和政策倾斜,缩小城乡教育差距,建立优质师资流动机制,推动高中教育多样化、特色化发展,满足适龄人群对高中教育的需求。

二是统筹职业教育和继续教育协同发展。坚持普职融通、产教融合,紧跟社会发展趋势,培养社会经济发展急需人才,弘扬大国工匠精神。另外,加快推进信息化教育。通过教育与信息技术的结合,创新教育供给方式,利用互联网的数字化、快捷化、平台化实现优质教育资源的共享,全面推进学习型社会的建设。党的十八大以来,党中央、国务院高度重视职业教育,加大力度推动职业教育改

---

[1] 《习近平在中共中央政治局第五次集体学习时强调: 加快建设教育强国 为中华民族伟大复兴提供有力支撑》,《人民日报》2023 年 5 月 30 日。

[2] 习近平:《扎实推动教育强国建设》,《求是》2023 年第 18 期。

革发展,不断增强职业教育对经济社会发展需求的适应性。根据教育部职业教育司发布的数据,截至 2022 年,我国已建成全世界规模最大的职业教育体系,2021 年高职学校招生 557 万人,相当于十年前的 1.8 倍;中职学校(不含技工学校)招生 489 万人,招生规模企稳回升。中高职学校每年培养 1000 万左右的高素质技术技能人才,为经济社会发展提供了源源不断的技术技能人才。[1]

三是建设世界一流的高水平学科和高水平大学。世界一流大学和一流学科简称"双一流",是中共中央、国务院作出的重大战略决策,也是中国高等教育在"211 工程""985 工程"之后的又一国家战略。通过建设世界一流的高水平学科和高水平大学,加快培养和引进一批活跃在国际学术前沿、满足国家重大战略需求的一流科学家、学科领军人物和创新团队,汇聚世界优秀人才。首轮"双一流"建设 2016 年启动至 2020 年结束。到 2020 年底,若干所高校逐步跻身世界一流大学行列,建设和引进了一批一流师资队伍,培养了一批拔尖创新型人才,高水平科学研究能力得到有效提升,一批重大科学创新、关键技术突破转化为先进生产力。2022 年,教育部公布第二轮"双一流"建设高校及建设学科名单和给予公开警示的首轮建设学科名单。第二轮"双一流"建设高校不再区分一流大学建设高校和一流学科建设高校,将探索建立分类发展、分类支持、分类评价建设体系作为重点之一,引导建设高校切实把精力和重心聚焦在有关领域、方向的创新与实质突破上,创造真正意义上的世界一流。

(三)完善青年科技人才培养机制

青年科技人才是高素质科技人才的生力军和重要的储备力量。培养青年科技人才是培育国家战略人才力量的重要一环,是构建人才梯队,保障人才战略长远发展的必由之路。党和国家非常重视青年科技人才的培养。2023 年 8 月,中共中央办公厅和国务院办公厅印发了《关于进一步加强青年科技人才培养和使用的若干措施》,强调要坚持党对青年科技人才的全面领导,激励引导青年科技人才,在实现高水平科技自立自强和建设科技强国、人才强国实践中建功立业。同时提出了进一步加强青年科技人才使用培养的若干措施,主要包括:引导支持

---

[1] 《我国已建成全世界规模最大的职业教育体系》,《光明日报》2022 年 5 月 24 日。

青年科技人才服务高质量发展,鼓励青年科技人才深入经济社会发展实践,结合实际需求凝练科学问题,开展原始创新、技术攻关、成果转化,把论文写在祖国大地上;支持青年科技人才在国家重大科技任务中"挑大梁""当主角",支持青年科技人才开展原创、前沿、交叉科学问题研究;利用国家科技创新基地大力培养和使用青年科技人才,推进科研项目负责人及科研骨干队伍年轻化,推动重要科研岗位更多由青年科技人才担任;加大基本科研业务费对职业早期青年科技人才稳定支持力度;完善自然科学领域博士后培养机制,提升博士后培养质量;发挥青年科技人才决策咨询作用;建立和完善青年科技人才评价机制,创新评价方式,科学设置评价考核周期,减少考核频次,开展分类评价,完善并落实优秀青年科技人才职称职务破格晋升机制;减轻青年科技人才非科研负担;加大力度支持青年科技人才开展国际科技交流合作;加大青年科技人才生活服务保障力度等[①]。

二、 大力引进海外科技人才

(一) 加强海外科技人才引进力度

海外科技人才是高水平科技人才的重要宝库。在一些重要的科技领域,西方发达国家都有几百年深厚的积累,这些国际人才的迁移对地区经济增长起到了重要作用。[②] 目前虽然我国科技实力在飞速赶上,但毋庸置疑的是还有很多领域最为先进的技术仍然掌握在西方发达国家手中。根据斯坦福大学和爱思唯尔共同发布的全球顶尖科学家榜单,影响力排名前 10 的科学家中只有一位中国学者,中国科学院院士王中林教授入选;排名前 100 的科学家中只有 2 位华人学者,美国佐治亚理工学院的夏幼南教授排名第 94 位。[③] 我国要不断培育高水平科技创新,构建高素质人才队伍,必须大力引进海外科技人才。

在过去较长的一段历史时期,我国有大量的高端人才选择出国深造或就职,造成了较为明显的高端人才流失问题。近年来,随着中国经济腾飞和世界局势

---

① 《关于进一步加强青年科技人才培养和使用的若干措施》,《人民日报》2023 年 8 月 28 日。

② 周丽群、连慧君、袁然:《国际劳动力流入对美国创新影响的实证分析——兼论对中国吸引国际人才的启示》,《中国软科学》2021 年第 6 期。

③ John P. A. Loannidi: "October 2023 Data-Update for 'Updated Science-Wide Author Databases of Standardized Citation Indicators'", *Elsevier Data Repository*, 4 October 2023.

的不断变化,世界经济下行、国际关系重构,海外科技人才就业环境受到影响,人才回流推力增强。同时我国经济与研发环境持续改善,人才回流拉力提升。根据《2017—2018年全球竞争力报告》,在各国对人才吸引力排名中,我国居第23位,比2014—2015年的第27名前进了4名。[①]

要加强对海外高端科技人才,特别是优秀的海外青年科技人才的引进力度。一是需要加强系统规划。明确制定引进海外人才的专业领域、人才素质和成果要求、引进机制和待遇等政策框架。二是要加大宣传力度,让海外科技人才能够及时了解引进政策和相关待遇,明确引进后的工作前景和发展路径。三是要加强海外引进人才的保障机制。加大政策优惠力度,为人才在落户、居留签证、子女入学、医疗保障等方面提供便捷高效服务。加大归侨身份认定的认可度,为人才回归优化柔性环境。建立高端人才与国际的评价互认机制,为高端人才国际国内流动提供便利和支持。

(二)灵活变通海外科技人才引进形式

习近平总书记指出,要"在大力培养国内创新人才的同时,更加积极主动地引进国外人才特别是高层次人才,热忱欢迎外国专家和优秀人才以各种方式参与中国现代化建设",[②]"择天下英才而用之,广泛吸引各类创新人才特别是最缺的人才"。[③] 我国不断创新海外高端人才引进模式,逐渐构建了相对系统的海外高层次人才引进机制,吸引海外高层次人才回国(来华)创新创业。例如,通过搭建世界顶尖科学家论坛、世界青年科学家峰会等高端学术交流平台,国家科学中心和国际科技合作基地等,开展招才引智工作;开展高校和科研院所非涉密部分岗位全球招聘,深入实施一系列海外引才政策。下一步,需要采取更加灵活的海外科技人才引进形式,对于一些确实难以传统形式引进的科技人才,应积极探索新式引进路径,让这部分高端科技人才虽然不为我所有,但可为我所用,实现更加广泛的"聚天下英才而用之"的新局面。例如,我国积极探索海外科技人才参

---

① 世界经济论坛:《2017—2018年度全球竞争力报告》,2017年9月26日。

② 《习近平在同外国专家座谈时强调:中国要永远做一个学习大国》,《人民日报》2014年5月24日。

③ 《习近平:加快实施创新驱动发展战略 加快推动经济发展方式转变》,《人民日报》2014年8月19日。

与国家科技计划的办法,鼓励在华外资研发中心参与承担国家科技计划项目,支持外国专家牵头或参与战略研究、指南编制、项目实施、项目评审和验收等工作,为全球各类人才搭建干事创业的平台。

第三节
激发科技人才创新活力

一、建立新时代科技人才评价体系

深化科技人才评价体系的改革,是优化人才政策的重中之重。如果没有对科技人才的科学评价体系,就无法对科技人才进行有效的甄别、使用、支持和激励。因此建立新时代科技人才评价体系,是当前科技人才工作的引领性、撬动性的改革任务。[①] 建设新时代人才评价体系,要以当前发展大局为引领。首先,要能精准识别与当前国家科技发展方向和重大需求相匹配的科技人才;其次,要让科技人才评价真正发挥"指挥棒"作用,引导科技人才的创新活动面向科技现代化的方向形成合力;第三,要让科技人才的评价成为对科技人才进行支持和激励的正确依据,才能真正实现对科技人才的精准支持和高效激励。

（一）突出分层分类，破除单一类型评价

我国科技人才的构成规模庞大,结构复杂,不同类型的科技人才所从事的创新活动在学科领域、知识结构、发展规律和应用场景等方面均有很大不同。因此在人才评价体系构建时应该破除单一评价,突出人才评价的分层分类。

一方面,应该探索优化对突破性技术创新的评价机制。在基础研究领域,当前我国已经是论文大国、专利大国。根据 LetPub 发布的《2023 中国高校发表

---

① 孙锐:《建立面向高质量发展的新时代科技人才评价体系》,《光明日报》2023 年 7 月 13 日。

SCI 论文综合排名报告》,2023 年中国高校发表 SCI 论文总数累计达到 87 万余篇,①较 2022 年增长 11％。根据国家知识产权局的统计,截至 2023 年底,我国发明专利有效量为 499.1 万件,全年授权发明专利 92.1 万件。② 2023 年我国的年度论文和专利数量均居世界第一,但是其中从 0 到 1 的突破性研究成果较少,世界顶级的科研成果不多,科技成果转化率也偏低。因此,要探索构建更加适合促进突破性、颠覆性创新的科技人才评价机制。

另一方面,应该探索细化不同领域科技人才的评价机制。一是科技人才评价应该根据所处不同领域、不同学科进行分类评价。针对自然科学和社会科学不同领域,以及数学、物理、化学、生物、电子、农业等不同学科,细化不同类型的科技人才评价机制。二是科技人才评价应该根据人才所处层次进行分层评价。对于引领国家重大科技攻关任务,从事基础研究、应用研究、试验发展、科技成果转化等不同岗位,细化不同层次的科技人才评价机制。要让科技人才评价体系既能体现不同层次、不同类别的具体特征,又能相互交叉对比形成统一框架标准,形成全社会各领域科技人才的立体交叉性统一评价体系。

（二）面向创新能力、质量、贡献，破除单一导向评价

要破除以论文为主导的单一导向评价,体现出人才评价的价值导向、贡献导向。建立能够客观评价人才的创新能力、质量和贡献的综合性评价体系,激励各类科技人才各自发挥所长,在所处岗位上建功立业,实现自身价值。要破除人才评价的短期性、功利性导向,探索构建中长周期的人才评价机制,特别是对于从事基础研究、冷门研究的科技人才和青年科技人才,鼓励开展持续性研究和长期积累,产出原创性和突破性的高水平科研成果。适当发挥评价结果在评奖评优、职称晋升和薪资调整中的作用,但也应避免把头衔、论文、职称作为申请科研项目和科研奖励的限制性条件。让有创新能力,愿意挑战高难度、高风险科研项目的科技创新人才有机会开展相应的科技探索。

---

① 《2023 年中国高校发表 SCI 论文综合排名报告》,LetPub, https://www.letpub.com.cn/index.php? page=university_rank_2023,2024 年 3 月 28 日。
② 《知识产权数据映射经济活力 国内有效发明专利数再创新高》,人民网,http://finance.people.com.cn/n1/2024/0117/c1004-40161153.html,2024 年 1 月 18 日。

二、优化科技人才激励机制

我国正处于努力实现高水平科技自立自强的关键时期，进一步完善科技人才激励机制，最大程度调动广大科技人才投身科技创新的动力和活力，对于加快我国的科技现代化进程，加快建设世界科技强国来说至关重要。2022年4月，习近平总书记主持召开中央全面深化改革委员会第二十五次会议，审议通过《关于完善科技激励机制的若干意见》，从强化使命激励、贡献激励、保障潜心研究等方面提出了系列改革举措，为进一步完善我国科技激励机制指明了方向。[①]

（一）强化科技人才荣誉激励

我国一直以来十分重视科技人才的精神激励。2016年设立"全国科技工作者日"，肯定科技工作者的价值，营造尊重科学、尊重人才的社会氛围。2019年《关于进一步弘扬科学家精神加强作风和学风建设的意见》出台，进一步激励和引导广大科技工作者自觉践行、大力弘扬新时代科学家精神，从而凝聚起科学报国、追求真理、勇攀高峰的强大精神动力。[②]

一是要强化理想信念激励。大力弘扬胸怀祖国、服务人民的爱国精神。引导科技人才继承发扬老一代科学家艰苦奋斗、无私奉献的优秀品质。激励广大科技人才树立科学报国的伟大理想，以国家需要为导向，坚持国家利益和人民利益至上，不畏艰难攻克科技难题和关键核心技术。

二是要强化使命责任激励。要大力弘扬勇攀高峰、敢为人先的创新精神。高素质科技人才应该具有敢为人先的信心和勇气，勇于面向世界科技前沿，面向国民经济主战场，面向国家重大战略需求，面向人民生命健康努力奋进，抢占科技竞争和未来发展的制高点。激励广大科技工作者对新领域、新路径进行勇敢探索，不断尝试，不畏风险，作出开创性的研究成果。

三是要加强名誉形象激励。加大对优秀科技人才的名誉和形象的塑造。以

---

① 《习近平主持召开中央全面深化改革委员会第二十五次会议强调：加强数字政府建设 推进省以下财政体制改革》，《人民日报》2022年4月20日。
② 中共中央办公厅 国务院办公厅印发《关于进一步弘扬科学家精神加强作风和学风建设的意见》，中国政府网，https://www.gov.cn/zhengce/2019-06/11/content_5399239.htm，2019年6月11日。

表扬、奖励、经验介绍等形式将科技人才的成就以一定的形式或名义标定下来，加强对科技人才名誉和形象的宣传，在全社会产生崇尚科学、尊重科技人才的氛围和感召力，激发科技人才比、学、赶、超的动力。加强各类科技人才称号的精神激励作用。我国设有多个国家级人才荣誉称号，针对不同年龄和成就的人才，包括青年人才、四小青人才、四大青人才、次院士人才和两院院士等。这些称号旨在鼓励科研创新，促进人才发展，其中最高荣誉为两院院士和国家最高科技奖。要进一步加强各类人才称号的荣誉属性，弱化其物质属性，更好地激发科技人才的荣誉感和奋斗热情。

（二）优化科技人才薪酬激励

首先，坚持充分发挥政府和市场两方面的作用，建立科技人才绩效工资的稳步增长机制，持续提高素质科技人才收入水平。多方统筹经费来源，以校友捐赠、企业资助、设立专门基金等多种渠道提高科技人才工资水平，让科技人才工资收入在职业生涯早期能有稳定保障。随着我国创新驱动发展战略的不断推进，科技创新对经济增长的贡献度不断提升，相应地，我国科研人员的收入水平也在不断增加。根据《自然》杂志发布的 2021 年学术界薪酬和满意度调查（该调查每三年一次），有 6% 的我国科研人员年收入在 50 万元（当年汇率约合 8 万美元）以上。这一数值与国家发展水平密切相关，我国与西方主要发达国家还有很大差距。例如，这一数字在美国受访者中超过 50%，在英国超过 19%。随着我国科技事业进一步发展，今后我国科技人才收入还应大幅提高。

其次，推进科研院所的体制机制改革，对从事基础性研究、前沿性研究、应用型研究、科技成果转化等不同科技创新活动的科技人才，建立不同的薪酬机制。一方面，建立不同岗位的薪酬比较和调整制度，让不同岗位类别的科技人才根据自身能力和贡献大小取酬，消除因专业、领域和岗位类别所产生的薪酬差异。另一方面，薪酬体制要向科技人才倾斜，要打破科技人才薪酬待遇天花板，消除科研人员薪酬低于市场水平和实际创造价值的情况。近年来，中央管理企业大力开展科技人才薪酬制度改革。2022 年 6 月，国资委召开了推广"科改示范行动"经验、强化科技创新激励专题推进会，推动资源向科研人才倾斜。会议要求科技人才薪酬待遇要超过同级管理人员,会议信息显示,在央企中科研人员薪酬比同级管理人员最多高出 4 倍。[①]

（三）加大对科技成果激励

一是不断优化科技奖励制度。科研奖励制度是我国长期坚持的一项重要政策和制度。作为激励自主创新、激发人才活力、营造良好创新环境的一项重要举措,国家科技奖励在广大科技工作者心中具有极高的荣誉性和权威性。我国科研奖励制度自新中国成立以来经历了多次改进,主要特征是学术性不断增强,以引导科技人员潜心研究、专注学术,奖项的含金量不断提高。要进一步调整提高国家各级各类科学技术奖项的奖金标准,增加财政科研项目资金间接费用的比重,体现科研人员的智力劳动价值。加大对原创性、突破性、基础性科技成果的激励力度,鼓励科技人才对这些价值高、周期长、风险大的科技创新活动增加投入。

优化科技成果转化机制,以多种形式帮助科研人员参与科技成果转化的收益分配,提高科研人员的科技成果转化收益。《中国科技成果转化 2020 年度报告(高等院校与科研院所篇)》显示,我国科技成果转化活动持续活跃。2019 年,在科技成果转化项目中,个人获得的现金和股权奖励金额达 53.1 亿元,其中现金奖励金额为 30.9 亿元,比上一年增长 17.9%;股权奖励为 22.2 亿元。[②]

三、 完善科技人才发展环境

（一）破除科技人才发展的体制机制障碍

首先,不断完善科技人才的经费保障机制。强化对青年科技人才的激励措施,促进青年科技人才的成长。加强对青年科技人才的经费支持,提高青年科技人才申请科研项目的资助率,对 45 岁以下的青年科技人才提供更多的政策措施,帮助解决科技资源少、生活和竞争压力大等问题。要完善科研经费的使用制度,包括扩大经费包干制,扩大结余经费资助支配程度、增加劳务费和科研绩效

---

① 《国企创新激励要打通"最后一公尺"》,《经济日报》2022 年 6 月 14 日。
② 《中国科技成果转化 2020 年度报告发布 科技成果转化活动持续活跃》,《人民日报》2021 年 4 月 15 日。

的比例,激发广大科技人才承担科研项目的积极性。其次,创造更多让科技人才挑大梁、当主角的机会。完善科研项目的揭榜挂帅制度,让青年科技人才有机会牵头国家重大科研项目。同时完善赛马机制,让科技人才优胜劣汰,让真正有能力、干得好的科技人才脱颖而出。要积极落实人才招聘、使用过程中制定的人才政策,杜绝给青年科技人才"画大饼",人才政策落实不及时、不彻底、不到位的情况。

（二）　不断完善科技人才的配套服务

一是要不断完善科技人才工作上的配套服务。2022 年科学技术部等部门印发的《关于开展减轻青年科研人员负担专项行动的通知》提出,要解决青年科研人员面临的崭露头角机会少、成长通道窄、评价考核频繁、事务性负担重等突出问题。要帮助科技人才减轻与科技创新无关的工作负担,减少与科技成果产出无关的各种检查、审计、评估与表格填报、文件编制等工作,简化科研经费的报销流程,让科技创新人员将精力更多地放在科技成果产出上。要制定相关政策,让用人单位给科技人才松绑,减少不必要的行政手续和会议,给予科技人才更多开展工作的自由度,在科研经费、场地、空间、实验设备、研究生指标、工作团队搭建等方面给科研人员提供便利。为科研人员的科技成果转化提供支持,减免科技孵化的场地租金、管理费用,为科技成果转化提供咨询服务和政策扶持。[1]

二是要不断完善科技人才生活上的配套服务。政府要为科技人才提供住房安置、健康医疗、配偶就业、子女入学等方面的生活保障。例如,为符合条件的科技人才提供远低于市场价格的廉租公寓,为入选科技创新计划的人才提供生活补贴,让高水平科技人才子女入学自由择校等,让科技人才在生活上无后顾之忧,全身心投入科技创新。

（三）　加强来华外籍科技人才的配套服务

要吸引并留住"高精尖缺"的优秀外籍人才,真正实现聚天下人才为我所用,

---

[1] 《科技部 财政部 教育部 中科院 自然科学基金委关于开展减轻青年科研人员负担专项行动的通知》,中国政府网,https://www.gov.cn/zhengce/zhengceku/2022-08/08/content_5704610.htm,2022 年 7 月 28 日。

就必须完善外籍科技人才的配套服务和相关保障。外籍人才,特别是非华裔外籍人才在华工作和居留目前仍面临一些障碍。一是职业发展前景不明晰。外籍在华工作的人才聘用制度、专业技术职务任职资格评定制度等,目前政策尚不完善,导致外籍科技人才的职业晋升路径不明晰。二是社会保障制度不到位。在外籍科技人才医疗、养老、退休、工会会员等方面,社会保障体系执行不到位。三是公共服务和配套设施覆盖不全。外国人护照目前难以与国内许多信息化服务设施相兼容,如出入服务设施的自动拍照设备,医疗机构的医保结算等方面,无法做到广泛的信息化识别。外籍人士到人工服务窗口又会遇到语言障碍等问题。

要积极主动改革和完善外籍科技人才的居留政策,让外籍科技人才能够待得住、用得好、流得动。一是要建立完善的外籍科技人才评价制度。对外籍人才的能力和贡献进行精准识别、合理评价,作为向外籍科技人才提供分层分类配套服务的重要依据。二是要建立兼容外籍科技人才的考评体系和社会保障体系。优化健全考评制度,将外籍科技人才纳入我国考评体系,与我国本土科技人才同台竞技,依据其能力和贡献享受相应的晋升机会和社会保障。三是建立面向外籍科技人才的一体化服务平台。建立统一的身份信息识别系统,使其能够方便快捷地享受国内公共服务体系,提高国内公共服务设施的国际化程度和可及性,为外籍科技人才营造宜业、宜居的基础环境。

第三篇 | 科技创新支撑中国式现代化的生动实践

第十章

企业层面案例：国家电网、中车四方和华为的科技创新

    特高压、高铁、5G 分别是我国能源、交通、信息通信三大基础产业重大技术创新典范。[①] 本章选取了国家电网、中车四方和华为三个企业层面的科技创新典型案例，重点阐述在中国式现代化的科技创新进程中，我国科技领军企业带动关键核心技术突破"卡脖子"并实现创新引领的发展历程与实践经验。

    国家电网、中车四方和华为都在科技创新方面取得了举世瞩目的成就，是中国式现代化中科技现代化的典型代表。国家电网是我国能源电力的"国家队"，关系国家能源安全和国民经济命脉。国家电网主导建设的特高压工程对于保障能源安全和推动能源转型功不可没。中车四方通过自主创新，造就了中国高铁这张国家名片，走出了一条我国科技创新的独特模式，更彰显了我国铁路装备制造从"站起来"到"强起来"的缩影。华为研发 5G 技术遍历从基础研究到产业化的科技创新全流程，在技术封锁的背景下，有力推动了我国移动通信产业的科技创新发展，为科技强国建设谱写出宏伟篇章。本章剖析了这三个企业科技创新的过程与成功经验，为中国式现代化中企业科技创新发展提供经验参考。

[①] 李文华：《百年大变局下的特高压——过去、现在、未来》，《中国能源报》2021 年 3 月 29 日。

第一节
国家电网科技创新：特高压技术

我国曾是一个缺气少油、资源分布极度不均的国家，而特高压技术不仅能实现大容量远距离输电，提高能源传输效率，而且因为占地少的优势，可以使能源配置更环保，解决能源供应和环境问题。所以，国家电网发展特高压有很高必要性。不过，在世界范围内，特高压技术难度系数极高，是迄今为止公认的最复杂且难度最大的电力技术，也是目前世界上最先进的输电技术。我国特高压一般是指±800 千伏及以上的直流电和 1000 千伏及以上交流电的电压等级，包含特高压交流输电和特高压直流输电两种技术形态。特高压电网是以 1000 千伏输电网为骨干网架，超高压输电网和高压输电网以及特高压直流输电、高压直流输电和配电网构成的分层、分区、结构清晰的现代化大电网。在未掌握特高压技术之前，我国在输电方面的关键核心技术一直受制于人。我国多年来致力于电力技术创新和发展，特高压技术取得突破并引领全球是我国在能源领域科技创新取得重大突破的一大典型例证，对于中国式现代化具有重要意义。

一、国家电网特高压技术科技创新的发展历程

特高压（UHV）技术的科技创新发展，堪称我国电力发展史上最艰难、最具创新性和挑战性的重大成就，是我国乃至世界电力行业发展的重要里程碑，其发展分为三个阶段。

（一）技术创新起步阶段（2004 年以前）

2004 年以前，我国电网整体发展落后，输变电线路技术在当时是重点的引进对象。变压器、开关、断路器、避雷器等产品都没有核心技术，要依赖外国公司，如 ABB、西门子等的技术和装备。当时我国相对重视发电，建电厂的积极性很高，发电量增长很快，但对输变电重视不够，输变电技术未能及时跟上世界的脚步。尤其是跨区电网和配电网"两头薄弱"的问题极为严重，居民在日常生活中经常受到突然断电的困扰，拉闸限电是普遍现象，尤其在边远地区，"电荒"情

况更为严重。

这一阶段中我国整体电网投资不足，网架结构薄弱，电网最高电压等级仅仅达到 500 千伏，而且还要从国外引进技术和装备。我国跨区跨省联网薄弱，很难实现远距离输电；多是老旧设备，装备水平很低，电网"卡脖子"、低电压、安全程度低、供需不平衡等问题都亟待解决。在此背景下，国家电网考虑到随着经济发展，会有越来越大的装机容量以及更长的输送距离的需求，解决大规模、远距离的输电问题是必要的。由此，国家电网主张发展更高等级的输电技术。

然而，发展特高压最初存在争议甚至非议。[1] 国家电网提出发展特高压后，面对在当时几乎不可能解决的技术难题，许多业内专家甚至包括国家电网的老员工都持反对意见。国家发展改革委等有关部门多次认真论证，基于严格的科学计算和模拟计算，从技术角度回应了"特高压有害"的观点。2004 年底，国家正式进行战略部署，决定全力以赴开发特高压输电技术，并发布一系列政策指导进行支持。

（二）技术创新快速发展阶段（2004—2012 年）

2004 年后，国家对发展特高压的重视程度不断提高，发布了一系列政策文件[2]，对特高压技术前期研究工作展开部署。2006 年，国家电网主办了一场特高压输电技术国际研讨会。时任国际大电网会议秘书长科瓦尔在会上提出"发展特高压不存在技术可行性问题"，时任国家发展改革委副主任陈德铭也强调"特高压交流试验示范工程是目前世界上电压等级最高、最具挑战性的电网工程"。

基于国家政策支持和技术专家的背书，国家电网积极响应国家战略要求，启动可行性研究，着手建设特高压输电线路，并正式开工建设我国第一条特高压交流试验示范工程。特高压技术发展开创了新篇章，伴随着特高压输电工程的成功应用，开展特高压工程逐渐走向共识，特高压建设按下"加速键"。

不过，要把特高压这块硬骨头啃下来，只靠国家电网单枪匹马是不可能的。国

---

[1] 张国宝：《发展特高压扶持了装备制造业》，《中国经济周刊》2019 年第 18 期。

[2] 2005 年 2 月，国家发展改革委下发《关于开展百万伏级交流、±80 万伏级直流输电技术前期研究工作的通知》，部署特高压技术前期研究工作；2005 年 3 月，国务院办公厅印发会议纪要（国阅〔2005〕21 号），明确同意发展特高压，将其纳入国家重大装备规划。2006 年，发展特高压正式纳入"十一五"科技支撑规划、《国家中长期科学和技术发展规划纲要（2006—2020 年）》和《国务院关于加快振兴装备制造业的若干意见》中。2007 年，发展特高压输电工程纳入《中国应对气候变化国家方案》。

家电网成为了创新资源的组织者，积极寻求各种合作伙伴，高校、科研机构、制造企业、建设单位共同参与特高压的技术论证、设计实验、工程试验和运行调试工作，攻克关键技术，发挥举国科研力量的协同作用。

但是发展特高压仍然具有很强的技术不确定性。国家电网在 2009 年后成功建成了数条特高压交流试验示范工程，在特高压电网建设运行方面取得重大突破①，却还是经常遇到质疑。2011 年前后，增设新的特高压线路能否获得批复还经常是个未知数。

国家电网为了更全面地了解这项技术和工程，先后多次组织行业专家，赶赴日本和俄罗斯等国家进行实地考察。为了确保安全，国家电网还大规模建设抽水蓄能电站、调相机等，从而提高电网的有功和无功调节能力。

在国家电网的努力和各方坚持下，2008 年我国特高压交流输电标准电压成为国际标准电压。2012 年，国家电网的特高压交流输电关键技术、成套设备及工程应用荣获国家科学技术进步特等奖。

（三）技术创新成熟发展阶段（2013 年至今）

从 2013 年开始，国家电网主导的特高压技术工程才迎来真正的"高潮"，进入成熟发展阶段。2014 年，国家能源委员会第一次会议强调，我国要发展远距离大容量输电技术，开工建设一批特高压西电东送重点项目。特高压"四交四直"八项工程列入大气污染防治行动计划。随后，2015 年"四交四直"八项工程全面开工建设。

随着特高压建设走上正轨，国家电网再次展现领军企业的战略站位和责任意识。国家电网成立海外研发中心，开始有意识地积极传播全球互联网理念，上线全球能源互联网网站，在更大范围打造战略共识和重要国际合作窗口。2016 年，国家电网加快推进以特高压为代表的电网建设，在规划层面全力推动建设特高压输电通道，并主动参与国家层面的科技规划，将构建全国同步电网纳入国家

---

① 2009 年，首条特高压交流输电试验示范工程 1000 千伏晋东南—南阳—荆门特高压交流试验示范工程投运；2010 年，宁东—山东±660 千伏直流输电示范工程投运，这是我国首个±660 千伏直流特高压输电工程，拉开了超高压直流输电时代的序幕。

"十三五"能源电力规划。2018年,国家能源局印发《关于加快推进一批输变电重点工程规划建设工作的通知》,国家电网再次掀起特高压建设的浪潮。"十四五"期间,国家电网加大了对特高压的投资额,总投资3800亿元,规划建设特高压线路"24交14直",涉及线路3万余公里,变电换流容量3.4亿千伏安。这一时期,国家电网更加重视能源转型和特高压技术的赋能作用。2021年,国家电网发布碳达峰、碳中和行动方案,将特高压直流用于清洁能源外送,强调要加快建设特高压主网架,提高清洁能源接纳能力。

我国形成了以东北、西北、西南为送端,华北、华东、华中区域为受端的电网总体格局,特高压和500(750)千伏电网为主网架,区域电网间交直流混联。特高压电网已成为中国能源运输的"主动脉",实现了能源从就地平衡到大范围配置的根本性转变。

二、 国家电网特高压技术科技创新的典型成就

特高压电网作为能源运输的"主动脉",解决了能源电力发展的深层次矛盾,推动了清洁低碳转型。[①] 从"白手起家"到成为"大国重器",在实现从创造到引领的过程中,国家电网主导的特高压技术不仅装备中国,更装备世界,是中国式科技现代化的一个重要里程碑,代表了中国在电力传输领域的巨大进步,也展示了中国在全球能源革命中的领导地位。

截至2023年底,中国已建成并投入运营的特高压工程共有36项。这些特高压线路的总长度约为46297千米,大幅提升我国跨区跨省资源配置能力。一条条特高压线路,标志着国家电网在推动我国科技创新、加快电力装备行业进步、促进国际合作交流和全球能源转型方面取得了重大成就。

(一) 构建起我国电力能源创新链

在国家电网特高压科技创新过程中,我国电力能源的创新链也被构建起来。为实现特高压技术全面自主可控,国家电网从技术供给和需求牵引两方面双向

---

① 李文华:《独家揭秘中国特高压前世今生》,中国电力网,http://www.chinapower.com.cn/xw/sdyd/20210402/63410.html,2021年4月2日。

发力，取得了一大批拥有自主知识产权的重大成果。

攻克特高压工程，实际上是攻克各个环节关键核心技术的过程。在安全运行方面，国家电网联合平高集团、特变电工、清华、西交大等创新主体，成功解决了大型充油设备故障防爆技术，成功填补国内高端输变电装备故障动态校核软件与快速清除装备的空白[①]。在经济运行方面，为打破主要设备被国外垄断的局面，国家电网牵头组成联合攻关团队，联合国内厂商、高校、科研机构等，实现特高压直流工程换流变压器从整机到零部件实现全部国产化，大力推动了关键设备的全面国产化难题。

国家电网投运的特高压线路，已累计形成了一个"15 交 13 直"的庞大家族。如今，我国建成了世界上电压等级最高、输电容量最大的输电线路，实现了电力设备的国产化和自主研发。我国电网的运行效率大幅提升，"西电东送"的问题得以解决，同时促进清洁能源的利用和能源结构的优化，为全球能源互联网在能源供给、生态建设和电网安全方面提供了范例。

在"双碳"目标驱动下，我国特高压技术日益成熟，构建起基于我国现实背景的电力能源创新链，在新型电力系统中扮演重要角色。国家电网站在创新链中的治理者位置，整合调动产业链供应链的创新资源要素，将特高压的科技创新活动更为紧密地连接起来。在创新链的顺畅运转下，国家电网在培育集成电路、人工智能、工业软件、新能源、新能源汽车等战略性新兴产业方面积极布局，积极发挥创新主体作用，为国家战略科技力量建设作出表率。

（二）推动电力装备行业发展

在特高压工程发展过程中，我国装备制造业整个行业也得到了迅速发展，培养出一批产业链上的核心企业。特高压是极为复杂的大型系统工程，在特高压产业链中，上游涉及基础研发，包括科研攻关和工程设计。在项目实施过程中，我国的高压电气开关设备、换流阀、线缆、变压设备等硬件厂商需求被放大。中

[①] 国家电网有限公司:《国家电网：打造互利共赢新生态 融通共建新型电力系统现代产业链》，国务院国有资产监督管理委员会官网，http://www.sasac.gov.cn/n4470048/n26915116/n29140421/n29140461/c29818382/content.html，2024 年 1 月 17 日。

游包括传输线路与各种设备制造,是特高压建设的主体。中游设备进一步分为交、直流特高压设备,电源控制端,输送端线缆和铁塔,绝缘器件,电器检测,智能电网等。下游包括工程建设与运维,包括配网设备、输电网建设和运营维护环节,在技术不断迭代中,带动了智能终端、智能芯片等产业发展,并为我国新型电力系统打下基础。

中国西电、国电南瑞、特变电工、平高电气、许继电气、思源电气、山东电工电气等已经成为特高压核心工程的领军交直流设备企业,占据极高的市场份额,不断进行产业链转型升级,强化相关产业自主可控,把核心技术牢牢掌握在自己手中。一位国家电网的领导者曾说:"我们实际上把整个行业的蛋糕做大了。"大部分特高压设备均能立足国内生产制造,输变电装备制造业的水平迈上一个新的台阶。我国电力装备制造水平和核心竞争力得到显著提升,部分甚至达到世界领先水平。

(三) 促进国际科技创新合作

国家电网不仅是中国的国家电网,还是世界上其他国家和地区的"国家电网"。国家电网在服务"一带一路"电力工程建设、推动国际互联互通方面发挥了重要作用。我国的特高压输电技术推动了全球电力工业建设发展,并逐渐被世界认可。2014 年至 2019 年间,国家电网相继在巴西投资建设美丽山水特高压输电一、二期项目,这两条"电力高速公路",使巴西成为美洲第一个拥有特高压直流输电技术的国家。2023 年 12 月,国家电网第三次成功中标巴西美丽山水±800 千伏特高压直流输电项目特许经营权,让中国特高压技术标准、装备和工程总承包全价值链"走出去",在国际上取得极大影响力。

除此之外,国家电网作为主力军携手其他中央企业,在全球 45 个国家积极布局并开展国际业务,成功投资和参与运营多个国家和地区的骨干能源网项目,扩大境外资产规模,带动价值数百亿元的中国装备出海。国家电网还联合国内产业链上下游企业,包括中国西电、许继电气等电力装备制造行业领先企业,广泛参与国际能源市场竞争,在德国、巴基斯坦、印度尼西亚等国家打造"新常态",建立起全产业链"走出去"的国际产能合作模式,全面带动中国创造、中国标准出海开局。

（四）　加快能源电力转型升级

在创新驱动和民族复兴过程中，国家电网特高压技术在很大程度上推动了能源转型、永续供给、清洁低碳和绿色发展，为世界的可持续发展和人类命运共同体建设作出贡献。

随着"西电东送"规模进一步扩大，国家电网持续在三北地区以及西部、东部沿海地区大力开发风电、太阳能、水电等清洁能源，使特高压技术应用到更广阔的场景中去。作为全球电力行业中的领军企业，国家电网以特高压为骨干网架，建设全球能源互联网，推动电力行业的现代化发展，促进能源的清洁、低碳转型，为全球可持续发展作出新贡献。

三、　国家电网特高压技术科技创新的成功经验

国家电网是我国特高压核心科技自主创新攻关中毋庸置疑的"链长"，是推动我国"西电东送"等国家重点战略需求的领军者。纵观国家电网的特高压工程实施过程，其成功有赖于以下几个方面的经验。

（一）　发挥新型举国体制优势

特高压输电工程的成功，离不开我国政府在各个阶段的支持和支撑，这恰恰体现了我国新型举国体制的优势。国家层面上，科技部、能源局等部门主导的科技规划，为国家电网科技创新指明了方向。在项目实施过程中，我国政府赋予国家电网很大的自主权和规则制定权，并持续加大对科技项目的资金投入，帮助协调国家电网的创新决策，助力科技创新进步。

在国家重大项目的支撑下，国家电网和各类创新主体共同攻坚，打破体制机制障碍，攻克特高压基础研究、技术研发、设备研制、系统设计、试验验证、工程建设和调试运行中的难题。国家电网从工程实际应用出发，提需求，提要求，提标准，下属的直属科研机构中国电力科学研究院负责相关核心技术研究。国家电网还联合下属产业机构，联合搞研发，集全国全行业的力量，覆盖高校、科研院所、装备企业等不同创新主体，共同解决了特高压技术中过电压与绝缘配合、电磁环境控制、特高压交直流混合大电网安全控制等世界级难题。在国家电网的

主导下，各个成员主体通力协作，集中力量办大事，发挥网络效应。

（二）构建产学研协同创新体系

国家电网打造了一套科学合理的产学研协同创新体系，并采取具有创新性的协同管理模式，推动了特高压科技创新顺利进行。

国家电网的内部创新体系呈现典型的横纵分布特征。横向上，国家电网设立直属科研机构、直属产业机构；纵向上，在各省设立不同的电力科学研究院、经济技术研究院，作为核心创新主体负责不同的科学研究任务。

在外部，国家电网设立三个海外研发机构，与高校、科研院所建立联合研究机构、创新联盟等，还联合产业链上下游的公司，搭建战略联盟和合作关系，如泛在电力物联网联盟、大数据联盟，作为重要的外部协同创新力量，合作共建能源电力创新共同体。不同的创新主体基于不同定位，各司其职，发挥相应的功能作用，有效协同，从而有效转化各环节的创新成果。

同时，在合作关系管理方面，国家电网率先打破常规的项目管理模式，不采用多主体、分阶段方式，而是直接牵头管理，精准、细致地选取合作关系，打通各种资源获取渠道和制度障碍，明确创新要求和执行方案。[1] 国家电网主动让利，各合作单位在项目评奖中轮流担任第一完成人，提高了高校和科研机构的期望值和合作意愿。国家电网打开大门，包容失败，积极攻坚克难，解决在协同创新中转化效率低下等顽疾。

（三）建设科研—工程—产业耦合的治理机制

特高压技术是一项技术难度极大的世界级创新工程，有很高的工程优化平衡要求，自主研制设备的挑战极大，工程管理统筹协调过程有极大不确定性。[2] 对于这样史无前例的复杂工程，传统产业链的组织和运行方式根本无法满足要求。

---

① 杨忠、宋孟璐、徐森：《制度复杂性下的国有领军企业创新链运作机制——基于国家电网的案例分析》，《南京大学学报（哲学·人文科学·社会科学）》2021年第6期。
② 赵晶、刘玉洁、付珂语等：《大型国企发挥产业链链长职能的路径与机制——基于特高压输电工程的案例研究》，《管理世界》2022年第5期。

国家电网作为主持这一特大工程的领军企业，并没有采取"先研发，再转化科技成果"的常规科技创新治理机制，而是坚持以科研支撑工程，直接以工程需求为中心，组织科技攻关，以科技攻关成果支撑工程建设。正如国家发改委原副主任、国家能源局原局长张国宝所言："我一直坚持一条原则，就是重大装备的研发一定要与重大工程相结合，如果不和重大工程相结合，空对空地研发，制造出来以后没人需要，你花了很大精力，投入了很大成本，却得不到回报。"

在"科研—工程"耦合方面，国家电网成立"特高压工程建设领导小组"，负责工程的重大事项，自身作为工程项目法人，组建特高压建设部，在相关省级电力公司组建特高压工作机构，在工程现场成立指挥部，形成工程建设三级组织指挥体系。同时，成立科研、设计、设备各环节的专项领导小组，负责组织集中攻关具体领域，坚持"科研为先导、设计为龙头、设备为关键、建设为基础"的方针，集权与放权结合。

在"工程—产业"耦合方面，国家电网在主导特高压工程时，将西电集团、特变电工、保定天威、平高电气、新东北电气等企业作为产业部分，搭建工程与产业耦合机制，这些上下游企业有些曾直属于国家电网，由国家电网控股。通过这种耦合体系，国家电网在整个项目中有更高的地位优势，使产业链上下游之间相互协调，运作更为顺畅。

（四）坚定创新精神，勇闯科技创新"无人区"

作为公共事业领域的大型国有企业，敢为人先、勇于创新的"特高压精神"也是国家电网最终实现特高压工程建设的重要一环。

面对技术难题，国家电网从未气馁，而是直面质疑，用事实来给出答案。国家电网曾委托中国工程院 27 位院士和 7 位专家，组成咨询课题组，科学回应特高压论证过程中的质疑声。2005 年，国家电网领导在赴日本考察特高压技术期间，甚至专门中途停车，徒步上山，只为听到特高压线路的噪声。这种对科学真理不懈求索的态度和不轻言放弃的科学家精神，凝聚成攻坚特高压技术的磅礴力量，引导国家电网不断突出重围。

与此同时,国家电网极具前瞻意识,在知识和人才储备上及早布局,为后续特高压工作的开展奠定基础。国家电网很早就布局研究特高压输电技术,在特高压交流和直流的主要参数,以及重污染、高海拔、重覆冰等方面的解决方案上有所建树,培养了大批理论水平高、实践经验丰富的专家和院士。在科技创新过程中,国家电网始终直面最难的技术问题,坚定不移地把核心技术牢牢掌握在自己手中,注重培育核心企业,强化相关产业自主可控。如果没有国家电网和一大批科学家的大局意识、使命担当和坚定决心,特高压工程很难实现迅速推进。

第二节
中车四方科技创新：高铁技术

2021 年 1 月 19 日,习近平总书记在京张高铁考察时强调:"我国自主创新的一个成功范例就是高铁,从无到有,从引进、消化、吸收再创新到自主创新,现在已经领跑世界。"[1]从技术引进,到拥有完全自主知识产权,我国高铁已经实现了由"跟跑"到"领跑"的华丽转身,成了我国创新型国家建设的标志性成果。它的核心缔造者之一,正是中车青岛四方机车车辆股份有限公司(以下简称:中车四方)。中车四方的自主创新,不仅让我国掌握了全世界最先进的高铁技术,也形成了我国制造业"跨越式发展"的独特路径,为加快实现我国科技自立自强提供理论和实践借鉴。

一、 中车四方高铁技术的科技创新发展历程

中车四方位于山东青岛,是中国中车股份有限公司的核心企业,有着光辉的百年历史,被誉为共和国机车车辆的摇篮。如今,中车四方不仅是中国轨道交通核心系统和关键产品的重要研发生产基地和主要供应商,更是世界高铁行业的龙头企业。中车四方创新研发的 CRH380A 型动车组和"复兴号"动车组具有完

---

① 《习近平:中国冰雪运动必须走科技创新之路》,人民网,http://politics.people.com.cn/n1/2021/0120/c1001-32006221.html,2021 年 1 月 20 日。

全自主知识产权，现已成为中国高速铁路的主型装备。从发展历程上看，经过早期的技术积累、对引进技术的消化吸收和全面自主创新的实践，中车四方在高铁研发设计、试验验证和生产制造三大技术能力上都取得了长足进步。高铁技术创新可划分为早期技术积累、引进消化吸收再创新、自主创新和全面创新四个阶段，标志事件见图 10-1。

图 10-1　中国高铁的科技创新历程

（一）早期技术积累期（2004 年前）

1995 年前，由于国力所限无法进行大规模的技术引进，我国完全依靠自主组织研制准高速与高速列车，通过图片和新闻中的信息进行模仿，开发出了大白鲨号、先锋号、中华之星等车型，速度等级仅时速 160—250 公里，运营公里短。在这一阶段，我国高速列车的研发品种多样，但缺少战略统领，导致缺乏谱系化的发展。[①]

当然，不能否认的是，在这一阶段我国轨道交通装备领域形成了相对完备的技术体系，培养了一支技术队伍，奠定了我国高铁产业的研发、制造和人才基础，在高铁技术方面进行的积极探索为日后的创新提供了原始技术积累。但总体来说，技术积累期没有形成系统的产学研支持体系，缺乏重大项目依托，关键技术也没有实现突破。

（二）技术引进消化吸收再创新期（2004 年至 2006 年）

"交通强国，铁路先行"，轨道交通与国计民生息息相关，是国家战略的重要支撑。2004 年，《中长期铁路网规划》出台，将"四纵四横"高速铁路网正式纳入国家发展纲要之中，成为我国高铁建设指南。这一时期，原铁道部提出研发高铁

[①] 吴欣桐、梅亮、陈劲：《建构"整合式创新"：来自中国高铁的启示》，《科学学与科学技术管理》2020 年第 1 期。

动车组。然而,当时我国高铁基础薄弱,研发主体分散,技术起点低,核心技术掌握在日本和德国等国的几家企业手中。因此,从 2004 年开始,为满足人民出行需求及我国铁路大提速的战略要求,国家发布文件向全球招标,引进国外技术,实施跨越式发展,中车四方是仅有的两家被指定的技术引进企业之一。面对巨大的中国市场,日本川崎找到中车四方出售技术。经过谈判,原铁道部决定引进日本川崎时速 200—250 公里的高速列车,这为中车四方提供了学习机会。为了保证中国企业真正学会核心技术,原铁道部在合同中设置了"技术转让实施评价"的考核环节,由专设部门对中车四方的技术学习情况进行验收。

在这一阶段,中车四方进行逆向研究,破解并消化吸收外来先进技术的基本原理,并结合自身的技术积累,把外来的图纸、技术资料和检测标准进行转化,根据国家线路的特点进行了模仿创新和适应性改造,初步掌握了时速 200 公里高铁的制造技术。2006 年 7 月份,第一列时速 200 公里动车组正式下线。

国外先进技术为我国高铁创新发展注入新动力。然而,在合作中日方的技术人员只会告知操作过程,对图纸背后的技术原理却含糊其词,不愿透露。如果将学习外来先进技术比作"站在巨人的肩膀上",中车四方深刻地认识到,巨人的肩膀不好站,只有让自己成为巨人才行。

(三)自主创新期(2006 年至 2010 年)

我国高铁的发展并没有止步于 2004 年的技术引进,前期引进的技术标准并不能满足市场需求。2007 年,全国铁路实施第六次大提速,我国正式进入了高铁时代。在国家战略和市场需求的双重导向下,原铁道部决定实施时速 300—350 公里高铁的自主研发,这对中车四方的研发提出了更高的标准要求。在前期技术引进消化吸收的基础之上,中车四方开始完全自主研制高铁,在大量的试验和摸索中依靠自主创新将高铁时速由 200 公里提升到 350 公里。

中车四方高铁的技术创新是涉及电气、机械、材料、信息技术等多个领域的集成创新。无论是理论原理、开发设计,还是仿真实验、工艺制造,对于一项大型系统工程而言,每个环节的重要性都不言而喻。中车四方虽然在传统铁路装备上有着深厚的技术积累和雄厚的人才队伍,但是面对创新中层出不穷的问题和挑战,仍然无法凭借一己之力攻克所有问题。中车四方的管理层发现,仅利用自身资源和铁路系统内部资源还是不够，"新技术、新工艺、新材料源源不断地出现，但我们还局限在原来的认知里"。

借助原铁道部和科技部等政府部门的帮助，中车四方打破组织边界，采用广泛的知识来源和合作主体，发展了开放、协同、融合的创新体系。2009年，中车四方联合清华、北大、中国科学院等21家高校院所和41家配套供应商企业建立产学研创新联盟。2012年，中车四方作为理事长单位，联合清华、北大、中国科学院力学研究所等16家单位，成立高铁技术创新战略联盟。之后，中车四方又发起成立了中国创新设计产业战略联盟。通过与高校和研究机构签署合作协议，建立实验室和研发中心，中车四方自身创新能力相对不足的环节得到了有力支撑。

"闻道有先后，术业有专攻"。当靠自身的技术力量不能满足需求时，中车四方就会转向相关院校和专家寻求解决方案。相较于企业，高校的优势在于追踪国际前沿的技术动态和发展趋势，能为企业提前进行战略布局，为发展下一代高铁提供方向。中车四方本身则负责系统设计和集成研发，将理论成果转化为现实生产力，解决工业化的问题。"复兴号"正是这种协同创新的"果实"。

在"复兴号"的自主研发中，中车四方投入充足的科研经费、充分的试验条件并出资建立工程实验中心，架起企业工程应用和学界理论研究对话的桥梁，真正做到对技术原理"知其然，也知其所以然"。在项目结束以后，最终产生的知识成果双方共享：中车四方借助高校贡献的模型、算法解决实际工程上的问题，而高校和科研院所则可以用项目的整体成果，进行自身专业学科上的提升，将理论成果拓展到实际应用上，深化整个产业链条的技术基础。

从启动研发到产品下线，"复兴号"创新链涵盖了中车四方各大主机厂、120多个国家级和省部级实验机构、30多个配套厂、500多家相关企业以及西南交大、同济大学、清华大学和中国铁道科学研究院等高等院校和科研单位。其中，产业特色鲜明的高校全过程深度参与，为中车四方的大量关键技术攻关作出了宝贵的贡献。在"复兴号"的研发中，中南大学的风动实验室有着长期航空条件下气动力学行为的研究积累，能为高铁的高速运行状态提供气动力学理论基础，负责外形结构设计和空气动力学试验；西南交大的动力学实验室负责动力学计算及参数选择、模拟动力学试验，并逐步拓展到仿真分析和跟踪试验检测等领域,有力支持了我国高铁创新。

2010 年,"和谐号"CRH380 动车组问世,让高铁时速从 200 公里成功提升到 350 公里。这一过程日本用了 49 年,法国用了 30 多年,中国却仅仅用了十几年就实现了全面创新。CRH380A 型高速动车组头型采用全新的长征火箭元素设计,风阻系数全面优于引进的高速动车组,并且通过了美国知识产权局的评估,我国拥有完全自主知识产权。

（四）全面创新期（2010 年至今）

CRH380A"和谐号"系列高速动车组是我国首个自主设计的高铁列车。尽管在较短的时间里满足了人民出行需要,然而基于不同平台研发出的"和谐号"车型,由于标准不统一,不能互联互通,难以互为备用,提高了运营和维修成本。在中国铁路总公司(现中国国家铁路集团有限公司)主导下,中车四方集合优势科研力量,共同开展了"复兴号"中国标准动车组的研制工作。

2017 年,历时 5 年时间,历经 503 项仿真计算、5278 项地面试验、2362 项线路试验,"复兴号"CR400 动车组诞生。"复兴号"是首个以中国标准为主导,具有完全自主知识产权的中国标准动车组。它采用的 254 项重要标准中,中国标准占到 84%,标志着中国高铁驶入全面自主研发的时代。从此,中国确立了对高速列车产业链的主导权,成为高铁领域新的竞赛规则的重要制定者和主导者,开启了"中国标准动车组时代"。习近平总书记对此高度评价:"'复兴号'高速列车迈出从追赶到领跑的关键一步。"[①]

随着新一代高铁网的建设,中车四方的自主创新水平也达到新的高度,已经能够根据市场需要,自主研制具有完全自主知识产权、不同速度等级、不同功能定位的动车组产品,基本形成了系列化、谱系化的高速动车组产品体系。例如,2021 年 6 月 25 日,中车四方研制的新型"复兴号"智能动车组首次亮相京沪高铁,融合了互联网、云计算、大数据、5G 等新技术,在智能化、舒适性、安全性、运用维护便捷性等方面实现了优化升级。

---

① 《习近平在中国科学院第十九次院士大会、中国工程院第十四次大会上的讲话》,《人民日报》2018 年 5 月 29 日。

二、 中车四方高铁科技创新的成就

通过引进消化吸收与自主创新相结合，我国高铁产业实现了从落后到引领的快速追赶与超越，已成为大国重器自主创新的成功典范。在原有自主创新能力基础上，中车四方围绕国家战略及市场需求，充分利用国外优势资源，构建开放协同的创新网络，加快推进轨道交通产品的升级换代，努力为国家实施创新驱动发展战略贡献"中车智慧和中车力量"。

（一） 推动加快构建新发展格局

由中车四方研发生产制造出口的CRH380A型动车组和"复兴号"动车组具有完全自主知识产权，现已成为中国高速铁路的主型装备。"复兴号"产品系列不仅能达到时速350公里的全世界高铁商业运营最高速，而且能够适应高海拔、严寒、风沙等各种环境，安全性与舒适性世界领先。更重要的是，以高铁替代传统铁路有着现代意义上的"互联互通"含义，这与通信技术领域的5G在本质上具有相同的含义，高铁是通向新工业革命的基础设施之一。激进创新带来的大部分经济收益是在漫长的后续改进过程中才得以实现，因此我们今天对于中国高铁成就的讨论是在见证一个新时代的开始。[①]

我国已成为世界上高铁运营里程最长，动车组配置、数量、规模最大，运行载客量突出的国家。"高铁一响，黄金万两"，高铁已经不再是简单的交通工具，背后是人流、物流、资金流的汇集。作为重新定义时空和塑造经济格局的一股巨大力量，高铁对于改善我国东部地区投资环境、加速区域经济一体化、优化资源配置、推进产业结构优化升级、助推城镇化进程、实现经济聚集效应发挥了重要作用。基于影响经济增长方面的空间效应，我国高铁创新对于加快构建以国内大循环为主体、国内国际双循环相互促进的新发展格局具有重要的现实意义。

（二） 引领轨道交通行业技术发展

"复兴号"不可能是中国高铁技术进步的终点，因为技术变化是不会停歇的。中车四方持续加大研发投入，有效支撑新产品、新技术的持续推出，构建具备完

---

① 路风：《冲破迷雾——揭开中国高铁技术进步之源》，《管理世界》2019年第9期。

全自主知识产权的先进轨道交通装备产品谱系。在与产业共进的同时,中车四方对其他创新参与主体也起到了拉动和引领作用,提升了整个行业的研发和制造能力。例如,中车四方实施"技术研发和技术产业化发展并举"的发展战略,积极推动技术创新的外溢和扩散,提升整个行业的研发和制造能力。

从长远来看,中车四方和高校的长期合作推动了前沿基础研究的工程化和产业化,促进了人才培养,为中国高铁技术创新的可持续发展提供最根本的人才储备;推进标准化革命,建设行业认证体系等举措,都展现出中车四方造福轨道交通乃至大型装备制造业产业链的战略眼光。我国高铁自主创新的宝贵经验为"中国制造2025"以及我国未来重大工程的实施提供了参考和借鉴。

(三) 助力国际合作重大战略实施

作为高铁创新链和产业链领军企业的中车四方,如今不仅是我国轨道交通核心系统和关键产品的主要研发生产基地和重要供应商,更是世界高铁龙头企业、国家轨道交通装备产品重要出口基地。随着中国高铁标准被纳入国际通用标准,中车四方聚焦用户需求,以"中国标准"出海,全力开拓市场,使高铁成为中国高端装备的亮丽名片。我国高铁的"走出去",为世界高铁产业贡献了中国方案,对于实施国际产能合作以及"一带一路"倡议具有重要战略意义。

三、 中车四方高铁科技创新的成功经验

中国高铁的起步基础薄弱,从无到有、从落后到引领,中车四方用十几年时间走完了发达国家同行近40年的发展之路,成为世界高铁产业的龙头企业和重要的国家战略科技力量。

(一) 发挥新型举国体制优势

翻开中国高铁发展的编年史,不难看见政府的身影。高铁产业的跨越式发展,无疑得益于我国集中力量办大事的科技创新新型举国体制,突出体现在相关产业政策的支持、从上至下政令畅通的指挥系统以及强有力的统筹。对于中车四方来说,在政府的引导和强力支持下建立的技术体系是其自主创新的重要载体。

在我国高铁产业创新追赶的历程中,以原铁道部与科技部为代表的政府部

门通过扮演制度构建者、关键用户和系统架构者等多种角色，提供了稳健的顶层设计。[1] 首先，在技术引进上，我国政府通过充满智慧和魄力的谈判，既为中车四方提供了学习外国先进技术的机会，又保证了国内企业的主体地位。其次，我国政府对高铁产业有着十分明确的产业政策，出台的一系列战略规划和顶层设计为整个行业的发展指明了方向，从上至下政令畅通的指挥系统及其强有力的统筹消除了产学研合作的制度障碍。中车四方也积极顺应国家产业政策的指引，将国家战略方向作为自身的顶层设计导向，依托国家重点科研项目构建创新链，与高校、科研机构、供应商企业等开展大规模产学研合作（见图 10-2）。同时，我国高铁之所以能够取得巨大成功，离不开鲜明的市场化应用导向。国家兴建基础设施创造了巨大的国内市场需求，并在后期实施"高铁外交"，拓展了我国高铁的国际市场。完善的工业体系、有力的产业政策和政府积极干预的开放式创新模式，有效弥补了后发国家的市场劣势和技术劣势，推动高铁事业跑出"中国速度"。

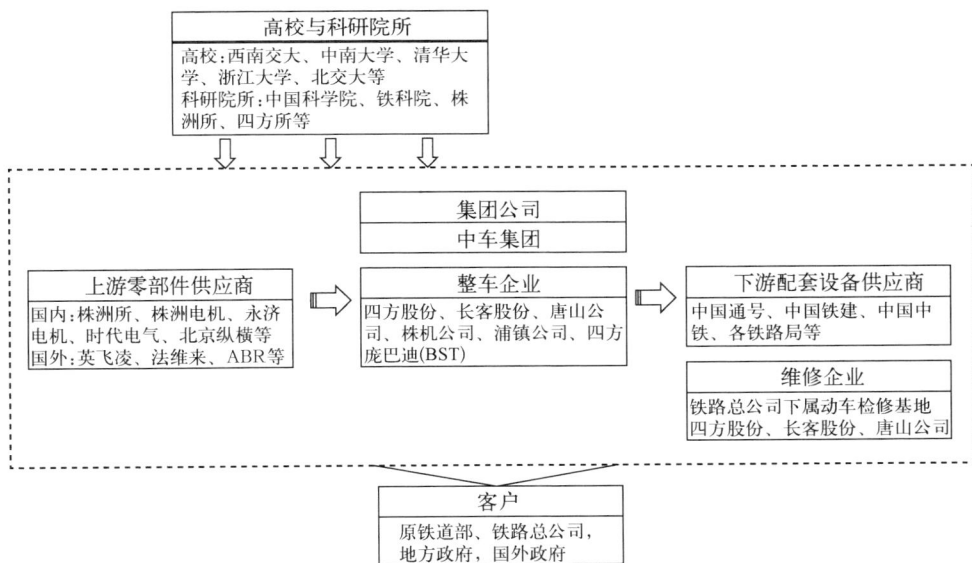

图 10-2　新型举国体制下我国的高铁科技创新主体

（二）坚定不移自主创新

自主创新是指依靠自身发展，不依赖外力推动地投入创新资源，从而提高创

---

[1] 路风：《冲破迷雾——揭开中国高铁技术进步之源》，《管理世界》2019 年第 9 期。

新能力的方式。[①] 我国高铁事业蓬勃发展,也源于领军企业中车四方的内生创新机制。有学者总结中国高铁技术追赶发达国家的经验,将其技术能力分为:以独立研发为主的试验性探索阶段、自主创新导向的技术引进阶段、正向设计能力形成阶段,自主知识产权和中国高铁标准的建设阶段。[②] 最初,我国采取引进外国先进技术并进行消化吸收再创新的方式。而经过了前期的"引进、消化、吸收",中车四方意识到"巨人的肩膀不好站,必须让自己成为巨人才行",不断提升自主创新能力,最终突破创新发展瓶颈,实现了从"中国制造"向"中国创造"的飞跃。

可见,企业在技术引进、消化、吸收的同时,要处理好"独立自主"和"对外开放"的关系,片面关起门来自主创新和片面强调引进先进技术都不可能形成根本竞争力。面对逆全球化、技术和贸易封锁盛行的复杂国际环境,我国科技型企业必须确立前瞻性的发展思路,发挥中国特色社会主义市场经济的制度优势,依托科技创新新型举国体制、国家战略科技力量、新型研发机构,搭建产学研协作平台,推进高校、企业、科研院所协同攻关,提升自主创新链效能。在企业的内部,通过人才队伍培养、知识管理和组织架构优化等举措,强化企业内创新体系,聚焦核心技术研究,为自身高质量发展和品牌价值提升提供原动力。

(三)推动产业链与创新链融合

即便是一个行业的领军企业,创新也绝不是将自身置于孤岛上闭门造车。中车四方立足于国家战略,敏锐捕捉市场需求信息和技术发展动态,与政府、高校及科研院所、供应商广泛开展合作,整合创新资源,构建"政产学研用"创新链,使创新资源聚合在一起。政府部门确立技术研发目标,提出设计要求,提供资金和试验支持;中车四方负责整体车体、转向架和系统集成等的设计、试验和生产;高校和科研机构提供专业领域的专项技术支持;供应商企业在业务范围内同步技术升级,提供配套子系统、元器件和零部件。政产学研用深度融合,凝聚力量推进关键技术和配套技术的突破。

---

① 魏守华、姜宁、吴贵生:《内生创新努力、本土技术溢出与长三角高技术产业创新绩效》,《中国工业经济》2009 年第 2 期。
② 吕铁、江鸿:《从逆向工程到正向设计——中国高铁对装备制造业技术追赶与自主创新的启示》,《经济管理》2017 年第 10 期。

创新链功能的有效发挥有赖于各创新主体间的积极互动，而多主体之间的有效合作体现协同创新的内涵，即相对独立的各个部分用某种机制或约束使其形成一个整体，通过系统之间的相互作用及资源共享产生协同效应，从而达到组织目标。因此，企业需要根据实际情况，考虑价值观、文化、合作方式、协调机制和利益分配问题，围绕共同愿景和目标实现战略协同。中车四方在依托产业链优势资源打造创新链的同时，遵循清晰的产业化路径，采用了联合研发、项目委托的合作形式，以及成果共享的分配方式，对其他创新主体的研发和制造能力起到了拉动和引领作用。例如，中车四方实施"技术研发和技术产业化发展并举"的战略，积极推动技术创新的外溢和扩散，推动了整个产业基础和技术能力的跃升，这是高铁创新链能够持续稳定运行的重要保障。

从基础理论到前沿研究，再到工程化的应用，正因为中车四方构建的创新链与我国高铁产业链从未被割裂，而是相辅相成地演化发展，共同服务国家重大战略需求，"复兴号"才能奔驰在祖国的大地上，在"为中国梦提速"的路上乘风破浪、一往无前。

第三节
华为科技创新：5G 技术

华为技术有限公司（以下简称：华为）是我国信息与通信技术行业的科技领军企业。作为国家战略科技力量的重要组成部分，华为历经十余年的自主创新，终于研发出了引领整个行业发展的 5G 技术。5G 技术是第五代移动通信技术的简称，相较于 4G 技术，5G 技术具有更高的网络速度、更低的延迟、更高的连接密度和更高的可靠性等显著特性。5G 技术不仅可以为移动互联网用户提供更加极致的应用体验，而且可以满足各种垂直行业的应用需求，如工业控制、远程医疗、自动驾驶等。华为 5G 技术的成功研发，是我国信息与通信技术行业的科技领军企业在全球范围内真正实现技术引领的典型代表。[①]

---

① 邵记友、杨忠、张骁：《领军企业创新链中联盟组合的构建机制研究——以华为 5G 技术研发为例》，《管理学报》2024 年第 4 期。

一、 华为 5G 技术创新的发展历程

华为 5G 技术研发涵盖了由科学原理发现到技术产业化的创新链全过程，华为与高校、科研院所、客户、供应商等多元创新主体进行了大量创新合作。梳理华为 5G 技术研发过程中的关键事件（图 10 - 3），可以将整个历程划分为技术方向摸索、技术路径识别、技术产品开发和技术商业应用四个阶段。

（一） 技术方向摸索阶段（2006 年至 2009 年）

5G 技术作为新一代移动通信技术，相较于 4G 技术具有先导性、原始性特征，指导 4G 技术研发的基础理论知识难以为 5G 技术研发提供有效的方向指引。这意味着在 5G 技术研发早期，华为面临着缺乏足够理论知识指导其技术研发工作的现实窘境。因此，在这一阶段，华为对 5G 技术的方向进行了探索。2006 年，土耳其毕尔肯大学电气工程系的 Erdal Arikan 教授团队提出了信道极化的概念，并详细阐述了信道极化，给出了世界上唯一一个能够被严格证明达到香农极限的信道编码方法，即 Polar 码，这为 5G 技术的研发提供了重要的方向指引。随后，华为识别出 Polar 码作为优秀信道编码技术的潜力，并于 2008 年决定沿着 Polar 码方向进行 5G 信道编码技术的研发。2009 年，华为成立了数千人组成的通信技术研究实验室，正式启动了 5G 基础研究。

（二） 技术路径识别阶段（2010 年至 2013 年）

技术创新并非外生结果，创新工作实质上是持续、内生的选择和采纳过程。华为确定了沿着 Polar 码的技术方向进行研发后，需要沿着该既定方向探索可行的技术研发路径。因此，在这一阶段，华为与全球 20 多所大学建立密切的联合研究关系，定向资助 Polar 码研究者，以进一步深入探索该方向。到了 2013 年，华为识别出一系列 5G 技术产品研发路径，典型的就是 5G 空口方向的多条技术路径。同年，华为宣布未来五年至少投资 6 亿美元，用于 5G 技术研发（不含产品化投资）。

（三） 技术产品开发阶段（2014 年至 2016 年）

尽管经过前两个阶段的准备工作，华为积累了新技术研发所需的部分原理知识，但由于新技术范式下的公共科学知识体系并没有完全建立，外部环境中可

- 华为识别出一系列5G技术产品研发路径，典型的就是5G空口方向的多条技术路径
- 华为宣布未来五年至少投资6亿美元，用于5G技术研发（这不含产品化投资）。

- Erdal Arikan教授提出了一个通用框架，即通过信道极化（信道合并和分裂）的方法无限逼近香农极限，这便是Polar码的思想基础。
- 华为识别出Polar码有作为优秀信道编码技术的潜力，于是便与Arikan展开合作。
- 华为与全球20多所大学建立密切的联合研究关系，定向资助Polar码研究者。

2006年　2007年　2008年　2009年　2010年　2011年　2013年

- Erdal Arikan教授详细阐述了信道极化，并给出世界上唯一一个能够被严格证明达到香农极限的信道编码方法，即Polar码。
- 华为成立数千人组成的通信技术研究实验室启动5G基础研究。
- 华为向中国专利局申请了第1个Polar码技术专利。

2006年至2009年：技术方向摸索阶段　　2010年至2013年：技术路径识别阶段

- 华为完成中国5G研发试验第二阶段测试。
- 华为发布《5G时代十大场景白皮书》，并宣布启动5G合作伙伴创新计划。
- 5G在制造、矿山、钢铁、港口、化工、水泥、电网和医疗等行业规模商用，华为5G行业技术解决方案在典型的8个应用场景实现规模复制，如设备远程操控、数据采集、产品质量检测等。

- Polar码的级联结构技术取得突破
- 华为参加5G-MONARCH会议。

- 华为在全球30个国家获得46个5G商用合同。

2014年　2015年　2016年　2017年　2018年　2019年　2020年　2021年

- 华为在加拿大、美国等9个国家建立5G创新中心。
- 3GPP RAN1 第87次会议召开，Polar码成为5G控制信道eMBB场景最终方案。
- 华为开展第一阶段5G空口技术外场的测试验证。
- 华为公司携手沃达丰共同在西班牙巴塞罗那向全球发布第一个符合3GPP标准的、支持Polar码的5G系统。
- 华为推出端到端全系列的5G产品解决方案。
- 华为在全球获得91个5G商用合同。

2014年至2016年：技术产品开发阶段　　2017年至今：技术商业应用阶段

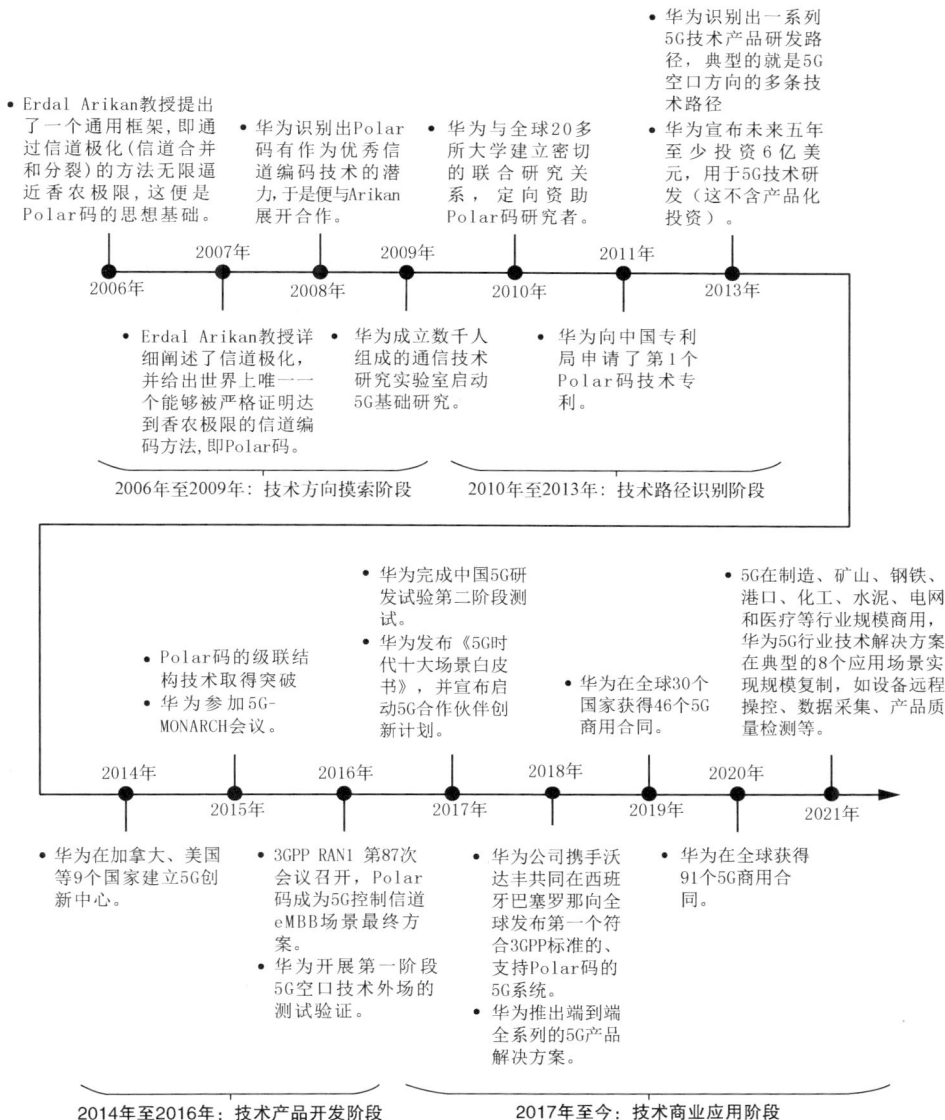

图10-3　华为5G技术产品研发过程中关键事件

借鉴的资料和经验比较匮乏，华为只能"摸着石头过河"。研发过程中难免会遇到各种偶发技术难题，能否攻克这些技术难题直接决定了研发的成败。因此，在这一阶段，华为在加拿大、美国等九个国家建立5G创新中心，与高校院所细分领域的领军学者建立更为紧密的合作关系。2015年，Polar码的级联结构技术

取得了突破,为 5G 技术的进一步发展奠定了基础。2016 年,3GPP RAN1 第 87 次会议召开,在这次会议上 Polar 码被确定为 5G 控制信道特定场景的最终方案,华为于同年进行了第一阶段 5G 空口技术外场的测试验证,标志着华为 5G 技术从实验室向现实迈出了重要的一步。

(四) 技术商业应用阶段(2017 年至今)

创新是从新思想产生到新技术产业化的全过程,特别强调科技知识和商业知识有效组合并转化为价值。因此,5G 技术研发完成后,华为更关注加强与产业链上下游伙伴的协同配合,推动 5G 技术向商业应用转化。在这一阶段,华为与水平和垂直行业的客户、供应商等产业链伙伴建立了广泛的合作关系,不断推动 5G 技术的商业应用。2017 年,华为完成了中国 5G 研发试验的第二阶段测试。华为发布了《5G 时代十大场景白皮书》,并启动了 5G 合作伙伴创新计划,将 5G 技术产品的应用场景拓展到垂直细分行业。2018 年,华为与英国运营商客户沃达丰合作,在西班牙巴塞罗那发布了全球第一个符合 3GPP 标准、支持 Polar 码的 5G 系统。随后,华为在全球范围内获得了大量 5G 商用合同,标志着 5G 技术的商业应用进入了快速发展的阶段。截至 2021 年,华为与运营商、合作伙伴签署了超过 3000 个 5G 行业应用商用合同,5G 技术在制造、矿山、钢铁、港口、化工、水泥、电网和医疗等行业实现了规模商用。

二、 华为 5G 技术创新的典型成就

作为全球领先的科技领军企业,华为以其持续的创新和全球化布局,在 5G 技术领域取得了令人瞩目的成就,包括推动了通信行业技术进步、丰富了垂直行业应用场景、提升了我国的国际话语权等,这些成就确立了华为在全球通信行业中的领先地位。

(一) 推动了通信行业技术进步

首先,华为的 5G 技术实现了比之前的通信技术更高的速度和更大的带宽。通过使用更高频率的无线频谱、更高效的调制解调技术以及更先进的信号处理算法,华为的 5G 网络可以提供比 4G 更快的数据传输速度和更大的带宽。例

如,华为的 5G 基站能够支持多达数千个设备同时连接并提供更高速率的数据传输。其次,华为 5G 技术可以实现比 4G 更低的网络延迟,这对于实时应用和服务非常重要,例如远程医疗、智能交通系统和虚拟现实等。华为的 5G 技术通过优化网络架构、改进数据处理算法和部署更多的边缘计算节点等方式,实现了更低的延迟。这使得用户可以更快地响应互动内容,提高了用户体验。再次,华为的 5G 技术通过引入更多的基站和小型基站,以及优化网络覆盖和容量管理算法,实现了更好的网络覆盖和容量。这意味着在人口密集区域和高流量区域,用户可以更稳定地获得高速数据连接,避免了网络拥塞和信号覆盖不足的问题。最后,华为的 5G 技术采用了虚拟化和软件定义网络(SDN)等新技术,实现了更灵活的网络架构。这使得运营商可以更容易地部署、管理和维护网络,同时支持更多种类的应用和服务。例如,华为的云原生 5G 核心网络解决方案可以实现网络功能的灵活部署和弹性伸缩,从而更好地满足不同场景下的需求。

（二）丰富了垂直行业应用场景

华为的 5G 技术在各行业的应用体现了多种特点和优势,具体表现在如下方面。(1)在智能制造和工业互联网方面,华为的 5G 技术为工业互联网和智能制造提供了强大的支撑。通过 5G 网络连接工厂设备和机器人,实现远程监控、智能调度和自动化生产,提高了生产效率和质量。例如,在汽车制造领域,5G 技术可以实现工厂内部设备之间的高速通信和实时协作,加速生产流程并降低成本。(2)在智慧城市和交通方面,5G 技术为智慧城市和交通领域的发展带来了新的机遇。通过 5G 网络连接传感器、摄像头和智能交通设备,可以实现城市交通的智能监控、智能信号控制和智能交通管理。例如,5G 技术可以实现智能车辆之间的高速通信和协同驾驶,提高交通效率和安全性。(3)在医疗健康方面,华为的 5G 技术为医疗健康领域带来了革命性的变革。通过 5G 网络连接医疗设备和医疗信息系统,可以实现远程医疗诊断、远程手术和远程监护等服务。例如,医生可以通过 5G 网络远程操作医疗机器人进行手术或者远程监护患者的健康状况。(4)在虚拟现实和增强现实方面,5G 技术为虚拟现实和增强现实等新兴技术的发展提供了强大支持。通过 5G 网络提供的高速数据传输和低延迟通信,可以实现更流畅、更逼真的虚拟现实体验。例如,在教育领域,学生可以通过 5G 网络参与虚拟实验和虚拟实地考察,提高学习效果。

(三) 提升了我国的国际话语权

华为在 5G 技术研发过程中,通过在技术领先地位、标准制定和推广、国际合作和交流以及技术输出和国际合作项目等方面的努力,为中国在全球通信行业的发展和话语权提供了强大支撑,具体表现在如下方面。(1)技术领先地位。作为全球领先的通信技术公司,华为在 5G 技术方面处于领先地位。其高质量的 5G 产品和解决方案在全球范围内被广泛应用,赢得了众多客户和合作伙伴的信任和青睐。这使得我国在 5G 技术领域拥有了更大的话语权,能够在国际上发挥更重要的影响力。(2)标准制定和推广。华为积极参与国际标准制定组织,并在 5G 标准化过程中发挥了重要作用。其提出的技术方案和标准被广泛采纳和应用,推动了全球通信行业朝着共同的方向发展。这使得我国在国际标准制定和推广方面拥有了更大的话语权,能够塑造全球通信行业的发展趋势。(3)国际合作和交流。华为在全球范围内建立了广泛的合作伙伴关系,并与各国政府、运营商、企业等多方合作,共同推动 5G 技术的发展和应用。通过国际合作和交流,我国能够更好地参与全球通信行业的发展,提升自身在国际上的话语权和影响力。(4)技术输出和国际合作项目。华为积极推动技术输出和国际合作项目,在全球范围内推广其 5G 技术和解决方案。例如,华为在欧洲、非洲、拉丁美洲等地区开展了大量的 5G 建设项目,为当地经济发展和数字化转型做出了重要贡献。这些项目不仅提升了华为在国际市场上的声誉和地位,同时也提升了我国在国际上的话语权和影响力。

三、 华为 5G 技术创新的成功经验

华为是我国为数不多真正实现从“后发追赶”到“技术引领”的民营科技领军企业,自 1987 年创立至今,历经 2G 时代跟随、3G 时代挑战、4G 时代同步、5G 时代领先的发展历程。纵观华为 5G 技术研发历程,其取得成功依赖于以下几方面经验。

（一）以基础研究支撑科技创新

对于信息与通信技术产业而言，基础理论研究成果在驱动产业技术突破和发展方面起着关键作用，基础研究者发现的科学理论知识，能够有效支撑先导性、原始性技术的研发工作。因此，华为在 5G 技术研发过程中，秉持不断探索科学前沿的精神，始终坚持基础研究不动摇。从华为内部研发组织结构角度看，华为根据技术细分领域设立了多个基础研究实验室，如华为诺亚方舟实验室、华为光域实验室等。与产品线研发部门的职能不同，华为内部实验室主要致力于从事前沿科学研究和技术探索，开展长期基础研究工作。从华为外部资源利用角度看，华为与全球顶尖高校、科研院所的顶级实验室存在着密切的基础研究合作关系，华为会为高校院所的实验室研发团队提供研究经费和实验设备，以支持后者的基础研究工作。比如华为与英国曼彻斯特大学的石墨烯研发团队、东南大学的网络研究团队等保持着紧密的合作关系。

（二）放大科技对客户需求的引领

5G 技术作为全新一代的通信技术，其在产业化过程中存在着客户需求模糊的特征。因此，华为在推动 5G 技术向产业转化的过程中，与许多垂直细分行业的企业建立联合创新实验室，通过应用创新来探索 5G 在不同行业的应用场景，进而牵引产业客户的需求，比如华为联合山西晋能控股集团建立了智能矿山实验室，联合青岛城运共同成立智慧交通联合创新实验室。这些行业联合创新实验室的主要功能包括以下方面。（1）技术研发与验证。实验室针对 5G 网络的关键技术和应用场景进行深入研究，验证新技术的可行性和有效性。通过实验室的测试，可以确保华为提供的 5G 解决方案具备业界领先的技术性能。（2）解决方案定制与优化。实验室深入了解不同行业的需求和痛点，结合 5G 技术特点，为各行业量身定制解决方案。同时，实验室还会对现有方案进行持续优化，以满足客户不断变化的需求。（3）行业合作与生态构建。实验室积极与各行业合作伙伴开展合作，共同推动 5G 技术在各行业的落地应用。通过合作，可以共同解决技术难题，推动行业创新，同时构建良好的产业生态。

（三）构建高效全球化科研团队

华为通过设立研发中心、招聘本地人才、跨国合作与交流、建立合作伙伴关系和本地化运营管理等方式,在全球范围内建立了高效的研发团队。这些团队的合作与协同,为华为在 5G 技术研发和应用方面提供了强大的支持和保障。具体包括以下几个方面:(1)设立研发中心。华为在全球范围内设立了多个研发中心,涵盖了各个重要的技术和市场地区。这些研发中心位于中国以及欧洲、北美、亚太等地,以确保能够覆盖全球范围内的人才和资源。(2)招聘本地人才。华为在每个研发中心都积极招聘当地的技术人才,包括工程师、研究员、设计师等。通过招聘本地人才,华为能够更好地理解当地市场需求和行业标准,提高研发团队的适应能力和竞争力。(3)跨国合作与交流。华为鼓励不同研发中心之间的跨国合作与交流。通过建立有效的沟通机制和合作平台,各个研发团队可以共享资源、技术和经验,加速 5G 技术的研发和应用。(4)多元研发合作关系。华为与各地的高校、科研机构、行业合作伙伴等建立了紧密的合作关系。通过与合作伙伴共同开展研究项目、人才培养计划等合作,华为能够更好地借助外部资源和专业知识,推动 5G 技术的创新和发展。(5)本地化运营管理。华为在每个研发中心都建立了完善的本地化运营管理体系,包括人力资源管理、项目管理、质量管理等方面。通过本地化运营管理,华为能够更好地适应当地的法规政策和文化环境,提高团队的凝聚力和执行力。

（四）打造开放合作共赢的生态

5G 技术具有研发周期长、投资规模大等特点,单个企业或松散的组织联盟无法承担 5G 技术创新所需的一整套资源储备,企业需要向外部渠道获取更多的创新资源。[①] 华为在 5G 技术研发及产业化过程中,通过打造开放合作共赢的生态系统实现了技术的突破和产业的推广。首先,就开放合作而言,华为与全球产业组织积极合作,在近 800 个学术、标准、联盟、开源等产业组织中担任超过450 个关键职位,促进产业组织间深度协作、标准互认,切实解决产业难点、断点

---

① 李妍、李天柱:《5G 企业创新生态系统演化模型:华为公司的案例研究》,《科学学与科学技术管理》2023 年第 1 期。

和堵点。而且，华为还主动拥抱开放多元的学术文化，积极融入全球学术社区，共同定义和探索产业难题，培养科技人才，携手促进学术繁荣，构筑经济发展的原创动能。其次，就共赢而言，华为在与标准组织、产业链上下游企业等主体合作创新过程中，提倡共赢的理念，并通过主动共享来促进生态系统的繁荣发展，比如华为公司为硬件开发、应用开发、AI 开发、数据开发、数字内容开发等场景提供全方位工具支持，提升开发者开发效率。通过多种多样的活动与大赛，持续发展与赋能开发者。2023 年举办了 7 场旗舰大赛、30 多场主题峰会、超过 1000 场线上活动，触达数百万开发者，并通过耀星计划、众智计划、科研创新扶持计划等助力开发者发展与创新。这种秉持共赢理念的共享模式吸引了多元创新主体的加入，推动了整个 5G 生态系统的发展。

第十一章

产业层面案例：杂交水稻、"新三样"和航天产业的科技创新

本章选取杂交水稻、"新三样"和航天产业三个产业案例，全面解析中国式现代化进程中基于科技创新的产业转型升级历程和宝贵经验。杂交水稻的成功研发和推广是现代农业领域的标志性科技成就。本章系统梳理了我国杂交水稻产业从起步探索到大面积推广再到持续创新发展的非凡历程，充分展现了杂交水稻在保障国家粮食安全、助力农业现代化等方面的重大贡献，为农业科技自立自强提供了宝贵启示。"新三样"是引领制造业向全球价值链中高端跃升的战略性新兴产业代表。新能源汽车、锂电池、光伏产业从初创到跨越式发展的成功在于坚持自主创新、攻关核心技术，以及前瞻谋划和持续培育战略性新兴产业生态。航天产业是彰显国家科技实力和综合国力的重要标志。本章系统总结了我国航天产业发展的科技创新成就和宝贵经验，重点分析了该领域科技创新的组织实施和动力机制，为建设航天强国、推进高水平航天科技自立自强提供了重要启示。通过对以上三个产业案例的分析，本章展现了我国以科技创新驱动产业转型升级的成功实践，为加快建设现代化产业体系、推进高水平科技自立自强提供了经验参考。

第一节
现代农业的科技创新：杂交水稻

杂交水稻是利用水稻杂种优势，通过人工控制选育出的高产、优质、多抗的水稻品种，与常规水稻品种相比，杂交水稻具有单产高、抗逆性强、适应性广等突出特点，在丰产增收方面具有无可比拟的优势。在我国现代农业科技发展历程中，杂交水稻的成功研发和推广无疑是一项杰出成就，它不仅为保障我国乃至世界的粮食安全作出了卓越贡献，也极大地推动了全球农业科技进步和现代化农业的发展。

一、杂交水稻产业科技创新的发展历程

我国是世界上最早成功研究和大面积推广杂交水稻的国家。20 世纪 60 年代，以"杂交水稻之父"袁隆平为代表的中国科学家开始杂交水稻育种探索。经过数十年不懈努力，他们先后攻克了雄性不育等关键技术难题，使杂交水稻研究从无到有、从实验走向大田，创造了举世瞩目的"杂交水稻奇迹"（见图 11-1）。本部分将以杂交水稻为典型案例，总结其科技创新的五个阶段，全面解析中国式现代化道路上农业领域取得的标志性科技成就，展现农业科技进步在服务国家发展大局、保障国家粮食安全、实现共同富裕中发挥的重要作用，彰显中国式现代化道路的中国特色和优势。

（一）危机与曙光：杂交水稻的诞生

在 20 世纪中叶，我国农业发展面临着巨大的挑战。一方面，快速增长的人口对粮食产量提出更高要求；另一方面，传统农业受制于土地、水资源等要素瓶颈，难以支撑农业可持续发展。与此同时，频繁的自然灾害如洪涝、干旱等，也给粮食生产带来严峻考验。面对粮食安全重重危机，党和国家高度重视农业科技创新，将其作为推动农业现代化的根本出路。

1961 年 7 月，在湖南省安江农校任职的袁隆平路过稻田时，发现了一株鹤立鸡群的水稻。它穗子很整齐，籽粒很饱满，而且有 230 多粒，是普通水稻的 2

1961年 ┄┄┄┄ 袁隆平发现天然杂交水稻,萌生利用水稻杂种优势的构想

1966年 ┄┄┄┄ 袁隆平发表《水稻的雄性不孕性》论文,开创杂交水稻研究先河

1970年 ┄┄┄┄ 李必湖在海南发现野生稻"野败",为杂交水稻研究带来突破

1971年 ┄┄┄┄ 全国各地科研人员赴海南向袁隆平学习,杂交水稻研究进入全国大协作时期

1973年 ┄┄┄┄ 袁隆平在第二次全国杂交水稻科研协作会上宣布我国籼型杂交水稻"三系"配套成功

1979年 ┄┄┄┄ 杂交水稻技术首次走出国门,杂交水稻国际化序幕开启

1986年 ┄┄┄┄ 袁隆平提出杂交水稻"三系法"到"两系法"再到"一系法"发展战略

1987年 ┄┄┄┄ 两系法杂交水稻技术被列为国家"863"计划的重点课题

1996年 ┄┄┄┄ 我国启动"超级杂交水稻育种研究计划"

2000年 ┄┄┄┄ 袁隆平团队实现第一期超级杂交稻亩产700公斤目标

2011年 ┄┄┄┄ 我国发起"全球3000份水稻种质资源测序计划",推动全球水稻育种合作

2014年 ┄┄┄┄ 我国实现第二期超级杂交稻亩产800公斤目标

2017年 ┄┄┄┄ 我国实现第三期超级杂交稻亩产900公斤目标

2022年 ┄┄┄┄ 我国推广首个镉低积累水稻新品种,选育耐盐碱水稻11个新品种

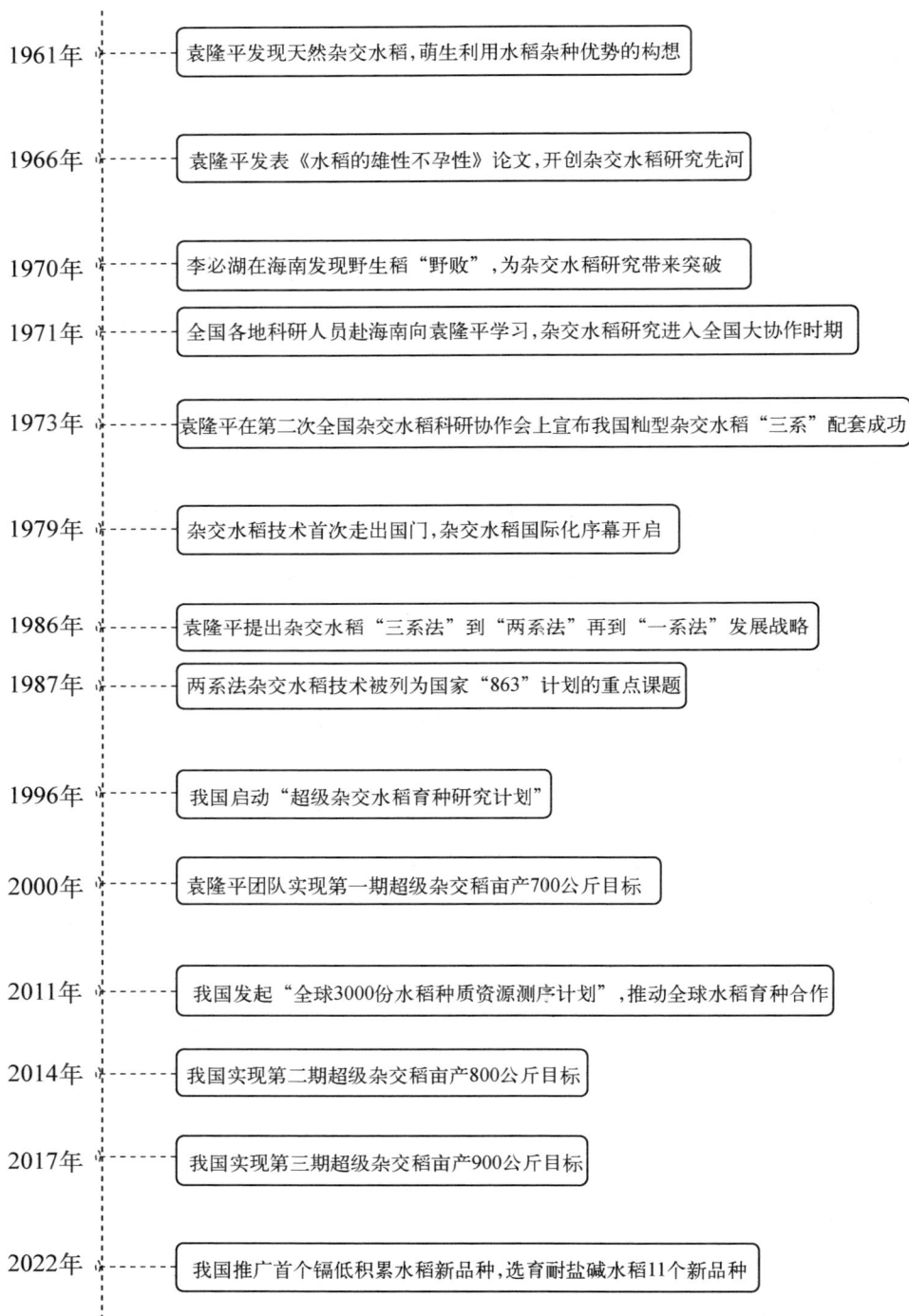

图 11-1　杂交水稻发展历程重大事件时间轴

倍多。袁隆平突然想到这莫非一株天然杂交稻？从那时起，他逐渐形成培养水稻雄性不育系，并产生杂种优势的构想。水稻是自花授粉、雌雄同蕊作物，要培养人工杂交水稻，首先要找到"天然雄性不育株"，然而找到这种稻株的概率不超过三万分之一。

1964 年夏天，袁隆平开始了漫长的寻稻之旅。此时，袁隆平的学生——就读于安江农校的尹华奇和李必湖跟随袁隆平一起踏上了追觅不育株之路。每天中午太阳光最强的时候，他们拿着 15 倍放大镜，审视着试验田中每一株水稻的每一朵花。历时 2 年，袁隆平团队终于在几十万株水稻中发现了 6 株雄性不育株。1966 年 2 月，袁隆平发表了第一篇论文——《水稻的雄性不孕性》。在这篇论文中，袁隆平正式提出了通过培育水稻"三系"，以"三系"配套的方法利用水稻杂种优势的设想与思路。这篇论文不仅开创了国内杂交水稻研究的先河，更开辟了一个在世界范围内都具有创新意义的研究领域。

（二）不畏艰难，敢为人先：袁隆平的杂交水稻研究历程

1967 年 6 月，湖南省科委将"水稻雄性不育"正式列入省级科研项目，同时，尹华奇、李必湖两名应届毕业生留校给袁隆平当助手，"水稻雄性不育科研小组"正式成立。为了攻克技术难关，团队先后用 1000 多个品种做了 3000 多个杂交实验，他们的足迹遍布湖南、云南、海南。炎炎烈日下，他们常常连续数十天奋战在稻田里。[1] 饥饿时，他们就和稻农们一起在田头啃馒头充饥；口渴时，他们就捧起田间清泉解渴；赤脚下田，泥巴沼泽丝毫不能阻挡他们前行的脚步。

功夫不负有心人，1970 年，李必湖在海南南红农场发现雄性不育野生稻"野败"。回想起 50 多年前的情景，李必湖记忆犹新。他说："我当时太激动了，这就是雄花不育啊，我赶走水里的水蛇和蚂蟥后，小心地把它挖出来，用纱布包好搬到实验室。"袁隆平看到了那株比金子还要贵重的野生稻，确认这是一株十分难得的野生稻雄性不育株。

（三）喜看稻菽千重浪：杂交水稻在中国的推广之路

"野败"就像一把钥匙，打开了杂交水稻研究的希望之门。然而，袁隆平并未

---

[1] 《怀念袁隆平：禾下乘凉梦 一梦逐一生》，《人民日报》2021 年 5 月 24 日。

将这一宝贵材料私藏，而是慷慨地与全国科研工作者共享。1971年，来自全国13个省、自治区、直辖市的50多位科研人员汇聚海南，向袁隆平学习杂交水稻技术。袁隆平将"野败"材料分发给各单位，号召集中全国科研力量攻关"三系"配套技术。南红农场成为各路英才追逐杂交水稻梦想的"大本营"。随后，杂交水稻被列为国家重点科研项目，全国性杂交水稻科研大协作全面展开。袁隆平团队在广泛协作的基础上，成功培育出雄性不育系及其保持系，并育成了我国第一个具有突出优势的杂交稻种"南优2号"。与此同时，袁隆平慷慨分享的"野败"材料也在其他团队手中结出丰硕果实。江西颜龙安团队、福建杨聚宝团队、广西李丁民团队等，都在"野败"材料的基础上，育成一批性状优良的不育系及其保持系。正是在这场群策群力、万众一心的全国农业科技创新浪潮中，我国第一批"野败"不育系和保持系宣告诞生，标志着杂交水稻研究进入一个崭新的发展阶段。

然而，要真正实现"三系法"育种，还需要找到关键的一环——恢复系。为了寻找恢复系，1972年冬天，全国科研人员掀起了一场攻关热潮。他们广泛收集来自世界各地的水稻品种，将"野败"材料与之杂交，寻找理想的恢复系。1973年，张先程、袁隆平等人率先发现了以"IR24"为代表的一批强恢复系。[1]这标志着经过多年的不懈探索与协同攻关，"三系法"杂交水稻育种技术的最后一块拼图终于完成。

（四）"魔稻"问世，再创奇迹：超级杂交稻的新突破

"三系法"杂交水稻的成功只是我国杂交水稻事业的第一步。要让杂交水稻在我国大地落地生根、惠及千家万户，还需要继续寻找新的杂交制种方法。1986年，袁隆平在《杂交水稻育种的战略设想》一文中，提出杂交水稻育种技术"三步走"战略。他设想，杂交稻育种方法将经历"三系法"到"两系法"再到"一系法"的演进。这一战略构想为中国杂交水稻未来的发展指明了方向。

国家高度重视"两系法"杂交稻技术的发展前景，将其列为"863计划"首个专题中的首要课题，即863-101-01。1987年，一种名为"光敏不育系"的特殊材料被发现，这意味着育种家们可以在更广泛的材料库中，寻找和创制杂交组

---

① 袁隆平：《我的两个梦》，《人民日报》2019年10月23日。

合,从而大幅提高杂交稻选育成功的概率。在"两系法"杂交水稻研究初期阶段,科学家们过于强调光周期对不育水稻的影响,而忽视了温度条件,导致早期选育的水稻在实际应用中的表现不够理想。面对这一挫折,袁隆平带领团队迎难而上。他们深入分析和研究湖南、广西等多个省区多年的气象数据,力求全面揭示光温条件对水稻育性转换的影响规律。

1992 年,袁隆平团队最终成功培育出以"培矮 64S"为代表的新一代两用核不育系。1996 年,我国启动了"超级杂交水稻育种研究计划",由袁隆平提出并主持,这一计划提出以"形态改良与杂种优势利用相结合"的水稻超高产育种理论和技术路线。

（五）育种未来，惠及五洲：杂交水稻的世界之旅

半个多世纪以来,我国科学家历经千辛万苦,成功研发出杂交水稻并在国内大面积推广。这一成果,使我国以不足全球 9％的耕地养活了世界近 1/5 的人口,成为世界第一大粮食生产国和第三大粮食出口国。

2011 年,中国农业科学院、国际水稻研究所和华大基因携手启动"全球 3000份水稻核心种质资源重测序计划",这标志着水稻核心种质资源全基因组测序和基因组分析研究进入了新阶段。2014 年,3000 份水稻基因组测序数据在"世界饥饿日"之际[1],正式对全球发布,这充分体现我国科学家无私奉献的胸怀和担当。2017 年,三亚市南繁科学技术研究院成立"海智计划"工作站,搭建与海外科技人才联系和交流的桥梁,吸引更多优秀人才参与到水稻研究和全球化进程中来。通过人才引进和国际交流合作,我国不断完善现代水稻育种技术体系,提升农业科技创新能力,推动杂交水稻全球化迈上新台阶。

二、杂交水稻产业科技创新的典型成就

（一）显著提高单产和总产

杂交水稻作为现代农业科技创新的杰出代表,为保障我国粮食安全、增加粮食

---

[1] 《中国主导国际大协作 推动水稻精准育种》,中国农业科学院作物科学研究所, https://ics.caas.cn/xwdt/zmsm/134754.htm, 2018 年 4 月 26 日。

供给作出了重要贡献,为助力我国农业现代化进程发挥了不可替代的重要作用。

自 20 世纪 70 年代大面积推广杂交水稻以来,我国杂交水稻种植面积不断扩大,单产水平持续提高,粮食总产量实现了历史性跨越。1976 年 1 月,全国首届杂交水稻生产会议在广东省广州市召开,会议商定和落实了全国大推广第一年繁殖、制种、示范栽培的生产计划。杂交水稻以世界良种推广史上前所未有的发展态势在中国大地上迅速铺开,中国成为世界上第一个成功进行水稻杂种优势产业化利用的国家。1976 年全国籼型杂交稻种植面积超过 200 万亩,普遍增产两三成,1977 年迅猛扩大至 3150 万亩。1996 年,"两系法"杂交水稻被写进国务院工作报告,并得到大面积推广;到 2012 年底,累计种植 3300 万公顷,增产稻谷 100 多亿公斤。

与此同时,杂交水稻单产水平也大幅提升。20 世纪 70 年代后期,杂交水稻平均单产较常规稻高 20% 以上。进入 21 世纪以来,杂交水稻单产进一步提高。2000 年,袁隆平带领科研团队,成功使超级杂交水稻品种达到了第一阶段单次水稻产量标准——亩产 700 公斤。在 2004 年、2012 年和 2014 年,他们又先后实现中国超级稻育种计划第二期、第三期、第四期单产的育种目标。从突破 700 公斤、800 公斤、900 公斤、1000 公斤,到 2023 年 10 月的 1251.5 公斤,在各地的示范田里,杂交水稻大面积亩产的世界纪录不断刷新,杂交水稻在粮食生产中的突出贡献得到了党和国家领导人的高度肯定,已经成为国家粮食安全的压舱石和农业科技自主创新的典范。

(二)多次突破关键育种技术

杂交水稻的重大突破源于我国科学家在关键育种技术上的持续创新。从 20 世纪 60 年代杂交水稻研究起步到现在,中国科学家自主创新、接续攻坚,在杂交水稻育种领域取得了一系列重大突破,引领世界杂交水稻技术的发展。

1973 年,袁隆平在湖南省安江农校首次成功应用"三系法"配组,选育出我国第一个杂交稻强优势组合"南优 2 号"。20 世纪 80 年代,杂交水稻育种实现了从"三系法"向"两系法"的重大突破。1992 年,袁隆平团队培育出新一代两用核不育系,杂交水稻育种技术得到进一步发展。

近年来，我国杂交水稻研究领域捷报频传，持续取得一系列原创性成果。2022 年，我国首个镉低积累水稻品种"西子 3 号"通过国家审定，标志着我国在水稻食品安全领域实现重大突破。同时，"臻两优 8612"作为全球首个通过镉低积累技术改良的水稻品种，实现了大面积推广。在耐盐碱水稻研究领域，我国 11 家优势科研单位通力合作，成功选育出 11 个耐盐碱新品种，年试验示范面积达 100 万亩。这一突破性进展，有望帮助中国释放近亿亩盐碱地的粮食生产潜力，增产粮食 300 亿公斤，为国家粮食安全提供有力支撑。

（三）惠及世界粮食安全

我国没有将杂交水稻这一宝贵成果占为己有，而是无私地与世界分享。自 1979 年起，杂交水稻技术开始走出国门，先后在五大洲近 70 个国家推广应用，种子出口 50 多个国家和地区，累计为 80 多个发展中国家培训超 1.4 万名专业人才。截至 2023 年 6 月，全球杂交水稻年种植 800 万公顷，年增产粮食 1600 万吨，可以多养活 4000 万至 5000 万人口。[①] 为促使杂交水稻在美洲发展，湖南杂交水稻研究中心于 1994 年开始与美国水稻技术公司合作，袁隆平作为该公司顾问，多次赴美亲自指导，还常年派专家前往进行技术指导。

杂交水稻的全球推广体现了中国式现代化坚持走和平发展道路的时代选择。新中国成立以来，我国始终不渝地走和平发展道路，致力于维护世界和平、促进共同发展。向发展中国家分享杂交水稻技术，正是我国秉持人类命运共同体理念、履行大国责任的具体实践。通过与不同国家和地区开展杂交水稻技术合作，我国不仅助力了当地粮食增产，也学习借鉴了各国先进理念和宝贵经验，实现了互利共赢、共同发展。展望未来，我国将继续秉持人类命运共同体理念，以实际行动深化杂交水稻国际科技合作，让杂交水稻惠及更多国家和地区的人民，为人类文明进步注入不竭动力。

三、我国杂交水稻产业科技创新的成功经验

中国杂交水稻产业科技创新历程中的成功经验为新时代加快推进农业现代

---

① 《一粒种子让"世无饥馑、岁晏余粮"——袁隆平院士团队推广杂交水稻造福世界的故事》，人民网，http://hn.people.com.cn/n2/2023/0606/c195194-40445706.html，2023 年 6 月 6 日。

化、实现高水平农业科技自立自强提供了重要启示。

（一）大力发扬科学家精神

我国农业科学家身上展现的爱国奉献精神、科学求实品格和协同创新理念，是我国杂交水稻产业科技创新取得成功的最关键所在。以袁隆平为代表的农业科学家，怀着强烈的家国情怀和使命担当，把个人理想自觉融入国家富强、民族复兴的伟大梦想，为了祖国的农业科技事业，长期奋战在科研和生产第一线。面对重重困难和挑战，他们大胆创新、积极探索，最终实现了杂交水稻研究的重大突破。正如袁隆平所言，他们矢志不渝的科研追求，源自"让中国人的饭碗任何时候都要牢牢端在自己手上"的赤诚信念。袁隆平毕生致力于杂交水稻研究，不仅为我国粮食安全作出巨大贡献，也为我国农业科技现代化树立光辉典范。在他的感召下，一大批农业科技工作者继承和发扬科学家精神，以更加昂扬的斗志投身于农业科技创新事业，为保障国家粮食安全和推动世界农业发展贡献智慧和力量。中国科学院院士、福建省农科院研究员谢华安说，袁隆平的基础研究成果与无私分享的育种材料，为全国各地水稻育种事业提供了源头活水，创造了科学研究历史上的协作典范。

（二）建立完善的科技人才培养机制

注重人才培养和梯队建设是我国杂交水稻产业科技持续创新的重要保障。我国的杂交水稻育种研究与推广是一个浩大的系统工程。半个世纪以来，我国已形成一支庞大的杂交水稻科研、推广、管理大军。我国有全世界最权威的水稻科研群体，研究水稻的两院院士在农业科研领域中人数最多。在我国水稻主产区各省、自治区和直辖市的农业科研院所、高等院校和农业技术部门，都有一大批从事杂交水稻的科研工作者、育种专家和管理骨干，他们是我国大面积推广杂交水稻的中坚力量。通过导师带徒弟、团队攻关等方式，我国先后形成一批又一批杂交水稻研发团队，各梯队成员心往一处想、劲往一处使，最终攻克了杂交水稻育种的一个又一个难关。与此同时，通过联合培养研究生、举办杂交水稻培训班等，这些研究团队源源不断地为杂交水稻产业输送了大批高水平人才，使杂交水稻科研力量不断发展壮大。

（三）积极开展广泛的国际科技合作

积极开展国际交流合作，努力实现成果共享，是我国杂交水稻产业科技创新走向世界的成功实践。改革开放以来，我国主动加强与国际水稻研究机构的交流与合作，大力推动杂交水稻出口，力争实现"杂交水稻覆盖全球"的宏伟蓝图。通过举办杂交水稻国际学术研讨会、加入国际水稻研究所等，我国杂交水稻科研力量在与世界的互动交流中不断发展壮大，彰显了我国作为负责任农业大国的责任与担当。从亚洲到美洲，再到非洲、欧洲，我国杂交水稻增产优势明显，被冠以"东方魔稻""超级稻""瀑布稻"等美称，不仅解决了中国人的吃饭问题，还为世界减少饥饿作出了卓越贡献。

总之，我国杂交水稻产业科技创新的成功经验弥足珍贵，是推动我国现代农业发展的宝贵精神财富。站在"两个一百年"奋斗目标的历史交汇点，我国要继续发扬这些成功经验，以更加昂扬的斗志、更加务实的作风，加快推进农业科技自立自强，不断开创我国现代化农业建设新局面。

第二节
"新三样"产业的科技创新

"新三样"作为我国快速发展的工业产品，近年来在世界舞台上持续跑出"加速度"。海关总署统计数据显示，2023年，我国出口机电产品13.92万亿元，增长2.9%，占出口总值的58.6%。其中，"新三样"产品合计出口1.06万亿元，首次突破万亿大关，增长29.9%。[①] 具体而言，2023年我国每出口3辆汽车就有1辆是电动载人汽车，全年出口177.3万辆，增长67.1%。我国光伏组件产量已连续16年位居全球首位，多晶硅、硅片、电池片、组件等产量产能的全球占比均达80%。中国汽车工业协会公布的数据显示，我国申请的动力电池专利占据了全球的74%，已成为驱动电机最大的生产国。"新三样"的背后是新能源和新能源汽车这两大产业链，其快速发展离不开这两个产业科技创新的支撑。

① 数据来源：中华人民共和国海关总署。

一、"新三样"产业科技创新的发展历程

（一）"新三样"产业科技创新的紧密关联

服装、家电、家具曾经被称为外贸出口的"老三样"，是产业转移"承接者"，属于劳动密集型产品。如今，新能源汽车、锂电池、光伏产品成为中国制造代表性的"新三样"，是高科技、高附加值、绿色经济的代名词，属于技术密集型产品，是创新发展"先行者"。在全球能源转型加速的背景下，以"新三样"为代表的我国战略性新兴产业的技术含量与"老三样"大不相同，其在产业链的完备程度、性价比、人才结构等方面有相当的优势。

"新三样"的三类产品，彼此相关，同时各具特色，对国民经济运行有不可忽视的重要作用。比如锂电池，它不但能作为新能源汽车的关键供电部件，而且被广泛用于国家"双碳"战略的实施。在加快能源结构优化转型过程中，许多传统工业生产设备和监测设备都需要用到锂电池。还有一些新能源企业生产的锂电池适用于极端环境，或被应用于房车、高尔夫球车、医疗器械、机器人等高端制造领域。新能源汽车、锂电池、光伏产业之间存在紧密的技术关联和产业链关联，锂电池技术是新能源汽车发展的核心，同时也是光伏储能系统的重要组成部分。新能源汽车的普及推动了锂电池技术的进步，而锂电池技术的突破又为光伏储能提供了新的解决方案。

（二）"新三样"产业科技创新的发展历程

"新三样"产业刚在全球范围内起步时，我国技术水平落后于世界先进水平。近年来，我国"新三样"产业闯出一条中国特色的科技创新道路，在科技创新方面达到了全球领先水平。

1. "市场换技术"阶段

在我国传统汽车行业发展早期，国内市场几乎被外资或者合资品牌垄断，资金、技术、人才等要素均面临短缺，例如，当初奇瑞仅在几间小草房内开启创业之路。有一个说法曾经广泛流传，"中国人敢自主干轿车，是天方夜谭"。

比亚迪的成长史就是我国新能源汽车产业科技创新历程的缩影。2003年开

始,比亚迪初入汽车行业,新能源技术还在萌芽期,比亚迪和我国很多车企一样,模仿国外品牌车的设计,生产燃油车,同时不断积蓄核心技术。此时,我国传统燃油车产业的科技创新主要采取"以市场换技术"的发展思路,全面模仿学习国外领先企业的生产管理模式和技术研发,并没有成熟先进的自主技术,关键技术受制于人。

同样,我国锂电池行业直到 1998 年才引入锂电池相关技术,相较国外企业起步较晚。我国光伏行业在发展初期面临着同样的困境,几乎所有国际标准都由国外企业制定,本土光伏企业的技术、市场、设备三头均在外。2004 年开始,国家能源局实行特许权招标制度,光伏发电市场规模化发展才开始起步。为求得生存,我国本土光伏企业多选择先用低价占领海外市场,同时坚持技术创新,争取跻身技术更复杂的产业链上游。

2. 初显优势阶段

2012 年之后,在我国新能源汽车系列政策驱动下,比亚迪、吉利、长城、奇瑞等我国自主品牌开始重新构思发展道路,加强对新能源汽车的研发投入,并在市场中崭露头角。我国本土品牌汽车因时而变,提前切入新能源汽车赛道,率先向新能源汽车转型。

这些车企通过创新生产技术降低成本,持续加强新产品研发,塑造自主品牌。凭借着更时尚的外观、更丰富的配置和更完善的服务,我国本土品牌汽车企业创造出自身的竞争优势,成为越来越多家庭的新选择。

锂电池方面,"十二五"规划提出新能源汽车产业要重点发展燃料电池汽车技术。2011 年,曾毓群带领团队开始研发新能源汽车动力电池,这也成了宁德时代的早期雏形。2012 年,比亚迪铁电池生产基地获得我国在电动车动力电池行业的第一个 ISO/TS16949 认证,这意味着我国本土电池品质走向国际前沿。2017 年,宁德时代成为动力电池全球销量冠军。

光伏产业方面,2012 年 4 月,隆基绿能在上海证券交易所主板正式挂牌上市,拉开了我国光伏企业本土上市且快速发展的时代序幕。2013 年以后,我国光伏产业发展进入新阶段,开始出现全产业链的自主和协同创新。

3. 全面发展阶段

2020 年,国产特斯拉下线交付,进一步激活新能源汽车市场。比亚迪抓住市场变革，密集推出新能源汽车核心技术产品。比亚迪"汉"车型成功推出，布局混动＋纯电双轮驱动，我国新能源汽车的技术积累进入爆发期。

各大新能源车企紧抓智能化的科技机遇，超前谋划和布局新能源汽车产业，并向上游和下游环节延伸，纷纷推出纯电平台，如大众 MEB、吉利 SEA、比亚迪 e 平台 3.0 等。蔚来、小鹏、理想等一系列本土新能源汽车新品牌，在技术创新和产品质量上取得显著进步，受到了消费者的青睐。

我国新能源汽车行业的崛起还带动了锂电池产业的科技创新。2020 年，宁德时代正式成为特斯拉的动力锂电池供应商，除了宁德时代，新能源车企也积极布局电池技术与产能，如广汽、吉利、大众汽车等，都在积极进行电池自主研发。

光伏行业的科技创新也迎来全面发展。光伏技术低价高效，刺激全球市场需求的扩张。我国光伏企业凭借早期经验，开始强调开拓海外市场和渠道优势，广泛参与全球竞争。

二、"新三样"产业科技创新典型成就

我国市场庞大，为"新三样"产业科技创新发展提供了肥沃的土壤。

（一）新能源汽车行业的典型成就

基于庞大的国内市场，我国已在珠三角、长三角、京津冀、西南和中部等地区形成了多个新能源汽车产业生态群，建立了结构完整、有机协同的新能源汽车产业体系。新能源汽车与相关行业互融共生、合作共赢，其本质就是通过协同创新和相互协作，推动制造业迈向中高端，提高"新三样"产业科技创新的竞争力。依靠完整的产业配套体系，我国"新三样"产业具备供给优势，能发挥产业"加速器"作用。

作为行业龙头的比亚迪，从电池行业起家，然后进军到汽车领域。比亚迪年报显示，2023 年，比亚迪全年销售新能源汽车 302.44 万辆，同比增长 62.3％，蝉联全球新能源汽车销量冠军，并首次跻身全球销量前十。比亚迪在技术方面高效融合电动化与智能化，发布了易四方、云辇、DMO 超级混动越野平台等多项颠覆性技术，引领新能源汽车智能化变革。

2024 年，另一家新能源领先车企蔚来推出 ET7 旗舰级智能电动轿车，搭载了蔚来自主研发的 NAD 全场景自动驾驶系统，在全天候、全路况、全速段自动驾驶能力方面大幅提升，从技术创新的智能化向生态化转变，为用户提供全方位的出行体验。

可见，一大批知名的电动汽车企业正成长为行业内的领军企业，并逐步实现新能源汽车技术水平的提升和产业实力的不断增强。

（二）锂电池行业的典型成就

在新能源汽车行业的带动下，我国主流的动力电池厂商积极扩产，电池产业的整体装机量快速攀升，在材料体系、电池结构等方面走向前沿。

在新能源汽车市场的推动下，锂电池行业知名企业的技术水平不断提升，宁德时代市场占有率位居全球前列，持续推出了 CTP、刀片电池、JTM 等新技术，尤其在动力电池领域发展势头迅猛。我国太阳能电池全球专利申请量排名第一，成为全球产业主导者，是引领世界潮流的"长板"。

比亚迪"汉"这款中大型纯电动轿车，就搭载了比亚迪自主研发的"刀片电池"和"三电系统"，不仅具备高能量密度、高安全性、高续航里程等技术领先优势，也体现了车辆的高性能、高品质、高智能等特点。这款电动汽车被誉为"中国电动车之光"。比亚迪"汉"除了是一款高科技的车辆，更是一个创新的平台，为其他车型提供技术支撑，为其他领域提供能源解决方案。

我国在电池研发方面也居于世界领先地位。南开大学副校长、中国科学院院士陈军带领科研团队，专攻新能源汽车电池，相继开发了超越传统电池的新体系，提出了新的电池工作原理，创制了新的电池材料，让电池的能量密度大幅提升，极大提升了电动汽车的行驶里程。陈军带领科研团队积极承担国家重大研究计划、重点研发项目，联合北京科技创新优势单位协同攻关，已研发出 400 瓦时每公斤的新型固态电池样品，超出目前市场上最先进的 300 瓦时每公斤的锂离子电池能量密度 30％以上。

（三）光伏行业的典型成就

与新能源汽车产业类似，我国光伏产业也依赖其丰富完备的产业链，实现跨越式发展，持续提升产业科技创新竞争力。

近年来，伴随着多元化发展的应用市场，我国光伏产业充分利用自身的技术基础和产业配套优势，从上游硅料技术研发、中游组件生产制造，到下游电站开发，已经形成全球最完整的产业配套环境和供应链体系，行业总产值超过1.2万亿元，并在产业链各主要环节都形成了一批龙头企业。

光伏的应用场景非常广泛，"大水养大鱼"，如汽车充电、民居屋顶、企业房顶、停车场顶棚和沙漠高山海洋等，在绿色发展的强劲动能推动下，我国分布式光伏发电得到快速发展。光伏行业竞争异常激烈。面对激烈的市场竞争，各个企业都从用户需求出发，不断挖掘新的用户场景，开发新功能，形成对企业创新的倒逼机制。

三、"新三样"产业科技创新的成功经验

在复杂、严峻、不确定性上升的外部环境下，"新三样"产品领跑出口，彰显了中国制造的力量，也反映了我国高科技产业力量在世界范围内的影响。我国制造业从后发者到领先者，获得的突破性成就，不仅仅是数字上的胜利，更是向产业中高端迈进的标志。"新三样"产业发展初期，我国产业基础比较薄弱，科技创新能力不强，我国政府不断加大引导、扶持力度，积极引导并鼓励新兴产业发展壮大。因此，我国的体制机制优势为"新三样"产业科技创新奠定了极为坚实的制度基础。与此同时，我国基础设施完善，尤其在交通、通信、电力等领域，显著支撑"新三样"产业的发展，加之我国制造业门类齐全，产业体系完整，都为"新三样"产业科技创新提供了有力保证。

除了以上的基础条件，我国"新三样"产业科技创新的发展还具有更为独特的实践经验。纵观"新三样"产业科技创新的发展历程，不难发现，其亮眼成绩的取得，与三方面经验密不可分，即构建前瞻性的产业政策体系、坚持自主创新和核心技术自主可控、结合地方政府推动与国内统一市场充分竞争。

（一）构建前瞻性产业政策体系

我国外贸"新三样"产品持续走热，得益于我国前瞻性、持续性的产业政策支持，尤其是对产业发展方向的坚定信心。2001年，科技部就发布电动汽车重大科技专项，确立"三纵三横"总体研发布局，"三纵"为纯电动汽车、混合动力汽车、

燃料电池汽车技术，"三横"为电池、电机、电控。

但在起步阶段，一起电动汽车行业的负面事件大大打击了全行业信心。1996 年，福特推出电动汽车 EV1，轰动业界，却在 2002 年决定回收所有该车型电动汽车。伴随电动车的追随者为 EV1 举办的"葬礼"，全球产业界消极地认为电动汽车时代已经结束了。

面对全球产业界的低迷情绪，我国在系统复盘和深思熟虑后，决定继续将电动汽车作为重点发展领域。在后续的三个五年计划中，我国组织集中攻关新能源汽车技术创新及产业化，将新能源汽车纳入战略性新兴产业，确立"纯电驱动"战略。

2007 年，我国《新能源汽车生产准入管理规则》的发布，拉开了产业规范化管理的序幕。我国第一批量产新能源车在 2008 年北京奥运会上规模亮相，标志着我国新能源汽车产业化的序幕正式拉开。

随后国际金融危机到来，经济低迷，全球新能源汽车推进再次受到阻碍。但我国坚持推进新能源汽车行业的科技创新，陆续出台系统、科学、精准的各类政策措施，形成全方位的产业扶持政策体系，有力提振新能源汽车行业发展的信心。2009 年，我国发布《汽车产业调整和振兴规划》，提出形成 50 万辆新能源汽车产能，新能源汽车销量占乘用车销售总量 5％左右的发展目标。2012 年，我国发布《节能与新能源汽车产业发展规划（2012—2020 年）》，确立以纯电驱动为主的技术路线，提出到 2020 年，新能源汽车累计产销量超过 500 万辆，新能源汽车、动力电池及关键零部件技术整体上达到国际先进水平，形成一批具有较强竞争力的新能源汽车企业。2014 年，习近平总书记在考察上汽集团时指出，发展新能源汽车是我国从汽车大国迈向汽车强国的必由之路，再次为我国新能源汽车产业的发展指明了方向。在系列政策和重点专项推动下，我国新能源汽车突破一批关键核心技术，提升了产业链的技术水平。

随着《新能源汽车产业发展规划（2021—2035 年）》等政策陆续出台，新能源汽车产业加速迈入市场化发展和对外开放阶段，全球化产业竞争格局逐步形成。2018 年 7 月，特斯拉与上海市政府签署投资建厂协议，特斯拉国产化的推进开启了我国本土新能源产业高速发展阶段，并带动电池行业的扩张。

从 2021 年开始，在"双碳"目标的指引下，我国发布《"十四五"能源领域科技创新规划》等政策文件，新能源汽车行业爆发性增长，开始走向国际市场。比亚迪、蔚来等企业组团"出海"，宁德时代、国轩高科、蜂巢能源等企业也走出国门，在欧洲、美国等地建设生产基地，参与全球竞争。2023 年 7 月，我国第 2000 万辆新能源汽车成功下线。在政策鼓励下，我国新能源汽车在产业化、市场化的基础上，迈入规模化、全球化的高质量发展新阶段，迅速迈向国际化扩张。

（二）坚持自主创新和核心技术自主可控

我国新能源车企都意识到"再难不能省研发"，技术创新是核心竞争力。要把握住新能源汽车的产业主导权，就需要在核心技术上做到自主可控。据统计，奇瑞每年将约 7% 的销售收入用于研发投入，2023 年，比亚迪的研发投入逼近 400 亿元。我国的头部新能源车企积极布局多元化技术路线，推动纯电、混动和氢燃料技术加速发展。基于技术的进步，打造从电池、电机、电控等核心部件到整车制造和销售的完备产业链条，完善新能源汽车产业体系，实现跨区域的产业集群发展。

新能源汽车的核心部件是电池，其产品性能极为依赖电池的续航里程，所以提高电池续航里程、缩短充电时间，成为电池产业科技创新的核心问题。在锂电池领域，我国科学家数十年间潜心耕耘，突破了锂电池技术的层层壁垒，使锂电池产业从后来居上到领跑全球。企业也是电池产业科技创新的核心主体。从 2011 年创业之初，宁德时代就代表了我国动力电池研发的最前沿。我国市场上每 3 辆电动汽车，至少就有 1 辆安装了宁德时代的电池。即使受到碳酸锂市场价格巨幅波动的影响，宁德时代从未懈怠，紧盯原材料受限这一产业链的当下薄弱环节，不断加大创新投入，补齐短板，全力探索钠离子电池等新产品的研发。我国电池产业的领军企业坚持自主创新，在前瞻技术上有远见有胆识，赋予了"新三样"产业科技创新内生动力。

回顾我国从 21 世纪初至今的光伏产业的发展历程，坚持自主创新，牢牢把握核心技术的重要性更是不言而喻。光伏产业周期性特征非常明显，在 2011 年、2018 年和 2023 年，我国光伏产业均出现底部行情，多次被打上"组件价格战""产能过剩""行业融资收紧"等标签。但面对每一轮的低谷期，我国光伏产业都是靠新的技术突破跨越周期底部。比如,国家能源局在 2015 年实施"领跑者"计划,鼓励企业生产、交付高转化效率的电池和组件产品。2018 年,隆基绿能研发出单晶硅片技术,实现对多晶硅片的替代,大幅降低了硅片生产成本。所以,我国光伏产品能够持续走热,不断实现产业科技创新迭代变迁,关键就是坚持自主创新,使核心技术自主可控,不断完善产业链、供应链。

（三）结合地区政府推动与国内统一市场充分竞争

我国"新三样"产品出口值连续保持两位数增长,已成为最主要的生产与出口基地,国际市场份额遥遥领先,这不仅靠政府"有形的手"的发力引导,在很大程度上还是国内统一市场充分竞争的结果。

一方面,与中央政府相比,我国地方政府对"新三样"产业科技创新发展和市场培育的影响更为直接,为其塑造构建优质的营商环境,直接推动相应产业落地应用。尤其是在我国新能源汽车市场培育过程中,地方政府与新能源车企、关键零部件企业、充电服务商协同发力,共同构建了我国独特的新能源汽车市场启动及发展机制。安徽省合肥市政府就是其中的典型代表。合肥全力打造"新能源汽车之都",吸引比亚迪、蔚来、长安、江淮等产业龙头企业在合肥投资,极大促进了当地产业高质量发展。

另一方面,国内统一市场的激烈竞争不断激励"新三样"行业改写行业格局。日本丰田、德国大众等国外车企正在与我国的广汽、小鹏汽车等车企广泛合作,联合开发新能源车型,建立新能源汽车全球研发总部等。过去的燃油车时代,我国只能用"市场换技术"单向技术输出方式,与国外车企合作。而如今,我国改写了这一局面。我国政府对国内外新能源企业一视同仁,吸引全球头部车企加速入驻我国市场,基于价格、服务、产品质量而非地方贸易保护良性竞争,输出品牌生态,进行全价值链竞争。

在健康有序的营商环境下,我国新能源车企积极推出多种新产品,持续提升产品性能及竞争力,满足国内市场消费者的多样需求。各大新能源汽车自主品牌之间的竞争日趋激烈,为消费者市场提供更多选择,让消费者能够买到更适合自己的产品。

第三节
航天产业科技创新

钱学森在我国最早提出"航天"一词，他从毛泽东的诗句"巡天遥看一千河"中得到启示，提出"人类在地球大气层之内的飞行，叫作'航空'，在地球大气层之外的飞行称为'航天'"。我国始终把发展航天事业作为国家整体发展战略的重要组成部分，始终坚持为和平目的探索和利用外层空间。党的十八大以来，我国航天产业科技创新事业取得了众多创新成果，脚步越走越远，成果越来越丰硕，应用也越来越广泛。航天不仅是一项事业，也是重要的产业，涵盖不同的细分产业种类，总体上属于科技含量高、科技创新活动密集的产业。

2023年，我国航天产业科技创新不断取得新突破，全年完成将近70次发射，全球排名第二，发射次数及航天器数量刷新最高纪录，成为我国航天产业发展的新里程碑。航天已经成为我国科技创新的重要标志，受到了世界各国关注。其发展历程不仅代表了我国科技事业的进步，也为世界航天史留下了不可或缺的篇章。

一、 航天产业科技创新的发展历程

中国航天产业的发展为国家的科技进步、经济发展和国际合作作出了重要贡献。风雨征程中，我国航天产业的科技创新发展总体上历经了三个阶段。

（一）从0到1阶段

早在20世纪50年代，我国便着手创建航天事业，这既是对发展国防科技迫切需求的响应，也抓住了世界范围内航天事业蓬勃发展的历史契机。第二次世界大战后，随着苏、美两国各自成功发射第一颗人造卫星，航天时代正式开启。彼时，我国刚赢得和平发展新局面，但仍面临严重的军事威胁，尤其在武器装备上与发达国家有极大的代际差距。对此，党中央下决心，"搞尖端技术"。

1956年，周恩来主持制定《1956—1967年科学技术发展远景规划》，其中，第37项要求"喷气和火箭技术的建立"，在该规划指导下。我国独立自主研制"两弹一星"，即以导弹和原子弹为中心，加入"581"卫星研制项目，解决我国的国防

尖端技术基础缺失问题。

"两弹一星"不但承担着国防核心技术的攻关任务，而且这一工程实际上直接瞄准了航天技术初兴时期全世界科技创新竞争的高地，为我国航天产业科技创新打下了坚实基础。[①] 1958 年 10 月 20 日，酒泉卫星发射中心正式成立，是我国组建最早、规模最大、技术最为先进的综合性航天发射中心，成为测试及发射长征系列运载火箭、中低轨道的各种试验卫星、应用卫星、载人飞船和火箭导弹的主要基地。

1970 年 4 月 24 日，我国成功发射人造地球卫星东方红 1 号，成为继苏联、美国、法国、日本之后，世界上第 5 个独立发射人造卫星的国家，拉开了中国人探索宇宙奥秘、和平利用太空、造福人类的序幕。

（二）自主创新阶段

20 世纪 70 年代到 21 世纪前 10 年，是我国航天产业的自主创新阶段。改革开放以来，我国积极开展航天产业对外技术交流与合作，在学习与引进的同时，更加意识到国家安全和高技术不能"等靠要"，也"讨不来买不来"，必须打造独立自主的航天科研与产业系统，实现技术体系的规模化。

为此，1986 年我国批准实施"国家高技术研究发展计划"（863 计划），投入 40 亿元用于航天科技研发，确保该产业保持高速发展。从这一时间段开始，我国着手建立航天工业体系和科研机构，加速自主创新进程，逐步完善进入空间、空间应用、载人航天、深空探测等关键领域的科研与工业基础能力、配套能力。

2003 年，我国首次载人航天飞行圆满成功，第一艘载人飞船神舟五号搭乘新型长征二号 F 运载火箭成功发射，成为我国航天史上新的里程碑。在近 30 年的时间里，我国打造出一套包含运载火箭、人造卫星、航天发射场、地面测控网、卫星地面站、航天员、空间实验、载人飞船与着陆场等的航天系统，以及遍及全国各行业和部门的航天科研协作网、生产协作网、物资器材协作网和航天发射试验协作网，同时与世界各国、国际组织搭建交流与合作网。

---

① 孙强：《中国航天事业的强国之路》，《人民论坛》2023 年第 5 期。

随着嫦娥一号成功奔月，北斗一号实验性导航系统研制成功，神舟九号与天宫一号相继发射并成功对接，我国发挥航天事业大协作的优势，增强在国际航天领域参与竞争与开展科技创新合作的实力，成功跻身世界航天大国行列。

（三）高质量创新阶段

党的十八大以来，我国航天产业进入高质量科技创新阶段，航天产业科技创新由"跟跑"向"并跑""领跑"发展。党中央提出创新是第一动力，全面实施创新驱动发展战略，建设世界科技强国。在新时代新征程中，我国航天产业科技创新继续坚持自立自强，走出一条具有中国特色的航天产业科技创新道路。

这一阶段，我国开始独立自主实施月球探测、载人航天和全球导航系统等世界级工程，加快解决关键领域与关键核心技术的突破问题。2016 年 9 月 15 日 22 时 04 分 09 秒，天宫二号空间实验室在酒泉卫星发射中心发射成功，成为新时期我国航天事业的里程碑事件。

我国进一步向标准化、规模化、低成本的领先技术发力，提高复杂系统工程攻关能力，实施建造空间站，建成国家太空实验室，实现我国载人航天工程"三步走"战略的重要目标，继续在建设科技强国、航天强国的重要引领性工程中阔步前行。同时，我国航天产业不断扩大"朋友圈"，推进国际航天科技合作与交流。[1] 我国将国际月球科研站作为一大建设重点，探索开拓运载火箭服务、卫星运营及服务的国际市场，坚持航天科技创新产品和服务"走出去"，逐步建立空间基础设施全球服务网络。

值得注意的是，如今，我国正在为民营航天企业注入科技创新活力。民营企业"掘金"太空，为航天产业科技创新注入新的力量。有些地方政府已经将商业航天作为战略性新兴产业，进行产业战略性规划与布局。国有航天企业在未来要聚焦尖端和深空领域，释放低轨建设空间牵引商业航天发展。

习近平总书记强调："星空浩瀚无比，探索永无止境，只有不断创新，中华民族才能更好走向未来。"[2]航天产业科技创新已成为中国式现代化中不可或缺的部分。

---

[1] 中国航天报：《开放合作，中国航天走向世界》，国家航天局，https://www.cnsa.gov.cn/n6758823/n6758838/c10005053/content.html，2023 年 4 月 23 日。
[2] 《习近平：努力建设航天强国和世界科技强国》，《人民日报》2016 年 12 月 21 日。

二、我国航天产业科技创新的典型成就

据公开资料，从 2018 年开始，我国航天发射次数首次力压美俄，进行了 39 次发射，成为全球年度航天发射次数最多的国家。2019 年，我国完成 34 次航天发射，连续第二年位居世界第一。2020 年，我国开展了 39 次航天发射，发射 89 个航天器，总数量创新高。2021 年，我国航天发射次数为 55 次。2022 年的航天发射次数记录更新为 64 次。2023 年，共实施 67 次发射任务。

可见，近年来我国航天产业科技创新能力不断攀升，在中美两强的格局下，我国航天产业科技创新已经与其他国家拉开明显差距。我国的航天产业科技创新主要包括空间技术与系统、空间科学、空间应用三个方面，在各领域均取得举世瞩目的成就。

（一）取得空间技术与系统创新成就

空间技术与系统的创新是指各种火箭、卫星和飞行器的制造和发射技术与系统的科技创新，通常以航天重大工程为牵引。我国空间技术与系统的创新在航天运输系统、卫星遥感系统、卫星通信广播系统、卫星导航系统、载人航天工程等方面取得了持续突破。

这一领域，我国最为突出的成就是航天飞行器的设计与制造。我国成功研制了神舟系列载人飞船，实现了多次载人航天飞行任务，包括载人飞行、空间实验室对接等，为我国空间站的建设和常态化运营奠定了重要基础。

火箭技术领域，我国长征系列火箭成功实现火箭首级、助推器分离并成功回收利用，在可重复使用火箭技术上实现重大突破。在此基础上，我国成功研制长征八号等一系列可重复使用火箭，加速向无毒、无污染、模块化、智能化方向升级换代，运载能力持续增强，航天发射成本大幅降低。

在航天运输系统方面，我国全面建成并运营中国空间站，打造天舟五号、天舟六号等"天舟"系列货运飞船，为空间站提供充足的物资保障和实验材料。天舟六号是世界现役货物运输能力最大、在轨支持能力最全面的货运飞船。"天舟"系列货运飞船和"神舟"系列载人飞船、"天和"核心舱几大系统实现交互对接，伴随航天事业重大工程的发展，我国天宫空间站已完成两项意义重大的升

级。首先,我国能够确保空间站的长期轨道维持和安全平稳飞行,常态化运营安全高效。其次,我国的航天员顺利进驻空间站,实施出舱活动、舱外操作、在轨维护、科学实验等任务,在太空生命保障领域取得显著进步。

此外,我国各类卫星系统持续完善,发展出遥感、通信、导航卫星融合技术,推动大型空间基础设施建设进程。探月工程方面,我国实施"嫦娥"系列月球探测工程与"天问""祝融号"等行星探测工程。此外,我国还在发射场与测控、新技术试验方面进行系统建设。

（二） 实现空间科学科技创新

空间科学科技创新指的是我国航天产业不仅关注技术和应用,还积极探索和发现新规律和新现象,开展月球探测、太阳辐射监测、黑洞研究等空间科学探索。

我国航天产业针对空间科学的科技创新,围绕嫦娥探月工程、火星探测工程、载人航天工程等工程,取得了丰富的科研项目探测数据。[①] 同时,我国在卫星技术领域等空间应用方面也取得了长足进步,成功研制了高分辨率遥感卫星,提供高精度的地球观测数据,在资源勘查、环境监测、城市规划领域得到广泛应用。这些创新成果不仅代表了我国航天科技的进步,为国家经济社会发展提供了强有力的支撑,也为世界航天史留下了不可或缺的篇章,为我国航天事业的发展赢得了国际尊重与赞誉。

我国航天产业科技创新还围绕宇宙起源和演化、太阳系与人类的关系等科学主题,论证实施空间科学计划,开展空间科学探索。我国发射"悟空"号暗物质粒子探测卫星、"羲和号"太阳探测科学技术试验卫星等,依托月球和行星探测工程,开展月球与行星科学研究。同时,通过"张衡一号"电磁监测试验卫星、"太极一号"和"天琴一号"空间引力波探测试验卫星等,开展空间地球科学、空间基础物理研究。这一领域科技创新还包括空间环境下的科学实验,深化基础理论研究,孵化重大空间科学研究成果。

（三） 取得空间应用科技创新成就

我国空间应用的科技创新包括加强卫星公益服务和商业应用,加速航天技

---

① 《2023 年中国航天十大新闻》,中国日报网,https://cn.chinadaily.com.cn/a/202401/01/WS659258b4a310af3247ffa5ea.html,2024 年 1 月 1 日。

术成果转移转化,使航天技术广泛进入大众消费、共享经济和民生领域,加速赋能传统产业转型升级,提升航天发展效益效能。

我国利用航天技术提供通信、气象观测、地球资源监测等服务,为农业、环境保护和灾害监测等领域提供有力支持。例如,我国的高分系列卫星为农业生产、资源调查和环境监测提供了重要数据支持,卫星遥感基本实现了国家和省级政府部门业务化应用,卫星通信广播为国内农村及边远地区提供直播卫星电视服务,为手机通信基站提供数据回传。

我国还打造卫星遥感高精地图、全维影像、数据加工、应用软件等新产品和新服务,紧抓数字产业化、产业数字化发展机遇,开拓政府、企业和个人的应用市场,在大众出行、电子商务、农产品交易、灾害损失评估与保险理赔、不动产登记等领域大放异彩,为人民创造更加美好的生活。

三、 航天产业科技创新的经验总结

习近平总书记指出:"探索浩瀚宇宙,发展航天事业,建设航天强国,是我们不懈追求的航天梦。"[1]我国之所以能实现航天产业的科技创新引领,与以下的实践经验密不可分。

(一) 坚持和发扬航天精神

我国航天产业科技创新的发展走出了一条从学习、引进到独立与创造的道路,是科技事业自立自强发展的典型代表。我国航天科技创新能成功突破量变,是其基于不断的局部创新,自力更生攻关尖端技术,持续发力,最后实现质变的结果。

我国航天产业科技创新始终强调把关键核心技术牢牢掌握在自己手里。比如,船箭组合体顶端的逃逸塔,是宇航员出征太空时的重要安全保障。中国航天科技集团有限公司四院 7416 厂航天发动机固体燃料药面整形组组长徐立平是一名"火药整形师"[2],日常工作要与危险性极高的固体推进剂打交道,以确保逃

---

[1] 《习近平在接见探月工程嫦娥六号任务参研参试人员代表时发表重要讲话强调：再接再厉乘势而上 加快建设航天强国》,《人民日报》2024 年 9 月 24 日。

[2] 《探索浩瀚宇宙 发展航天事业——代表委员谈加快建设航天强国》,中国政府网, https://www.gov.cn/yaowen/liebiao/202402/content_6934645.htm, 2024 年 2 月 28 日。

逸塔正常工作。他和他的团队自主设计研制专用手工整形刀具,修整逃逸塔发动机的燃料面,日复一日精细操作,始终保持着合格率100%和安全事故为0的纪录。我国成功推进火星探测、中国空间站、系列空间科学卫星等重大任务,这些任务的背后都有一批批的高水平创新人才在支撑。他们秉承着老一辈航天人无私奉献和严谨务实的科学家精神,始终锚定"航天强国"目标,坚定不移走科技自立自强之路。在一辈又一辈航天人的带领下,协同攻坚,守正创新,战胜一切艰难险阻,勇攀航天产业科技创新的高峰。

太空之旅并非坦途,在探索太空的艰难险阻中,我国形成"特别能吃苦、特别能战斗、特别能攻关、特别能奉献"的航天精神,这种具有中华民族文化特色的创新精神历久弥新,牵引着我国从"航天大国"加快朝着"航天强国"迈进。世界新一轮科技革命和产业变革加速演进,在这历史交汇的时刻,中国航天强国新征程必将璀璨启航,完成党和国家赋予的使命任务。

(二) 建立并完善新型举国体制

我国航天产业科研力量的形成,还依赖于科技创新新型举国体制,并充分发挥其作用。早期阶段,1965 年我国在第五研究院的基础上成立第七机械工业部,联合中国科学院、其他部委研究院所、高等院校、地方科研力量和国防科研机构,构成一张全国航天协作网。作为后发国家,我国在新型举国体制框架下大力协同,由国防任务牵引,把成千上万的科技大军组织起来。经此,我国建立起一支具有中国特色的航天科研队伍,打下扎实的工业基础,强调"一头抓科研试制,一头抓工业基础"。

在工程项目管理模式上,我国航天产业科技创新秉持"全国一盘棋"、协同攻坚的自主发展思路,采取循序渐进、逐步扩展的策略。20 世纪 70 年代,我国建立火箭工业体系,从空间规划进入工程研制,在具备进入宇宙空间的能力后,着力发展宇宙空间应用能力。在我国经济实力壮大后,又统一管理卫星和空间技术等科研与生产,稳步提升载人航天和深空探测能力。"东方红一号""神舟五号""嫦娥一号"是我国航天产业科技创新进步的三大里程碑,在此过程中,我国独立探索并实施了技术责任制,按照"三步棋"安排科研生产、总设计师系统和两条指挥线的模式,独立建立了研究、设计、试制、试验、生产相配套的航天技术体系,切实带动了我国航天产业高精尖能力的进步。

（三）采用市场化方式推动航天技术转化和应用

我国航天行业科技创新不断取得成功,除了国家力量的有效组织外,市场化运行方式也极大地推动了航天技术的转化,成为推动科技创新发展的重要动力,带动行业整体进步甚至催生产业变革。

事实上,我国航天产业一直努力加强科学与工程,乃至产业的互动。在载人航天领域,随着技术不断发展,新技术的突破推动了相关学科、工业和工艺迅速进步。例如,飞船返回大气层时,会面临极大的高温摩擦挑战,为了解决这个问题,就必须开发能承受该极端条件的先进材料。由此,我国新型防热材料技术得到开发并迅速发展起来,有效保护了飞船的结构和内部设备,同时带动机械、冶金和化工等传统工业领域升级。随着航天任务的不断深入,我国通信技术、电磁技术等领域也不断发展,推动了国际前沿的量子调控与光传输研究,量子通信技术也迎来新的发展机遇。这些科学创新的成果不仅被应用于航天领域,还直接服务于各类基础设施领域,如电视、电话、5G 通信服务以及遥感、导航服务等。

基于市场经济的强大力量,航天产业的科学与工程彼此互动与转化,催生了许多新兴产业。在人民日常生活中,如保暖衣、运动鞋垫等物品,很多是从航天员的穿戴用品转化研制而来,颠覆性地变革了服装行业。[1] 可见,我国航天科技创新成就带动了国民经济其他行业技术的突破,并给市场繁荣注入新活力。航天产业科技创新通过提供新产品和新服务,推动全社会各行各业的发展,直接改变了广大人民的日常生活。

---

① 欧阳桃花:《中国载人航天事业的科技探索与产业变革》,人民论坛网, http://www.rmlt.com.cn/2023/1124/688520.shtml, 2023 年 11 月 24 日。

第十二章

区域层面案例：中关村、深圳与长三角的科技创新

区域是科技创新要素集聚的重要载体，区域科技创新已成为推动社会进步和经济高质量发展的关键动力。本章通过分析中关村科技园区、深圳以及长三角等典型案例，揭示科技创新如何引领区域经济社会发展。本章首节聚焦科技园区中关村，回溯了中关村的建设历程，展示了中关村在国家创新体系中的核心地位，并通过对其科技创新成就的分析，提炼出可供借鉴的成功经验。第二节转向深圳，这座迅速崛起的城市通过科技创新实现了跨越式发展，成为现代化城市建设的标杆，本节总结了深圳在科技创新方面取得的显著成就和独特经验，突出了其作为改革开放窗口的创新示范效应。第三节则从跨区域角度审视长三角区域一体化的演进，总结了长三角科技创新的成就，分析了长三角如何通过区域科技创新和协同创新推动经济的高质量发展。本章旨在通过区域科技创新案例深入探讨区域科技创新在中国式现代化进程中的支撑作用。

第一节
科技园区的科技创新：中关村

中关村科技园区作为我国科技创新高地,其建设历程与科技创新成就对全国乃至全球具有示范效应。本节首先概述中关村的建设历程,随后重点阐述其在建设过程中取得的重要科技创新成就,包括形成科技企业集群、完善创新生态系统、培育核心技术成果以及构建"一区多园"协同创新格局,这些成就对于我国科技发展具有重要意义。最后,本节将剖析中关村科技创新成功的关键经验,包括政府与市场的有机结合、科技体制改革、人才高地建设,以及国际合作对创新资源配置的优化。中关村的成功建设不仅彰显了我国科技创新的实力和活力,也为中国式现代化建设增添了动力,其经验和成就对于推动全国乃至全球的科技创新具有重要的示范和引领作用。

一、中关村建设历程

中关村科技园区的建设历程是我国科技创新发展的重要缩影,不仅体现了我国科技创新的进步,也反映了中国式现代化的重要路径,即通过改革开放和科技创新,推动产业结构的优化升级,实现经济高质量发展。中关村的发展起步于20世纪80年代初,当时它只是北京市海淀区的"电子一条街",业务主要集中于电子器件的销售和基础技术服务。这一时期的中关村虽初具规模,但尚未形成明显的高科技产业特色。随着改革开放的深入,中关村迎来了重要的转折点。1988年,国务院批准在中关村地区建立北京市新技术产业开发试验区,中关村科技园区的前身正式形成[1],为其后续的科技创新和产业发展奠定了坚实的基础。

1999年,北京市政府决定将北京市新技术产业开发试验区管理委员会更名为中关村科技园区管理委员会,中关村科技园区正式成立。从此,中关村开始形

---

[1]《改革开放40年略影：弄潮中关村》,新华网,http://www.xinhuanet.com/politics/2018－09/08/c_1123399171.htm,2018年9月8日。

成以电子信息产业为主导的综合性基地,吸引了大量科技人才和企业,逐步成为我国科技创新的"心脏"。

2009 年,中关村被确立为国家自主创新示范区,这一地位的确立为中关村的科技创新提供了更广阔的舞台。[①] 在这一时期,中关村开始着力推动高新技术的研发和产业化,形成了一批具有国际竞争力的高科技企业,如联想、百度等,它们不仅推动了中关村的经济发展,也成为中国式现代化的科技创新典范。

进入 21 世纪的第二个十年,中关村继续推动科技创新,不断优化创新生态,加快培育高精尖产业。中关村形成了"241"高精尖产业体系,涵盖人工智能、区块链、大数据、云计算、集成电路等新一代信息技术产业,成为推动北京乃至全国高质量发展的重要引擎。

作为国家自主创新示范区,中关村被赋予推动我国科技创新和高新技术产业发展的重大使命。经过 30 余年的发展,中关村国家高新区空间布局和产业格局基本形成,集聚了丰富的创新资源,技术创新体系和机制不断优化,涌现出一批具有竞争力的企业和产业集群。中关村已经形成了以联想、百度为代表的高新技术企业集群,形成了大数据、生物健康、移动通信、节能环保等优势产业集群以及集成电路、新材料、新能源和新能源汽车等新兴产业集群,构建了"一区多园"各具特色的发展格局,成为首都跨行政区的高端产业功能区。中关村国家自主创新示范区已成为支撑引领区域发展的创新高地,是中国特色自主创新实践的科技园区典范。

二、 中关村科技创新成就

中关村,作为我国科技创新的重要枢纽,已经形成了以高新技术产业为核心的多元化产业集群,涵盖了电子信息、生物医药、新材料、人工智能等多个领域。这一区域不仅吸引了大量的高端科技人才和资本,还通过有效的政府引导与市场机制相结合,推动了科技创新和产业升级,从而构建了独特的创新生态系统。中关村的"一区多园"发展模式,不仅促进了区域内的经济增长,还通过创新扩散

---

① 《一个"村"的创新之路——中关村 70 年从无名之地变创新之源》,中国政府网,https://www.gov.cn/xinwen/2019-04/12/content_5382114.htm, 2019 年 4 月 12 日。

效应,对周边地区产生了显著的辐射和带动作用,成为推动区域经济发展的关键增长极。中关村科技创新产生的创新集聚及辐射效应进一步优化了创新资源配置,提升了全国乃至全球的创新能力,中关村的发展模式为其他地区的创新发展提供了宝贵的经验和启示。

（一）形成强大的科技企业集群

经过 30 余年的发展,在"发展高科技,实现产业化"的使命导向下[①],中关村已经形成了一个充满活力的科技企业集群,并成为区域创新集聚的重要引擎。在这片创新的沃土上,2 万余家高新技术企业、400 余家上市公司和 102 家独角兽企业[②],共同构成了一个强大的创新矩阵。[③] 这些企业不仅推动了区域经济的快速增长,也成了我国科技创新的显著标志。例如,小米公司在这里从一家小型的智能手机制造商成长为全球知名的消费电子品牌;百度公司则以搜索引擎起家,逐步发展成为一家国际知名的互联网科技公司,其推出的自动驾驶平台Apollo在智能交通领域具有开创性意义。

除了科技企业集群特征显著,中关村的企业创新能力极强。中关村示范区企业总收入从 2012 年的 2.5 万亿元增长至 2021 年的 8.4 万亿元,年均复合增长率达 14.5%,成为北京乃至全国经济增长的重要引擎。[④] 从专利情况来看,2022 年中关村企业拥有有效发明专利数量达到 22.0 万件,当年获得发明专利授权量为 43016 件,占全市企业的 75.5%;当年中关村的 PCT 国际专利申请量为 9078 件。[⑤] 这些数据显示了中关村在知识产权创造方面的强劲实力和持续增长的趋势。在专利数量方面,中关村不仅在国内保持领先地位,也积极参与国际专利布局,体现了其全球创新网络枢纽的地位。

[①] 郑湛、肖磊、高华等:《我国突破"卡脖子"关键核心技术的战略思考——基于国内外创新高地的研究》,《创新与创业管理》2023 年第 1 期。

[②] 李斌、乌梦达、张漫子:《中关村这十年》,《新华每日电讯》2022 年 11 月 2 日。

[③] 中关村科技园区管理委员会:《"十四五"时期中关村国家自主创新示范区发展建设规划》,北京市人民政府,https://www.beijing.gov.cn/zhengce/zhengcefagui/202111/t20211130_2549207.html, 2021 年 11 月 29 日。

[④] 北京市科委:《先行先试 中关村示范区十年建设硕果累累》,中华人民共和国科学技术部, https://www.most.gov.cn/dfkj/bj/zxdt/202212/t20221216_184027.html, 2022 年 12 月 16 日。

[⑤] 科技统计分析处、北京科技创新研究中心:《"中关村指数 2023"》,北京市科学技术委员会、中关村科技园区管理委员会,https://kw.beijing.gov.cn/art/2023/12/27/art_9918_672120.html, 2023 年 12 月 27 日。

中关村科技企业集群还展现了良好的成长性。过去 10 年里,中关村的企业数量快速增长,平均每天新设立的科技企业达到 270 家[1],这显示了中关村科技企业集群的活力和成长潜力。同时,中关村还不断涌现高成长性的科技企业,包括独角兽企业和高价值企业。据统计,中关村拥有的独角兽企业数量位居全球城市第 2 位[2],这些企业的高成长性和市场估值的快速增长,从一个侧面反映出中关村科技企业集群的整体成长性。

(二) 构筑完善的区域创新生态系统

中关村着力构建"大企业强、独角兽企业多、中小企业活"的创新企业矩阵,培育了科技企业孵化器、大学科技园、特色园区等近 500 家,支持建设技术创新中心、工程研究中心等各类共性技术平台超过 1000 个,形成了全链条全生命周期的专业化国际化生态系统。[3]

中关村创新生态系统具有多元、协同、开放的特征,园区内企业具有较强的创新能力、增长优势和市场竞争力。这一生态系统不仅包括领军企业、高校和科研机构、高端人才等核心要素,还涵盖了科技资本、创业服务和独特的创新创业文化。[4]例如,中关村通过实施"1+6"先行先试政策,推动了一系列科技成果转化和创新创业的激励措施[5],极大地激发了区域的创新活力。此外,中关村还建立了技术转移服务平台和概念验证中心,有效促进了科技成果的转化和应用[6]。

中关村的数字经济发展同样凸显出其创新生态系统的构建实力。随着数字经济的兴起,中关村通过加强数字经济底层技术的研发攻关,不仅推动了大数据、人工智能等新一代信息技术的应用和集成创新,还建设了数字经济新场景和

---

① 科技统计分析处、北京科技创新研究中心:《"中关村指数 2023"》,北京市科学技术委员会、中关村科技园区管理委员会,https://kw.beijing.gov.cn/art/2023/12/27/art_9918_672120.html,2023 年 12 月 27 日。
② 北京市科委:《先行先试 中关村示范区十年建设硕果累累》,中华人民共和国科学技术部,https://www.most.gov.cn/dfkj/bj/zxdt/202212/t20221216_184027.html,2022 年 12 月 16 日。
③④ 魏昕悦:《中关村 剑指世界领先科技园区 具有全球影响力的科创中心初步形成》,《北京日报》2020 年 11 月 26 日。
⑤ 北京市科委:《先行先试 中关村示范区十年建设硕果累累》,中华人民共和国科学技术部,https://www.most.gov.cn/dfkj/bj/zxdt/202212/t20221216_184027.html,2022 年 12 月 16 日。
⑥ 中关村科技园区管理委员会:《"十四五"时期中关村国家自主创新示范区发展建设规划》,北京市人民政府,https://www.beijing.gov.cn/zhengce/zhengcefagui/202111/t20211130_2549207.html,2021 年 11 月 29 日。

新业态,如中关村工业互联网产业园的建设①,这不仅是在原有的创新生态系统内构建数字经济子系统,更是为我国制造业的数字化转型提供了有力支撑。

（三）培育出一大批核心技术突破成果

中关村作为我国科技创新的重要策源地,取得了一系列令人瞩目的核心技术突破。在区块链技术领域,北京微芯区块链与边缘计算研究院研发的新一代256核区块链专用加速芯片,不仅具备强大的算力,还能提供高效的隐私计算能力,这一成果显著提升了区块链技术在安全性和处理能力方面的国际竞争力。② 此外,中关村示范区在自主可控的通用 CPU 研发上也取得了突破,成功发布了国内首款自主可控的通用 CPU,这一成就标志着我国在关键芯片技术上迈出了重要一步,减少了对外依赖,增强了国家信息安全。③ 在软件技术领域,中关村推出的"长安链"软硬件技术体系,为国内软件技术的发展提供了重要的支撑平台,推动了软件产业的自主创新和可持续发展。④ 中关村的科技抗疫成果也是其核心技术突破的重要体现。在新冠疫情期间,中关村示范区快速响应,研制生产了一批科技抗疫重磅产品,如国内首款中和抗体药物和多款新冠疫苗获批上市,以及新型冠状病毒检测试剂、诊疗仪器设备等。⑤ 这些成果不仅为抗击疫情提供了有力支持,也展现了中关村在生物医药领域的创新实力和快速反应能力。

同时,中关村示范区还聚焦国家重大战略需求,通过实施高精尖产业"强链工程",加强关键技术攻关,推动了产业链与创新链的深度融合,特别是在人工智能、大数据、云计算等新一代信息技术产业方面取得了显著进展。中关村已经形成了"241"高精尖产业体系,这些产业不仅推动了区域经济的高质量发展,也为

---

① 杨学聪:《中关村培育数字经济新生态》,《经济日报》2020 年 11 月 22 日。

② 何亮、裴宸纬:《2023 中关村论坛开幕式发布十项重大科技成果》,《科技日报》2023 年 5 月 26 日。

③ 北京市科委:《先行先试 中关村示范区十年建设硕果累累》,中华人民共和国科学技术部,https://www.most.gov.cn/dfkj/bj/zxdt/202212/t20221216_184027.html,2022 年 12 月 16 日。

④ 中关村科技园区管理委员会:《关于推动中关村国家自主创新示范区一区多园统筹协同发展的指导意见》,北京市人民政府,https://www.beijing.gov.cn/zhengce/zhengcefagui/201905/t20190522_60339.html,2017 年 8 月 18 日。

⑤ 中关村国家自主创新示范区领导小组:《中关村国家自主创新示范区统筹发展规划（2020 年—2035 年）（简版）》,北京市科委、中关村管委会网站,https://www.ncsti.gov.cn/zcfg/zcwj/202009/t20200915_13702.html,2020 年 9 月 14 日。

全国乃至全球的科技创新和现代化进程作出了重要贡献。

（四）构建"一区多园"协同创新格局

中关村国家自主创新示范区在建设中实施了"一区多园"统筹协同发展规划政策,这一策略旨在通过各分园之间的紧密合作与资源共享,实现区域内创新资源的优化配置和创新能力的整体提升。这种模式不仅促进了各分园的高端化、特色化、协同化发展,而且加强了与所在区域的经济社会融合,形成了"一区多园、各具特色、协同联动"的发展格局。[①]

首先,在"一区多园"协同创新格局下,中关村各分园根据自身特点和优势,发展了不同的主导产业和创新集群。例如,海淀园旨在建设成为全球原创思想和创新成果的重要发源地,新兴产业和创新模式的策源地,以及创新改革和政策先行试验区。各分园通过产业对接服务机制,加强了与北京市相关部门的协同创新平台、重大项目等创新资源的对接,推动了产业承接能力的提升和创新创业生态系统的完善。其次,中关村积极参与全球协同创新网络。中关村紧抓北京"两区""三平台"建设机遇,依托"一区多园"开放式空间布局优势,以全球视野谋划国际化发展战略。中关村聚集了 300 多家跨国公司地区总部和研发中心,上市公司在境外设立分支机构近 900 家（截至 2021 年）,在国际合作方面取得了显著成效。[②] 总体而言,"一区多园"协同创新格局不仅加强了中关村示范区内部的统筹协同,也提升了其在全球创新网络中的枢纽地位,为北京国际科技创新中心的建设提供了有力支撑。[③]

三、 中关村科技创新的成功经验

（一）有为政府和有效市场有机结合

国家高新区作为制度安排的产物,其创新和演变都体现了国家的战略选择。

---

① 中关村科技园区管理委员会:《关于推动中关村国家自主创新示范区一区多园统筹协同发展的指导意见》,北京市人民政府, https://www.beijing.gov.cn/zhengce/zhengcefagui/201905/t20190522_60339.html, 2017 年 8 月 18 日。

② 《中关村如何建设世界领先科技园区? 这个主旨报告给出了答案》,国际科技创新中心, https://www.ncsti.gov.cn/kcfw/kchzhsh/2021qqkjyqchxfzhzhsh/2021qqkjyqchxfzhzhshXGXX/202109/t20210928_45650.html, 2021 年 9 月 28 日。

③ 北京市科学技术委员会、中关村科技园区管理委员会:《"一区多园"统筹协同更加有力 中关村创新发展旗帜高高飘扬》,北京市人民政府, https://www.beijing.gov.cn/ywdt/gzdt/202301/t20230130_2908923.html, 2023 年 1 月 30 日。

在中关村的建设过程中,有为政府与有效市场的有机结合机制得到了充分体现。政府通过制定和实施一系列政策措施,如高精尖产业支持政策、高新技术企业认定简化程序等,为科技创新提供了强有力的支持和引导。例如,国务院批复中关村示范区中长期规划纲要,同意调整示范区空间规模和布局,规划面积达 488 平方千米,形成"一区十六园"的发展格局①,这既体现了政府的战略引导,也顺应了市场发展的需求。

同时,市场机制在科技创新资源配置中发挥了决定性作用。中关村通过建立科技企业孵化器、众创空间和技术转移机构等市场化服务平台,促进了创新资源的有效流动和高效配置。例如,中关村科技园区的建设与发展,就是在国家政策的引导下,依托市场力量,逐步形成了以电子信息、生物医药、新材料等为代表的多元化产业集群②,这些产业集群不仅推动了区域经济的快速增长,也为我国科技创新贡献了显著力量。

在这一过程中,政府的角色更多地体现在创造条件、提供服务和优化环境上,而市场的自发力量则推动了创新活动的持续进行和技术的快速迭代。中关村科技创新的成功证明了中国特色的有为政府和有效市场相结合能够有效促进科技创新,推动产业升级,实现经济高质量发展。政府和市场结合机制的成功实践,不仅为其他地区的创新发展提供了宝贵经验,也为中国式现代化建设贡献了重要力量。

（二）科技体制改革激发科技创新活力

中关村的成功建设在很大程度上得益于科技体制改革的实施和深化,通过政策创新和制度优化激发科技创新的活力和潜力,中关村成功打造了开放、灵活和高效的创新生态系统。

首先,中关村通过先行先试的政策,积极探索和实践了一系列创新驱动发展的新机制和新模式。这些政策不仅为中关村的科技创新提供了强有力的支持,也为全国的科技体制改革提供了可借鉴的经验。例如,中关村实施的"1＋6""新

---

① 《中关村如何建设世界领先科技园区？ 这个主旨报告给出了答案》,国际科技创新中心, https://www.ncsti.gov.cn/kcfw/kchzhsh/2021qqkjyqchxfzhzhsh/2021qqkjyqchxfzhzhshXGXX/202109/t20210928_45650.html, 2021 年 9 月 28 日。

② 张继红:《奋力打造北京国际科技创新中心主阵地》,《前线》2023 年第 10 期。

四条"等 80 多项改革措施,有效地推动了科技成果的转化和产业化,加速了科技成果向实际生产力的转化。[1] 其次,中关村在科技成果转化方面进行了一系列创新尝试,如技术转让所得税优惠政策试点、投贷联动等,这些措施极大地促进了科技成果的商业化和市场化,为科技型企业的成长提供了良好的环境和条件。再次,人才是科技创新的关键,优化科技人才管理是科技体制改革的重要内容。中关村通过人才特区政策和国际化人才引进机制,聚集了大量高层次科技人才,为科技创新提供了强大的智力支持。这些人才政策的实施,不仅提升了中关村的人才整体规模和质量,也为科技人才的成长和发展提供了良好的环境。最后,科技创新需要资金保障,中关村建设的国家级科技金融创新中心和金融科技示范区,吸引了大量风险投资和股权投资机构[2],为科技型企业提供了充足的资金支持,推动了科技型企业的快速成长和创新成果的产业化。

中关村通过政策创新、成果转化、人才聚集和科技金融等多方面的科技体制改革的协同作用,有效推动了科技创新和经济发展。这些改革措施的实施,不仅提升了中关村自身的创新能力,也为全国的科技创新和产业发展提供了经验,展现了科技体制改革在推动科技创新和经济发展中的重要作用。

(三)人才培养塑造科技创新核心驱动力

人才是科技创新的关键要素,中关村的人才培养举措在推动区域经济发展和科技创新方面发挥了重要作用。首先,中关村实施了高端领军人才聚集工程,通过提供一次性补助、优先支持创业项目等激励措施,成功吸引了一批具有国际视野和创新能力的高端人才[3],为科技型企业的成长提供了人才保障。其次,中关村有独特的创新人才培养模式,依托"海英计划"专项支持政策,吸引全球顶尖人才,培养高素质国际化青年英才,促进了创新创业领军人才的聚集,进一步优化了区域的人才结构,提升了区域自主创新能力。再者,中关村的人才培养策略

① 北京市科委:《先行先试 中关村示范区十年建设硕果累累》,中华人民共和国科学技术部,https://www.most.gov.cn/dfkj/bj/zxdt/202212/t20221216_184027.html,2022 年 12 月 16 日。
② 《"数说"十年 看科技创新中心建设华彩蝶变》,国际科技创新中心,https://www.ncsti.gov.cn/kjdt/xwjj/202210/t20221008_99443.html,2022 年 10 月 8 日。
③ 中共北京市委组织部等:《中关村高端领军人才聚集工程实施细则》,中国政府网,https://www.gov.cn/zhengce/2016-02/24/content_5045435.htm,2015 年 1 月 29 日。

强调科研与产业的紧密结合，通过加强院士专家工作站和企业博士后工作站的建设，促进了高端智力资源的转化，增强了对青年科技人才的吸引力，为区域科技创新发展提供了强有力的支撑。同时，中关村还注重营造创新文化环境，通过组织"薪火共燃"等研学活动，提升了企业家的视野和创新能力，促进了企业间的交流与合作，为企业的发展和区域经济繁荣作出了贡献。[①] 此外，中关村不断深化人才管理改革，通过便利国际人才出入境、开放国际人才引进使用等措施，构建了具有国际竞争力的引才用才机制，为中关村的国际化发展和全球科技竞争提供了坚实的人才基础。[②③]

中关村的人才培养策略在推动科技创新和区域经济发展中起到了核心作用。通过实施高端人才聚集工程、"海英计划"等专项政策，中关村成功吸引了和培养了大量具有国际视野和创新能力的顶尖人才。这些培养和吸引人才的举措，共同构成了中关村人才培养的综合体系，为区域的科技创新提供了强大的动力和人才优势。

（四）国际合作优化科技创新资源配置

中关村在国际合作交流方面采取了一系列重要举措，以促进全球科技创新资源的集聚和优化配置。首先，中关村论坛作为国家级的科技交流合作平台，不仅具有国际化特色，还通过邀请国际科技组织参与并举办平行论坛，吸引国际企业和机构参会，为国际科技创新合作提供了重要平台[④]，为中关村的科技创新注入了新的活力。其次，中关村支持创新主体融入全球创新网络，通过深化与世界先进创新区域的合作，积极参与"一带一路"建设，以及支持在境外设立科技园区、孵化平台、研发中心等[⑤]，进一步拓宽了国际合作的广度和深度，也加强了与

---

① 王歧丰：《中关村科学城打造首都人才高地 创新驱动与人才集聚在中关村"同频共振"》，《北京日报》2023 年 11 月 30 日。
② 祁梦竹、范俊生：《尹力在部市共建北京国际科技创新中心现场推进会议上强调 全力推动北京国际科技创新中心建设向更高水平迈进　确保如期建成世界主要科学中心和创新高地》，《北京日报》2024 年 4 月 8 日。
③ 《中关村国际引才用才 20 条若干措施发布》，中关村人才协会，https://www.zta.org.cn/a/news/zcfg/2020/0305/2388.html，2018 年 3 月 2 日。
④ 温竞华、张漫子：《推动全球开放创新、合作共享的科技盛会》，《新华每日电讯》2023 年 5 月 16 日。
⑤ 北京市科学技术委员会、中关村科技园区管理委员会：《关于推动中关村加快建设世界领先科技园区的若干政策措施》，国际科技创新中心，https://www.ncsti.gov.cn/kjdt/ztbd/zjglbf/zjglbfzcwj/202206/t20220621_84533.html，2022 年 6 月 16 日。

国际科技前沿的联系。同时,中关村实施外资研发中心研发激励计划,吸引国际投资者在中关村设立或扩大研发中心,包括西门子、默沙东等国际知名企业,这不仅提升了中关村的国际影响力,也为本土企业带来了先进的技术和管理经验。此外,中关村通过支持创新主体与国际科技组织建立合作,如参与国际标准化工作,共建学术交流平台,开展国际人才交流等,进一步增强了国际合作的深度。

中关村在国际合作方面展现了积极的姿态和显著的成效。通过构建国际交流合作平台,加强了与国际科技组织的联系,促进了跨国公司和国际科研机构的合作。中关村鼓励本地企业"走出去",在境外设立研发中心和科技园区,同时吸引外资研发中心和国际人才,增强了国际创新资源的集聚效应。这些国际合作举措不仅提升了中关村的全球影响力,也为全球科技创新合作和科技进步作出了重要贡献。

第二节
国家创新型城市的科技创新:深圳

深圳,作为国家创新型城市的标杆,以其独特的文化基因和政策环境,实现了从模仿创新到自主创新的转变,培育了具有全球影响力的科技创新中心,其发展历程和科技创新成就是中国式现代化的生动体现。本节将回顾深圳的发展历程,梳理深圳在科技创新领域取得的重要成就,包括高新技术产业集群的形成、具有国际竞争力的创新型领军企业的培育以及区位优势的发挥。本节还将进一步剖析深圳在科技创新领域取得成功的关键经验,包括科技体制改革、企业主导与政府引导相结合的创新模式、城市创新文化建设以及科技人才制度的改革。本节旨在揭示深圳如何通过科技创新推动城市转型升级,不仅展现了科技创新为中国式现代化提供的动力和支撑,更是为我国乃至全球城市发展提供了宝贵经验。

一、深圳发展历程

作为我国改革开放的前沿阵地和首个国家创新型城市试点,深圳的建设和发展历程是从边缘农业区向现代化、国际化创新型城市转变的典型历程,更是我国改革开放和现代化建设的城市典范。

自 1980 年设立经济特区以来，深圳依托改革开放的政策优势和地理优势，迅速吸引外资，发展"三来一补"产业，成为全球竞争体系中的有力竞争者。[①] 进入 20 世纪 90 年代，深圳进入产业结构转型期，开始从传统制造业向高新技术产业转型，大力发展电子信息、生物技术和新材料等产业，形成了一系列产业集群的雏形。21 世纪初至今，深圳进入了科技创新驱动发展的阶段。在这一时期，深圳加强科技创新体系建设，通过深化科技体制改革、加大研发投入、优化创新环境等措施，强化产业技术研究开发，推动了科技创新与经济发展的深度融合，形成了以高新技术产业为主导的经济结构，成为世界级产业创新中心城市。[②] 进入新时代，深圳对标高质量发展高地、法治城市示范、城市文明典范、民生幸福标杆、可持续发展先锋"五大战略定位"，旨在打造更具全球影响力的经济中心城市和现代化国际大都市，在推进中国式现代化建设中走在前列。[③]

回顾深圳过去四十余年的发展历程，这座城市以前所未有的速度快步攀登，实现了从模仿到自主创新、从数量型增长向质量型增长的巨大转变，完成了从边陲小镇到现代化国际化创新型城市的蜕变。深圳坚持科技创新与现代化并重，把创新作为根本之策，强化创新是第一动力，聚焦科技自立自强，扎实推进以科技创新为核心的全面创新，加强基础研究和前沿探索，不断强化企业创新主体地位，壮大发展新产业、培育未来产业，不断开辟新领域、制胜新赛道。深圳在科技创新和中国式现代化的双重驱动下，成功地将自己推向了全球创新的前沿阵地。

二、深圳科技创新成就

深圳的工业化历程始于参与低层次的全球分工体系，这是其经济发展初期的必然选择。然而，深圳并未选择捷径，而是通过稳健的步伐，逐步攀登发展的阶梯。在深圳，创新活动从纯粹的科研活动转变为推动经济增长的关键动力，这一转变标志着深圳成为将科技创新与经济发展紧密结合的城市。传统的高度行

---

① 崔璨：《深圳在推进中国式现代化建设中走在前列勇当尖兵》，《南方日报》2023 年 8 月 22 日。
② 唐杰、戴欣：《深圳力争成为全球创新标杆城市》，《中国发展观察》2020 年第 17 期。
③ 崔璨：《深圳在推进中国式现代化建设中走在前列勇当尖兵》，《南方日报》2023 年 8 月 22 日。

政化的科研体系往往导致科技与经济的脱节,而深圳的市场经济体制赋予了企业家创新主导权,使得创新效率成为企业竞争力的核心指标。这种以市场为导向的创新模式促进了创新的集群效应,激发了创业活力,形成了以领军企业为核心的庞大企业群体。深圳的创新创业企业不仅在本土市场上蓬勃发展,更通过产业链的协同分工效应,推动了相关产业、技术和人才的聚集,形成了具有独特性、高度发达的网络化分工体系。这一体系的自发性和动态性发展,为深圳带来了连续不断的产业扩张和升级,推动了城市经济的规模性成长。深圳成功转型为国家创新型城市,为中国式现代化提供了有力的支撑,更是在全球科技创新版图中占据了重要位置。

（一）形成高新技术产业集群

深圳高新技术产业集群经历了快速的发展,截至 2022 年,深圳共有国家高新技术企业 1.86 万家,全社会研发投入占地区生产总值比重达 5.46%,创新能力居国家创新型城市首位。[1] 这表明深圳在高新技术产业的发展上取得了显著成效,成为推动经济增长的重要力量。

在创新链结构方面,深圳构建了"基础研究＋技术攻关＋成果产业化＋科技金融＋人才支撑"全过程创新生态链。这一生态链的建立,为高新技术产业的发展提供了全方位的支持,从基础研究到成果的产业化,再到吸引与培养科技金融资本和人才,形成了一个良性循环的创新生态系统。在产业布局方面,深圳明确了"20＋8"技术主攻方向,即围绕深圳七大战略性新兴产业以及 20 个产业集群和八大未来产业开展技术攻关,这为深圳高新技术产业的未来发展指明了方向[2],有助于集中资源和力量,实现重点突破。在创新集群的区域规划方面,深圳在空间、资金、制度等方面制定了具体的保障举措,规划了十一个创新集群区[3],这些区域的规划和建设,将进一步提升深圳高新技术产业的集聚效应和竞

---

[1] 深圳市科技创新委员会:《深圳市科技创新"十四五"规划》,深圳政府在线,http://stic.sz.gov.cn/attachment/0/998/998076/9936177.pdf,2022 年 1 月 12 日。
[2] 深圳市第七届人民代表大会第四次会议:《关于深圳市 2022 年国民经济和社会发展计划执行情况与 2023 年计划草案的报告》,深圳政府在线,http://www.sz.gov.cn/zfgb/2023/gb1278/content/post_10484082.html,2023 年 3 月 15 日。
[3] 深圳市科技创新委员会:《深圳市科技创新"十四五"规划》,深圳政府在线,http://stic.sz.gov.cn/attachment/0/998/998076/9936177.pdf,2022 年 1 月 12 日。

争力。

这些产业集群不仅推动了深圳经济的高质量发展,而且为中国式现代化提供了强有力的科技产业支撑,深圳的科技创新在推动产业升级和经济发展中起到了重要作用。

(二) 培育具有国际竞争力的创新型领军企业

深圳通过实施一系列创新驱动发展战略,成功培育了一批具有国际竞争力的创新型企业,如华为、大疆、比亚迪、腾讯等。这些企业在各自的领域内取得了全球领先的技术成果,成为推动深圳乃至全国科技创新和产业升级的重要力量。这些企业的崛起,不仅提升了深圳的国际形象,也为中国式现代化贡献了具有全球影响力的品牌和产品。例如,深圳华为技术有限公司,作为我国最大的通信设备制造商,也是全球领先的信息与通信技术(ICT)解决方案提供商。华为在5G、智能手机、企业网络解决方案等领域取得了诸多技术创新,并拥有较高的全球市场份额。即便面对国际市场的挑战,华为依旧坚持自主创新的道路,推动着全球 ICT 技术的发展。例如,大疆创新科技有限公司,作为全球领先的无人机制造商,通过持续的技术创新,在农林植保、摄影摄像等多个领域实现了无人机产品的广泛应用。大疆农业无人机累计作业面积已超过 60 亿亩次,这不仅提高了农业生产效率,也助力了我国农业现代化进程。例如,深圳比亚迪股份有限公司是一家专注于新能源汽车和电池制造的高新技术企业。比亚迪通过垂直整合供应链,掌握了电池、电机、电控等核心技术,成为全球最大的电动车制造商之一。比亚迪的成功案例体现了我国企业在新能源汽车领域的快速发展和国际竞争力。

深圳的科技创新型企业在科技与产业的深度融合方面展现了独特的优势。企业不仅是科技创新的主体,也是产业发展的推动者,通过不断的技术创新和产品升级,推动了相关产业的快速发展和国际竞争力的提升。此外,深圳的领军企业不仅在科技创新上取得突破,还通过技术开放和平台建设,带动产业链上下游企业的共同发展。

(三) 发挥创新型核心城市的增长极作用

深圳作为国家创新型城市,是区域经济的重要增长极,发挥了创新集聚和创新辐射的重要作用,形成了独特的协同创新模式。

深圳在优化产业布局的同时,借助区位优势开展协同创新,发挥了增长极的创新辐射效应。首先,深圳通过与周边城市的合作,共同打造产业园区,推动了区域产业协同发展。例如,"深汕特别合作区"的建立,不仅促进了汕尾市的经济发展,还推动了深圳产业结构的优化和产业空间的拓展。① 依托地理邻近性,深圳有效地实现了资源共享和优势互补,推动了区域经济的整体提升。其次,深圳积极探索"飞地经济"模式,通过在其他地区建立共建产业园区,拓展其协同创新网络,促进了资源互补和协调发展。如深圳与河源合作建立的产业转移工业园,以及与哈尔滨合作共建的深哈产业园②,这些园区不仅带动了当地经济发展,也成为深圳产业链的重要一环,产生了跨区域合作的成效。其中,深哈产业园通过引进和培育战略性新兴产业,形成了数字经济、高端装备制造、生物经济、新材料等产业集聚态势,有效推动了当地经济发展。③ 此外,作为区域创新增长极,深圳注重科技创新资源共享,通过建设共享研发平台、技术转移中心等,优化了创新资源配置,促进了区域间的协同科技创新合作。例如通过建设"深港科技创新合作区"实现了深圳和香港两地科技资源的互补和共享,加强了区域间的科技交流与合作。④

深圳作为区域科技创新的增长极,借助其区位优势,通过区域协同创新模式有效地促进了区域内资源的优化配置,加强了区域间的合作与交流,为实现区域协调发展和创新驱动发展战略提供了有力支撑。深圳通过充分发挥其区域创新增长极效应,不仅推动了深圳及周边地区的经济发展,也为其他城市提供了可借鉴的经验。

三、 深圳科技创新的成功经验

(一) 科技体制改革优化城市科技创新环境

深圳在科技体制改革方面采取了一系列关键举措,给企业和企业家提供良

---

① 罗雅丽:《助推区域协调发展深圳对口协作与合作再上新台阶》,《深圳特区报》2023年8月18日。
② 吴亚男:《深圳探索"飞地经济"发展新模式》,《深圳特区报》2022年12月22日。
③ 罗雅丽:《深哈产业共建跑出"加速度"》,《深圳特区报》2024年1月15日。
④ 周雨萌:《深圳探索"生态融合型共享创新"新模式》,《深圳特区报》2022年12月9日。

好的创新环境，以推动科技创新和促进科技成果的产业化。

深圳坚持把创新驱动作为城市发展主导战略，通过制定相关政策、法规以改革完善科技创新体制机制，优化科技创新的政策环境。深圳出台了《深圳经济特区科技创新促进条例》《中国特色社会主义先行示范区科技创新行动方案》《关于深圳市加快建设具有全球重要影响力的产业科技创新中心的意见》《关于强化企业科技创新主体地位的实施方案（2024—2025年）》《深圳市原创性引领性科技攻关项目经理人制改革方案》①等法规和政策文件，加强了科技创新的整体性和系统性布局，为建设国际化科技创新城市提供政策支持。相关条例法规指出建立主要由市场决定的科技项目遴选、经费分配、成果评价机制②，减少了政府部门对科技活动的干预，给科技创新增添了市场活力。其次，在关键核心技术攻关方面，深圳建立了新机制，实行"揭榜挂帅"项目遴选制度、"赛马式"制度、"项目经理人＋技术顾问"管理制度、"里程碑式"考核制度等，改革创新了重大科技项目立项和组织管理方式③，提升了深圳市的科技创新效能。此外，深圳市致力于建设科技创新治理样板区，与科技部联合制定《中国特色社会主义先行示范区科技创新行动方案》，通过完善科技创新法律法规和政策，深化科技体制改革，推动深圳在科技创新治理体系上率先破题，率先建成国际化创新型城市，发挥科技创新在中国式现代化中的支撑引领作用。④

深圳致力于构建完善的区域科技创新生态系统。深圳通过构建"基础研究＋技术攻关＋成果产业化＋科技金融＋人才支撑"的全过程创新生态链，形成了从原始创新到成果商业化的完整创新体系。⑤这一系统性的改革旨在提升科技创新的全链条效能，这种模式强调了创新活动的系统性和连续性，确保科技创

---

① 《全力推动高质量发展实现最好结果系列主题新闻发布会（科技创新推动产业创新）》，深圳政府在线，https://www.sz.gov.cn/cn/xxgk/xwfyr/wqhg/20240126/，2024年1月26日。

② 深圳市人民代表大会常务委员会：《深圳经济特区科技创新促进条例》，深圳政府在线，https://www.sz.gov.cn/attachment/0/930/930161/9453824.pdf，2020年8月28日。

③ 国家发展改革委：《深圳经济特区创新举措和经验做法清单》，国家发展和改革委员会，https://www.ndrc.gov.cn/xxgk/zcfb/tz/202107/t20210729_1292065_ext.html，2021年7月21日。

④ 科技部、深圳市人民政府：《中国特色社会主义先行示范区科技创新行动方案》，中国政府网，https://www.gov.cn/zhengce/zhengceku/2021-02/26/content_5588985.htm，2020年7月4日。

⑤ 《全力推动高质量发展实现最好结果系列主题新闻发布会（科技创新推动产业创新）》，深圳政府在线，https://www.sz.gov.cn/cn/xxgk/xwfyr/wqhg/20240126/，2024年1月26日。

新能够高效响应并支撑产业创新需求,使得科技创新与产业发展紧密结合。首先深圳鼓励基础研究和应用基础研究,支持高校、科研机构和企业等自由探索未知的科学问题,并要求市政府投入基础研究和应用基础研究的资金应当不低于市级科技研发资金的 30％[1],给高校和企业科研人员提供了开拓新知识领域的良好机会。其次,深圳市推动产学研深度融合,通过建设基础研究特区和争取国家重点实验室的布局,强化与本地产业的联动,打造国家战略科技力量。这一举措不仅促进了基础研究与产业需求的紧密结合,还加速了科技成果的转化和产业化进程。再次,深圳市实施科技创新"十四五"规划,围绕七大战略性新兴产业及 20 大产业集群、8 大未来产业规划明确"20＋8"技术主攻方向,并坚持"产业拉动＋创新推动＋资金带动＋人才发动"协同发力,促进科产教融合发展[2],助推新质生产力,形成了较为完善的创新生态体系。

深圳市的科技体制改革举措体现了其在推动科技创新、促进产业升级和构建现代化经济体系方面的积极探索和实践。通过这些举措,深圳不仅优化了城市科技创新环境、吸纳了科技创新资源,更提升了自身的科技创新能力,也为全国乃至全球的科技创新和产业发展提供了可借鉴、可推广的经验。

（二）企业主导＋政府引导相结合推动科技创新

深圳在科技创新的市场运作机制上展现了鲜明的特色,其中最为核心的是强调企业的创新主体地位。深圳的科技企业,如华为、腾讯、大疆等,不仅是科技创新的推动者,也是市场导向的践行者。这些企业紧跟市场需求,不断加大研发投入,推动了技术创新和产品升级,从而在激烈的市场竞争中保持领先地位。其次,在资源配置方面,深圳摒弃了传统的科研体系,转而采用市场化的资源配置方式。在这种模式下,创新资源的配置模式和政策设计紧密围绕市场主体的需求展开,确保了资源的有效利用和创新活动的高效运行。例如,深圳通过建立多元化的科技金融体系,包

① 深圳市人民代表大会常务委员会:《深圳经济特区科技创新促进条例》,深圳政府在线,https://www.sz.gov.cn/attachment/0/930/930161/9453824.pdf,2020 年 8 月 28 日。
② 深圳市科技创新委员会:《深圳市科技创新"十四五"规划》,深圳政府在线,http://stic.sz.gov.cn/attachment/0/998/998076/9936177.pdf,2022 年 1 月 12 日。

括股票市场、产业扶持资金、天使投资等，为科技企业提供了全方位的资金支持。[①]

政府在这一过程中则以支持企业科技创新为导向，发挥了重要的引导作用。首先，深圳市政府通过制定一系列政策，如高新技术企业培育计划、重点领域研发规划等，引导企业加大研发投入，推动科技创新与产业发展的深度融合。其次，政府还通过搭建公共技术平台、优化科技金融服务等方式，为企业提供创新服务，提升科技治理体系的效能。此外，深圳市在科技资源共享和优化创新资源配置方面采取了一系列创新措施。例如，深圳市科技创新委员会推出了科技创新资源共享平台，该平台整合了全市范围内的科研仪器设备资源，允许个人和企业根据需求申请使用[②]，实现了科研仪器的开放共享，有效提高了科研设备的使用效率，同时降低了中小微企业的科研成本，激发了创新活力。深圳通过这些措施构建了一个高效、开放的科技资源共享体系，这不仅促进了科研资源的合理流动和优化配置，也为深圳乃至整个粤港澳大湾区的科技创新和产业发展提供了坚实的基础。

总体而言，深圳科技创新的市场机制特色在于以其独特的企业主导、市场化配置和政府引导相结合的模式，有效地促进了科技创新与经济发展的互动融合。这种模式不仅激发了企业的创新活力，也提升了整个城市的科技创新能力和创新氛围。

（三）创新型文化建设营造城市科技创新氛围

深圳作为国家创新型城市，在打造科技创新文化方面做了不少努力。首先，深圳培育出了"鼓励创新、宽容失败"的文化基因，这一文化基因不仅深植于城市的发展理念中，也体现在具体的政策和实践中。深圳出台了国内首部改革创新法规，即《深圳经济特区改革创新促进条例》，通过立法和政策引导，营造了一个允许尝试、包容失败的社会环境。[③] 这种环境鼓励企业和个人勇于探索未知、挑战极限，即使在面临失败时也能获得社会的理解和支持。其次，深圳积极推动科

---

① 汪云兴、何渊源：《深圳科技创新：经验、短板与路径选择》，《开放导报》2021 年第 5 期。

② 新华社：《深圳推出科技创新资源共享平台 科研仪器设备将共享》，中国政府网，https://www.gov.cn/xinwen/2019‑10/25/content_5444919.htm，2019 年 10 月 25 日。

③ 中共深圳市委党校课题组：《深圳创新成长的文化基因》，《人民论坛》2020 年第 24 期。

技与文化的深度融合,通过以文化为核心、以科技为依托的"文化＋科技"创新路径,以及实施《深圳市培育数字创意产业集群行动计划(2022—2025 年)》①,通过科技赋能文化产业,不仅促进新形式、新内容的文化产品涌现,也推动了文化产业的转型升级和新兴文化业态的培育。此外,深圳通过构建全过程创新生态链,形成了一个从基础研究到产业化的完整支持体系,这不仅促进了科技创新活动的开展,也为城市科技创新文化的形成提供了坚实的基础。

通过这些综合性措施,深圳成功地塑造了以科技创新为核心的城市文化,不仅推动了科技产业的发展,也为城市的文化创新和产业升级提供了强有力的支撑。深圳的实践表明,通过政策引导、平台建设和人才培养,可以有效促进科技创新文化的培育和发展,进而推动城市的进步和可持续发展。

(四) 科技人才制度改革激发科技创新动能

深圳市在科技创新人才培养方面采取了一系列具有前瞻性和战略性的举措。这些举措旨在构建一个全方位、多层次的人才培养体系,以支撑深圳乃至整个粤港澳大湾区的科技创新和经济发展。首先,深圳市实施了一系列人才引进和培养项目,如顶尖人才汇聚项目和企业人才汇聚项目,通过提供一揽子支持政策,吸引和培养了一批在全球范围内具有影响力的科技领军人才。② 这些人才的引进和培养,不仅提升了深圳市的科技创新能力,也为深圳市的产业发展注入了新的活力。其次,深圳致力于优化人才创新创业金融支持体系,推动金融机构为高层次人才及其任职企业提供"人才贷""人才保""人才债"等金融产品,为高层次人才及其企业提供全方位的金融支持③,以满足人才创新创业的金融需求。再次,深圳开展实施了人才素质提升项目,鼓励各领域人才参与专业技能培训和国家职业资格考试,以提升个人专业技能和职业素养。对于取得相关资格证书的人才,深圳提供补贴支持,以降低个人提升技能的经济负担。此外,深圳还鼓

① 焦子宇:《深圳探索文化产业高质量发展有效路径》,《深圳特区报》2023 年 6 月 6 日。
② 《深圳: 全方位打造创新之城》,广东组织工作,https://www.gdzz.gov.cn/rcgz/cxsj/content/post_19822.html,2023 年 11 月 6 日。
③ 《关于实施更加积极更加开放更有效的人才政策 促进人才高质量发展的意见》,深圳新闻网,https://www.sznews.com/news/content/2023 - 11/01/content_30563082.htm,2023 年 11 月 1 日。

励在职科研人员继续深造，攻读博士学位，对于成功取得学位的科研人员，深圳提供一次性补贴，以促进高层次人才的培养和留存。[1] 同时，深圳实施了顶尖科学家全权负责制，这是深圳激发科研人员创新活力的重要举措。深圳建立了基于信任的人才使用机制，赋予顶尖科学家在用人、用财、用物等方面的自主权，允许在科研过程中出现失败，并对此持宽容态度。[2] 这种机制旨在营造一个自由探索、敢于创新的科研环境，鼓励科研人员勇于挑战科学前沿。最后，深圳探索发起成立国际组织，并鼓励全球性的科技、人才、经济组织在深圳设立总部或分支机构，以加强国际组织人才支持。深圳为这些国际人才和组织提供全方位的支持和服务，包括政策咨询、生活便利等，以吸引和留住全球高端人才，促进国际交流与合作。[3]

综上，深圳市高度重视科技创新人才的引进和培养。通过一系列的政策手段，深圳市成功构建了一个有利于科技人才成长和创新的生态系统，逐步成为全球科技创新人才的汇聚地，不仅为城市的可持续发展注入强大的动力，更为区域高质量发展提供了坚实的人才支撑。

第三节
区域科技创新：长三角

长三角地区作为我国区域一体化建设和科技创新的典范，其独特的协同创新机制和发展模式对推动中国式现代化具有重要意义。本节首先阐述长三角区域一体化发展进程；接着探讨长三角地区科技创新的显著成就，包括形成了高技术产业集群、区域协同创新成果丰富、推进"四链"融合以及培育了县域科技创新能力；进而分析长三角科技创新的成功经验，包括政府在构建区域协同创新机制

① 《关于实施更加积极更加开放更加有效的人才政策 促进人才高质量发展的意见》，深圳新闻网，https://www.sznews.com/news/content/2023-11/01/content_30563082.htm，2023年11月1日。
② 深圳市科技创新委员会：《深圳市科技创新"十四五"规划》，深圳政府在线，http://stic.sz.gov.cn/attachment/0/998/998076/9936177.pdf，2022年1月12日。
③ 《关于实施更加积极更加开放更加有效的人才政策 促进人才高质量发展的意见》，深圳新闻网，https://www.sznews.com/news/content/2023-11/01/content_30563082.htm，2023年11月1日。

中的主导作用、国家战略科技力量的培育、科技人才的协同培养以及积极推动国际科技创新合作。这些经验不仅对推动城市群科技创新和我国区域一体化发展具有重要意义，更为新时代背景下科技创新推动区域协调发展提供了重要参考。

一、 长三角区域一体化发展演进

长三角城市群的概念最早可以追溯到 1982 年，国务院决定成立"上海经济区"被认为是长三角经济圈的最早雏形。1983 年，"国务院上海经济区规划办公室"成立，标志着长三角区域合作的启动。最初的管辖范围包括上海及周边的苏州、无锡等 10 个城市。在早期探索阶段，长三角地区的合作主要集中在基础设施建设和产业布局上，为后续的协同创新奠定了基础①。

1988 年，国家计委办公厅发出通知停止经济区活动，合作暂时搁浅。但在搁浅期间，区域经济合作并未完全停止。1992 年，上海等 14 个城市的经济协作办公室发起组织，成立长江三角洲十四城市协作办（委）主任联席会。1997 年，15 个城市通过平等协商，组成长江三角洲城市经济协调会，标志着长三角经济圈的再次启动，长三角地区的经济活力得到释放，区域内的科技资源开始整合，创新要素逐渐集聚。2016 年，国务院通过《长江三角洲城市群发展规划》，长三角城市群由上海、江苏、浙江、安徽三省一市的 26 个城市组成，规划中提出要培育更高水平的经济增长极。

2018 年 11 月 5 日，习近平总书记宣布："支持长江三角洲区域一体化发展并上升为国家战略。"②2019 年 5 月中央政治局会议指出，要紧扣"一体化"和"高质量"两个关键，带动整个长江经济带和华东地区发展，形成高质量发展的区域集群③。当前长三角地区在科创产业、基础设施、生态环境、公共服务等领域一体化方面取得实质性进展，并全面建立一体化发展的体制机制。

在这一历史演进过程中，长三角城市群通过区域协同创新形成了一系列创新共同体和产业集群，拥有多个国家级科学中心和大量的高等院校。同时，长三

① 李湛、张彦：《长三角一体化的演进及其高质量发展逻辑》，《华东师范大学学报（哲学社会科学版）》2020 年第 52 期。
② 《习近平出席首届中国国际进口博览会开幕式并发表主旨演讲》，《人民日报》2018 年 11 月 6 日。
③ 《中共中央政治局召开会议 习近平主持会议 研究部署在全党开展"不忘初心、牢记使命"主题教育工作审议〈长江三角洲区域一体化发展规划纲要〉》，《人民日报》2019 年 5 月 14 日。

角城市群依托其区位优势提升协同开放水平，积极参与国际交流合作。通过不断优化创新环境、集聚创新资源、提升创新能力，长三角地区正在成为全国乃至全球的科技创新高地，为实现经济社会全面现代化贡献着重要力量。

二、长三角科技创新取得的成就

长三角区域科技创新是中国式现代化的关键驱动力，它通过整合区域科技资源和推动区域合作等协同创新模式，显著提升了区域科技创新能力，加速了产业升级，构建了高效的产业链，推动了区域高质量发展。此外，长三角地区的科技创新还促进了区域间的协调发展，通过打破行政壁垒和提高政策协同，实现了资源的优化配置、提升了经济运行质量。长三角地区的科技创新实践不仅促进了区域高质量发展，更是推动了区域协调发展，为共同富裕提供了实践路径，也为全国乃至全球的科技创新和产业升级提供了重要支撑，是中国式现代化不可或缺的重要力量。

（一）形成高技术产业集群

长三角地区作为我国经济发展的重要引擎，其科技创新型产业展现强劲的发展势头。首先，从高技术产业的利润来看，从 2011 年的 1559.2 亿元增长至 2021 年的 3594 亿元，占全国高技术产业利润的近 30%[①]，这一数据充分证明了长三角地区在高技术产业领域的经济活力和盈利能力。其次，长三角的产业集群化水平不断提升，通过产业集群培育和产业链垂直协同等措施，构建了一批具有国际竞争力的先进制造业集群，例如徐州工程机械集群、上海航空装备集群等。当前长三角已形成生物医药、汽车、高端装备制造、新材料、集成电路、信息产业等新兴产业集群和产业链。[②] 这些产业集群和产业链的形成不仅为长三角科技创新共同体建设提供了基础，更是加强了区域内的产业协同和区域创新竞争力。再次，长三角地区的产业链和供应链的韧性显著增强。通过优化产业链区域布局以及工业互联网平台的资源整合作用，长三角地区产业链的抗冲击能

---

① 数据来源：《长三角区域协同创新指数 2022》。
② 刘晔、刘征：《为什么长三角赶超？——中国城市群跨区域科技协同创新机制比较研究》，《复旦公共行政评论》2022 年第 1 期。

力和稳定性得到了有效提升,保障了工业增加值和货物出口额的持续增长。

长三角地区的高技术产业在经济规模和效益上取得了显著成就,这些成就不仅为长三角地区的可持续发展提供了坚实基础,也为全国乃至全球的经济发展作出了重要贡献。

(二) 涌现区域协同科技创新成果

在长三角区域一体化的进程中,跨区域协同创新已成为该地区科技创新的重要模式,并且长三角在协同科技创新方面产出了显著成果。例如,量子计算原型机"九章三号"的问世,标志着我国在量子计算领域的重大突破。由中国科学技术大学联合上海微系统与信息技术研究所等单位共同研发的这台量子计算机,在解决特定数学问题上的计算速度远超传统超级计算机[1],展现了量子计算的巨大潜力和应用前景。又如,"祖冲之二号"超导量子计算机的成功研制,进一步证明了我国在量子科技领域的研发实力,这一成果不仅在技术上实现了与"九章三号"的互补[2],也展示了长三角地区在量子计算领域的全面布局和深入探索,巩固了我国在量子科技领域的国际领先地位。

此外,中安联合煤气化装置的成功开发,也是长三角地区在产业技术创新方面开展跨区域协同创新合作的典范。这一装置将上海的专利技术与浙江的工程设计相结合,在江苏和安徽成功验证实施。这一跨区域联合攻关的成功不仅提升了长三角地区的产业技术水平,也为全国乃至全球的煤气化技术发展提供了新的解决方案。

这些协同科技创新成果的取得,展现了长三角地区在科技创新方面的综合实力和巨大潜力,这得益于长三角地区政府、企业、科研机构等多方的紧密合作与共同努力。长三角地区的协同创新模式不仅为区域创新发展树立了典范,而且为推动科技进步和区域经济社会发展作出更大贡献。

(三) 推进"四链"深度融合与跨地区布局

创新链、产业链、资金链和人才链的深度融合对于区域经济高质量发展具有

---

① 王敏:《"九章三号"光量子计算原型机来了》,《中国科学报》2023 年 10 月 12 日。
② 吴长锋:《"祖冲之二号"实现超导体系"量子计算优越性"》,《科技日报》2021 年 10 月 27 日。

重要作用,长三角区域在推动四链融合方面取得了显著进展。

首先,创新链与产业链的融合在长三角地区取得了明显成效。例如,长三角"感存算一体化"超级中试中心,是由中电海康集团有限公司牵头实施,各地区发挥自身优势共同推进建设。具体来说,上海嘉定区专注于智能传感技术的研发,江苏无锡市利用其在先进封装领域的专长,浙江杭州市致力于新型存储技术的开发,而安徽合肥市则集中力量于高性能计算处理技术的研究。[①] 通过这种跨区域的合作,该中心不仅实现了计算资源的互联互通和技术的集成,还促进了产业链的有效衔接。协同创新成果已在长三角地区得到广泛应用,实现了创新链与产业链的深度融合,展现了长三角地区在科技创新和产业发展方面的强大实力和协同效应。

其次,资金链在支持科技创新和产业发展方面发挥了重要作用。长三角G60科创走廊科技成果转化基金,作为首支跨区域基金,通过撬动社会资本投入科技创新,加强了跨区域科技联合攻关,为科技成果转化提供了资金支持,加速了科技成果的产业化进程。[②] 再者,人才链的跨区域流动是长三角地区四链融合的重要成就之一。通过签订人才服务战略合作框架协议等,促进了区域内人才的培养、共享和流动。长三角国家技术创新中心成立后,已与多家企业共建联合创新中心,这不仅推动了人才链与创新链、产业链的深度融合,更为区域科技创新和产业发展提供了人才支撑。

此外,产业协同发展在长三角地区也取得了显著成效。例如上海骥翀氢能科技有限公司的跨区域布局,整合了上海研发中心的技术成果和深圳众为、常州翊迈等企业的生产工艺,形成了年产能2000台的生产基地,这一实例体现了产业协同发展的成效,推动了区域内产业链的优化和升级。

长三角地区在"四链"融合方面取得了诸多成效,通过创新链与产业链的深度融合、资金链的有效支持、人才链的顺畅流动以及产业协同发展的实践,共同促进了长三角科技创新能力的提升、推动了区域经济的高质量发展。

---

① 新华社:《长三角面向物联网领域推进"感存算一体化"合作》,中华人民共和国国家发展和改革委员会,https://www.ndrc.gov.cn/xwdt/ztzl/cjsjyth1/xwzx/202012/t20201204_1252296.html,2020年12月4日。

② 《长三角G60科创走廊科技成果转化基金稳步推进》,国家发展和改革委员会,https://www.ndrc.gov.cn/xwdt/ztzl/cjsjyth1/xwzx/202209/t20220906_1335253.html,2022年9月6日。

（四）培育县域科技创新能力

县域是国家治理的基本单元，"新四化"建设的交汇落脚点，是城乡融合发展的重要空间载体。县域创新对于缓解城乡二元结构、推动区域协调发展具有重要作用。自长三角一体化建设以来，县域科技创新能力显著提升，长三角核心城市对县域的创新辐射作用也是提升区域竞争力和推动区域协调发展的重要法宝。根据中国信息通信研究院发布的《中国工业百强县（市）、百强区发展报告》，自 2020 年以来，有 40 余个位于长三角的县城入选中国工业百强县，包括江阴、昆山、张家港、常熟等。① 不仅如此，位于长三角的 13 个县（总 47 个）或以科技支撑产业发展，或以科技支撑生态文明为主题，建设成为国家首批"创新型县（市）"，包括昆山、江阴、张家港、常熟、海安等。②

由此可见，长三角县域的科技创新能力不容小觑。以昆山为例，昆山市作为全国首个 GDP 突破 5000 亿元的县级市，2022 年，其规模以上工业总产值实现了万亿级大突破，战略性新兴产业产值占比提升至 57.3%，全市高新技术企业增至 2744 家。③ 昆山打造了国内唯一围绕光电全产业链规划建设的光电产业园区，吸引了龙腾光电等高新技术企业入驻，实现了光电产业"从无到有"的突破。昆山光电产业园还集聚了一批原材料领域项目，如旭硝子玻璃、东旭光电等，推动了国产光电材料的崛起和面板产业核心技术的突破④。此外，昆山作为江苏省的"临沪第一站"，紧邻上海，这一独特的地理位置使得昆山能够充分利用上海的创新资源和辐射效应，推动自身的经济发展和产业升级。昆山通过与上海紧密合作，实现了科技资源的共享和互补，促进了区域协同创新。例如，昆山复旦科技园就是昆山与复旦大学合作共建的创业孵化器⑤，成为昆山承接上海科技成果转化的重要平台。

---

① 数据来源：《中国县域工业竞争力地图》《中国工业百强县（市）、百强区发展报告》。
② 数据来源：《科技部关于公布首批创新型县（市）验收通过名单的通知》。
③ 数据来源：《2023 中国县域经济百强研究》。
④ 昆山经济技术开发区管理委员会：《逐"光"而行！昆台青年探秘光电产业"魅力"》，昆山市人民政府，https://www.ks.gov.cn/kss/qzkx/202403/2441e6f00b68458a9d5e54f135b7d5de.shtml，2024 年 3 月 21 日。
⑤ 昆山市人民政府：《2021 年苏州市科技创业孵化载体备案名单公布》，昆山市人民政府，https://www.ks.gov.cn/kss/ksyw/202105/90461f91db6045c49efd8bb1d49c41dd.shtml，2021 年 5 月 20 日。

再以江阴市为例,首先,江阴市通过政策引领和产业扶持成功培育 294 家专精特新企业,其中包括国家级"小巨人"企业 45 家,这些企业在攻克关键技术、提升产业链水平方面发挥了关键作用。其次,江阴市的高新技术产业发展迅速,高新技术产业产值达到 2200 亿元,这不仅体现了江阴市高新技术产业的强劲发展势头,也反映了其在科技创新成果转化方面的有效性。科技创新人才的引育也是江阴市科技创新成就的重要方面,江阴市实施高层次科技人才引育工程,集聚了一批高端科技人才,包括诺贝尔奖得主和国家级专家,为科技创新提供了强大的智力支持。[①] 再次,江阴市高度重视协同创新。江阴市通过建立高能级的科技创新平台,如长三角太阳能光伏技术创新中心等,为企业提供技术创新和研发支持,推动产业技术进步和产业升级。江阴高新区创业园也是江阴市协同创新的一个缩影,该园区成功培育了 75 家优秀高新技术企业,成为推动"科创江阴"发展的重要力量。[②] 2021 年,江阴市与上海的企业进行合作,签约了包括微软中国—江阴创新中心、德国富勘云数据中心等在内的 14 个项目,主动推动江阴融入长三角。[③]

昆山和江阴科技创新能力显著提升的原因在于它们不仅致力于培养自身的科技创新能力,还善于主动借助核心城市的创新优势,实现自身的高质量发展。培育县域科技创新能力不仅能够促进县域经济高质量发展,同时纾解大城市的资源过剩,更是助推了区域的协调发展。

三、 长三角科技创新的成功经验

（一） 政府主导构建区域协同创新机制

在长三角地区,三省一市根据自身的科技资源比较优势,借助市场力量,实现了科技创新的有效分工和协作。[④] 上海凭借其卓越的科技资源,致力于建设国际化大都市,在区域创新中发挥了核心和示范作用。浙江省则利用其市场活

---

① 王皓然、朱国亮:《294 家专精特新企业为何扎堆这座历史名城——探寻江阴产业集群发展的"独门秘笈"》,《经济参考报》2023 年 12 月 28 日。
② 《江阴,以科创引擎竞速中国式现代化建设新赛道》,江阴市人民政府,http://www.jiangyin.gov.cn/doc/2023/01/28/1113324.shtml,2023 年 1 月 28 日。
③ 《主动对接大上海,深度融入长三角! 江阴（上海）合作恳谈会再结硕果》,江阴市人民政府,http://www.jian-gyin.gov.cn/doc/2021/03/06/932878.shtml,2021 年 3 月 6 日。
④ 刘晔、刘征:《为什么长三角赶超? ——中国城市群跨区域科技协同创新机制比较研究》,《复旦公共行政评论》2022 年第 1 期。

跃的特点,为创业基地的培育和新创企业的孵化提供了肥沃的土壤。江苏省依托其坚实的制造业和实体经济基础,构建了完善的产业转化平台,为新兴企业的成长提供了广阔的发展空间。安徽省则利用其劳动力成本优势和科技人才培养能力,充当了产业承接基地的角色,这不仅满足了其他省市新型产业发展的空间需求,同时也为本地产业的发展注入了新的活力。通过这种基于各自优势的区位分工与协同合作,长三角地区构建了一个互补互利、协调发展的协同创新机制。长三角区域推进协同创新的关键在于政府的引导,政府采取的一系列重要举措不仅推动了区域一体化和科技创新的深度融合,还促进了长三角区域科技治理体系的现代化。

首先,长三角地区致力于建立联合攻关合作机制,并取得了显著进展。2022年7月科技部与上海、江苏、浙江、安徽省人民政府共同制定的《长三角科技创新共同体联合攻关合作机制》[①],是提升区域产业链和创新链资源配置效率的重要举措。该机制旨在通过跨区域的合作,集中力量攻克关键核心技术,实现产业链关键技术的自主可控,从而增强长三角地区在全球科技创新竞争中的地位。同时,三省一市共同发布的《长三角区域协同创新指数 2022》为区域协同创新的进展提供了评估和监测工具。[②] 这一指数的发布,不仅有助于监测和评估长三角地区协同创新的成效,而且促进了科技创新资源的高效配置和创新要素在区域内的自由流动。

其次,区域内各省份为加强科技创新规划的对接,建立了长三角科技创新规划会商机制,协商和统筹区域性科技创新目标、任务、资源布局及国际合作,逐步形成统一的科技协同创新规划体系。[③] 这一措施有助于确保科技创新资源的有效配置和政策的一致性,促进科技项目的顺利实施和科技成果的共享。

[①] 科技部、上海市人民政府、江苏省人民政府、浙江省人民政府、安徽省人民政府:《长三角科技创新共同体联合攻关合作机制》,中华人民共和国科技部,https://www.most.gov.cn/xxgk/xinxifenlei/fdzdgknr/qtwj/qtwj2022/202208/t20220826_182144.html,2022 年 8 月 27 日。
[②] 上海市科学技术委员会等:《三省一市共建长三角科技创新共同体行动方案(2022—2025 年)》,上海市人民政府,https://www.shanghai.gov.cn/gwk/search/content/c2864fd07c2f46c7bd69d2b78ab0d62d,2022 年 8 月 22 日。
[③] 科技部:《长三角科技创新共同体建设发展规划》,中国政府网,https://www.gov.cn/zhengce/zhengceku/2020-12/30/content_5575110.htm,2020 年 12 月 20 日。

再者,长三角地区积极推动创新资源的开放共享和高效配置。通过建设长三角科技资源共享平台,整合区域内高校、科研机构等科技创新资源①,形成了科技资源数据池,推动了重大科研基础设施、大型科研仪器等科技资源的开放共享与合理流动。同时,为了加强科研诚信和学风建设,长三角地区探索建立了科技伦理协作委员会和科研诚信信息共享协作与联合惩戒机制。② 这些措施旨在促进区域内科研诚信案件的联合调查,提升科研诚信水平,营造良好的科研生态和舆论环境。

最后,长三角地区联合建设了 G60 科创走廊,G60 科创走廊连接了上海、江苏、浙江和安徽的九个城市,各城市协同布局科技创新重大项目和研发平台,通过先行先试的方式,实施一系列重大创新政策③④,有利于形成创新资源集聚的区域网络。G60 科创走廊强调了科技资源的互联互通和高效利用,有利于提升区域科技创新能力和成果转化效率,这是长三角地区科技创新和产业升级的重要举措。

这些措施体现了长三角地区在推动科技治理体系现代化方面的积极探索和实践,旨在通过加强政策衔接与联动,破除体制机制障碍,实现优势互补,形成区域一体化创新发展新格局,从而提升区域协同创新能力,共同推动长三角地区的高质量发展与中国式现代化建设。

（二）以国家战略科技力量打造区域科技策源地

长三角地区作为我国科技创新的重要引擎,拥有众多国家实验室、国家科研机构、高水平研究型大学和科技领军企业,它们共同构成了强大的国家战略科技力量。长三角在培育国家战略科技力量以及促进它们的协同创新方面采取了一系列重要举措,推动了区域科技创新能力的整体提升。

---

① 科技部：《长三角科技创新共同体建设发展规划》,中国政府网, https://www.gov.cn/zhengce/zhengceku/2020-12/30/content_5575110.htm, 2020 年 12 月 20 日。

② 上海市科学技术委员会等：《三省一市共建长三角科技创新共同体行动方案（2022—2025 年）》,上海市人民政府, https://www.shanghai.gov.cn/gwk/search/content/c2864fd07c2f46c7bd69d2b78ab0d62d, 2022 年 8 月 22 日。

③ 科技部 国家发展改革委、工业和信息化部、人民银行、银保监会、证监会：《长三角 G60 科创走廊建设方案》,中华人民共和国科学技术部, https://www.most.gov.cn/xxgk/xinxifenlei/fdzdgknr/fgzc/gfxwj/gfxwj2020/202104/t20210401_173673.html, 2021 年 4 月 1 日。

④ 谢卫群：《一条路,探索区域协同发展路径——长三角 G60 科创走廊调查》,《人民日报》2023 年 9 月 7 日。

　　首先,长三角地区通过加快国家实验室的建设,形成了基础研究、应用基础研究、前沿技术研究融通发展的国家实验室体系。例如,上海张江综合性国家科学中心和合肥综合性国家科学中心的建立[1],提升了原始创新和关键核心技术攻关能力。这些实验室不仅聚焦于科学前沿问题的研究,还致力于推动科技成果的产业化和市场化,加速科技成果转移转化。其次,长三角地区集聚国际国内创新资源,布局建设了一批高水平研究机构,如脑科学、新材料、医学、物质科学等领域的重要研究机构。[2] 例如,中国科学技术大学研究团队,中国科学院上海微系统与信息技术研究所等。这些机构在推动关键核心技术攻关方面发挥了关键作用,通过与企业、高校的合作,加强了科研成果的应用和推广。再次,高水平研究型大学在长三角地区的科技创新中扮演着重要角色。长三角地区的高水平研究型大学包括复旦大学、上海交通大学、浙江大学和南京大学。这些大学不仅积极参与国家实验室建设,承建科技创新平台,还通过与企业的合作,加强人才培养和科技成果转化,推动了产学研用的深度融合。此外,长三角地区通过市场化方式联动产业链上下游,培育了一批掌握关键核心技术的科技领军企业。例如,阿里巴巴、科大讯飞、国盾量子等。长三角地区通过组织这些企业跨区域组建创新联合体[3],提升了产业技术创新能力,加速了科技成果的产业化进程。

　　长三角地区的积极探索和实践,旨在通过整合区域内的科技力量和优势资源,实现强强联合,打造科技创新策源地,在培育和发展国家战略科技力量的同时,也为全国乃至全球的科技创新和产业发展作出了重要贡献。

(三) 科技人才协同培养优化区域人才布局

　　长三角地区高度重视科技人才的战略布局,在科技人才培养和联合培养方面采取了一系列重要举措,为区域经济的高质量发展提供了强有力的科技人才支撑。

① 新华社:《"两心同创"强动能——长三角加快科技创新跨区域协同观察》,中国政府网,https://www.gov.cn/lianbo/difang/202312/content_6922298.htm,2023 年 12 月 25 日。

② 上海市科学技术委员会等:《三省一市共建长三角科技创新共同体行动方案(2022—2025 年)》,上海市人民政府,https://www.shanghai.gov.cn/gwk/search/content/c2864fd07c2f46c7bd69d2b78ab0d62d,2022 年 8 月 22 日。

③ 科技部、上海市人民政府、江苏省人民政府、浙江省人民政府、安徽省人民政府:《长三角科技创新共同体联合攻关合作机制》,中国政府网,https://www.most.gov.cn/xxgk/xinxifenlei/fdzdgknr/qtwj/qtwj2022/202208/t20220826_182144.html,2022 年 8 月 27 日。

　　首先，通过联合培养研究生项目，高校和研究机构共同培养高层次创新人才和卓越工程师，这种模式不仅解决了企业人才需求和技术需求，也促进了产学研用的深度融合。其次，区域内建立了科技领域干部人才交流大平台，通过定期选派年轻干部和科技创新人才开展跨省市、跨单位、跨领域的挂职锻炼和岗位交流，加强了区域内人才的互动与合作。① 再次，长三角积极推动人才一体化发展②，通过深化人才一体化，促进了海内外优秀人才的集聚和流动，实现了人才评价标准互认制度，促进了科技人才在各省市之间的健康有序流动。最后，在共建高能级科研机构方面，长三角地区集聚国际国内创新资源，布局建设了一批高水平研究机构，这些机构不仅成为人才培养的重要基地，也推动了科技创新和产业升级。通过实施"长三角基础科研设施平台"计划，搭建了向全球科研人才开放的科研基础设施体系，跨区域校企联合建立了产研协同、产教融合的人才培养通道和平台③，为科技创新人才提供了广阔的发展空间和实践机会。

　　总体而言，长三角地区的科技创新人才培养和战略举措体现了区域内各省份在人才培养方面的合作精神和一体化发展战略。这些举措不仅加强了区域内人才的互动与合作，还通过整合科技资源和优化人才培养机制，为区域经济的高质量发展和中国式现代化建设提供了强有力的人才支撑。

（四）国际合作拓宽区域科技创新的全球视野

　　为了加强区域内的科技创新能力和国际竞争力，长三角地区采取了一系列重要举措积极推动国际科技创新合作。首先，通过共建多层次国际科技合作渠道，长三角地区鼓励本地创新主体拓展国际合作，支持高校、科研机构、科技园区和企业开展国际科技交流与合作④，提升合作层次与水平。区域内的高校和研究机构与国际伙伴共同举办论坛和展览活动，促进了国际科技交流与合作。其

---

① 上海市科学技术委员会等：《三省一市共建长三角科技创新共同体行动方案（2022—2025年）》，上海市人民政府，https://www.shanghai.gov.cn/gwk/search/content/c2864fd07c2f46c7bd69d2b78ab0d62d，2022年8月22日。
② 姚凯：《深化人才一体化，赋能长三角高质量发展》，《光明日报》2021年9月23日。
③ 上海市科学技术委员会等：《三省一市共建长三角科技创新共同体行动方案（2022—2025年）》，上海市人民政府，https://www.shanghai.gov.cn/gwk/search/content/c2864fd07c2f46c7bd69d2b78ab0d62d，2021年12月28日。
④ 科技部：《长三角科技创新共同体建设发展规划》，中国政府网，https://www.gov.cn/zhengce/zhengceku/2020-12/30/content_5575110.htm，2020年12月20日。

次,为了加快聚集国际创新资源,长三角地区积极吸引海外知名大学、研发机构和跨国公司在本地设立研发中心,同时争取国际科技组织落户。例如,上海创新园和中新南京生态科技岛等合作园区的建设①,不仅促进了国际技术转移,也为国际先进科技成果在长三角地区的转化提供了平台。此外,构建多样化的国际科技合作渠道和共建共引高水平开放创新合作平台,是长三角地区融入全球创新链和价值链的关键策略。通过联合承担国家重大国际科技合作项目,以及共建海外孵化(创新)中心和国际联合实验室(研究中心),长三角地区成功吸引了世界 500 强企业和国际知名科研院校来设立研发中心和联合实验室,如在苏州工业园区设立的中新联合实验室。

长三角地区积极推动国际科技创新合作的举措为协同创新活动提供了开放的环境基础。通过这些措施,长三角地区正在逐步构建起一个高效协同、资源共享的国际科技创新生态系统,为提高创新要素的吸纳和流动效率以及实现区域经济的高质量发展创造了重要的环境优势。

---

① 上海市科学技术委员会等:《关于推进长三角科技创新共同体协同开放创新的实施意见》,上海市人民政府,https://www.shanghai.gov.cn/zdqycsjsfq/20230608/d4ce67fcaf304dc989796467a09db725.html,2021 年 12 月 28 日。

后　记

我在学术生涯中始终关注创新问题，研究视野经历了逐步从微观提升到中观，再到宏观的演变过程。早期聚焦研究微观企业层面的创新，即组织内部的知识管理问题；近年逐步过渡到研究产业层面，即企业间的协同创新问题，承担了国家自然科学基金重点项目《领军企业创新链的组织架构与协同管理》。我组织团队，重点对先进轨道交通装备、节能与新能源汽车、新一代信息技术等行业的多家领军企业，以及相关高校、科研院所、产业链上下游企业进行了系统全面的深入调研，形成一系列研究成果，并顺利结项。

在开展这一重点项目研究的过程中，党的二十大召开，提出以中国式现代化全面推进中华民族伟大复兴。这就促使我从更加宏观的层面，研究科技创新在中国式现代化中的重要作用、影响机制与政策举措。基于这方面的研究思考，2024年我主持的国家社科重大项目《新型举国体制下科技创新要素的优化配置研究》成功立项，紧张的研究工作正在有序开展。结合当前加快形成新质生产力的新时代大背景，科技创新被赋予了更加丰富的时代内涵。毫无疑问，科技创新是发展新质生产力的核心要素。我国要以科技创新培育和发展新质生产力，引领传统产业、战略性新兴产业和未来产业共同发展。

洪银兴教授组织出版《中国式现代化之路丛书》系列著作，邀请我围绕科技创新与中国式现代化之间的内在联系展开研究，并出版相应著作。感谢洪银兴教授提供的宝贵机会，我深感荣幸能参与到这项工作中。借此机会，我希望能回顾总结自己过去对科技创新的长期研究成果，同时结合新时代背景，从宏观层面为推进中国式现代化研究做出力所能及的理论贡献，普及推广中国式现代化的理论成果。

我一直认为，在中国式现代化的进程中，科技创新的重要性再怎么强调都不为过，科技创新是中国式现代化的重要支撑，所以我将书名确定为《科技创新支撑中国式现代化》。在导论之后，本书分为三大篇。第一篇是第一章到第三章，分别从国际视野和中国情景讨论现代化、中国式现代化与科技创新之间内在的联系。第二篇是第四章到第九章，聚焦科技创新支撑中国式现代化的理论分析与实现路径，包括新型举国体制、国家战略科技力量、科技体制改革、创新文化、国际科技合作和科技人才等议题。第三篇是第十章到第十二章，选取企业、产业和地区三个层面的案例，揭示科技创新支撑中国式现代化的生动实践，并验证相应的理论规律。

在确定本书的研究框架和研究思路后，我组织团队成员参与本书的研究任务。他们承担的任务分别是（按姓氏拼音排序）：丁琨（第十二章）、花磊（第九章）、李嘉（第十二章）、李景焱（第三章）、刘瑞禹（第四章、第五章）、刘颖（第一章）、邵记友（第一章、第七章、第十章）、宋孟璐（第十章、第十一章）、孙佳怡（第八章、第十一章）、王可柔（第四章、第九章）、巫强（第八章、第十一章）、吴少微（第二章、第六章）、徐颖（第二章、第六章、第九章）、余义勇（第三章、第四章）、朱翰墨（第五章）、朱晟瑾（第三章）。我撰写了本书导论，并统筹全书多轮的修改完善工作，最后由我定稿。

江苏人民出版社领导精心策划了这一系列著作，责任编辑为本书的出版付出了辛勤的劳动，没有他们的付出，就没有展示在我们面前的这本著作。在此，我向他们，以及在本书出版过程中提供帮助的各位同事、学界同仁表示真切的谢意。

杨忠

2024 年 6 月于南京大学